THOMAS KETTLER
VERLAG

MICHAEL HENNEMANN

SUP GUIDE

SPREEWALD & LAUSITZER SEEN

\+ die besten EINKEHR-TIPPS

IMPRESSUM

1. Auflage Mai 2024

Von-Hutten-Str. 15, 22761 Hamburg
Tel. +49 (0)40 39 10 99 10
www.sup-buch.de

Text & Fotos:
Michael Hennemann

Lektorat & Korrektorat: Thomas Kettler
Karten: StepMap, Heide Schwinn, Carola Hillmann
Idee, Konzept & Satz: Carola Hillmann
Layout Design: Nicole Laka
Illustrationen Paddeltechnik: Klaus Mumm
Druck & Gesamtherstellung: Drukarnia Beltrani Sp. J., Krakau

Weitere Bildnachweise
(o. = oben, m. = mitte, u.= unten, li. = links, re. = rechts):
Thomas Kettler: Seite 11, 34, 37 u., 43 u., 45 u., 55, 64, 72, 75 o., 85 u., 90, 91, 96-97, 110-111, 112 o. + u., 113, 114-115, 119 o., 122-123, 124, 125, 130, 131, 134-135, 137, 139 o., 139 u., 140, 142-143, 144, 146-147, 150, 152-153, 156-157, 158 o + u., 159, 160-161, 161 klein, 162 re..
Martin Fix / www.sup-spree.de: Seite 21, 40-41, 49, 70-71, 74, 79, 82, 88-89, 92.
Jennifer Zinke/Café Schauwerk: Seite 102 u..

Bildnachweise Wikimedia Commons
(o. = oben, m. = mitte, u.= unten):
Seite 27: **Tropical Islands Resort;** Seite 53 u.: **Olaf2;** Seite 75 u.: **Torsten Maue;** Seite 101: **Stefan Kühn;** Seite 119 u.: **Jörg Blobelt;** Seite 151 li.: **WikiAnika;** Seite 151 re.: **Frank Vincentz;** Seite 162 li.: **SeptemberWoman.**

Die Deutsche Nationalbibliothek verzeichnet diese Publikation in der Deutschen Nationalbibliografie; detaillierte bibliografische Daten sind im Internet über *http://dnb.d-nb.de* abrufbar.

ISBN 978-3-98513-116-7

INHALTSVERZEICHNIS

=TOUR-ANSPRUCH =EINKEHRMÖGLICHKEITEN
=RUNDTOUR =ONE-WAY =HIN & ZURÜCK =KOMPAKT

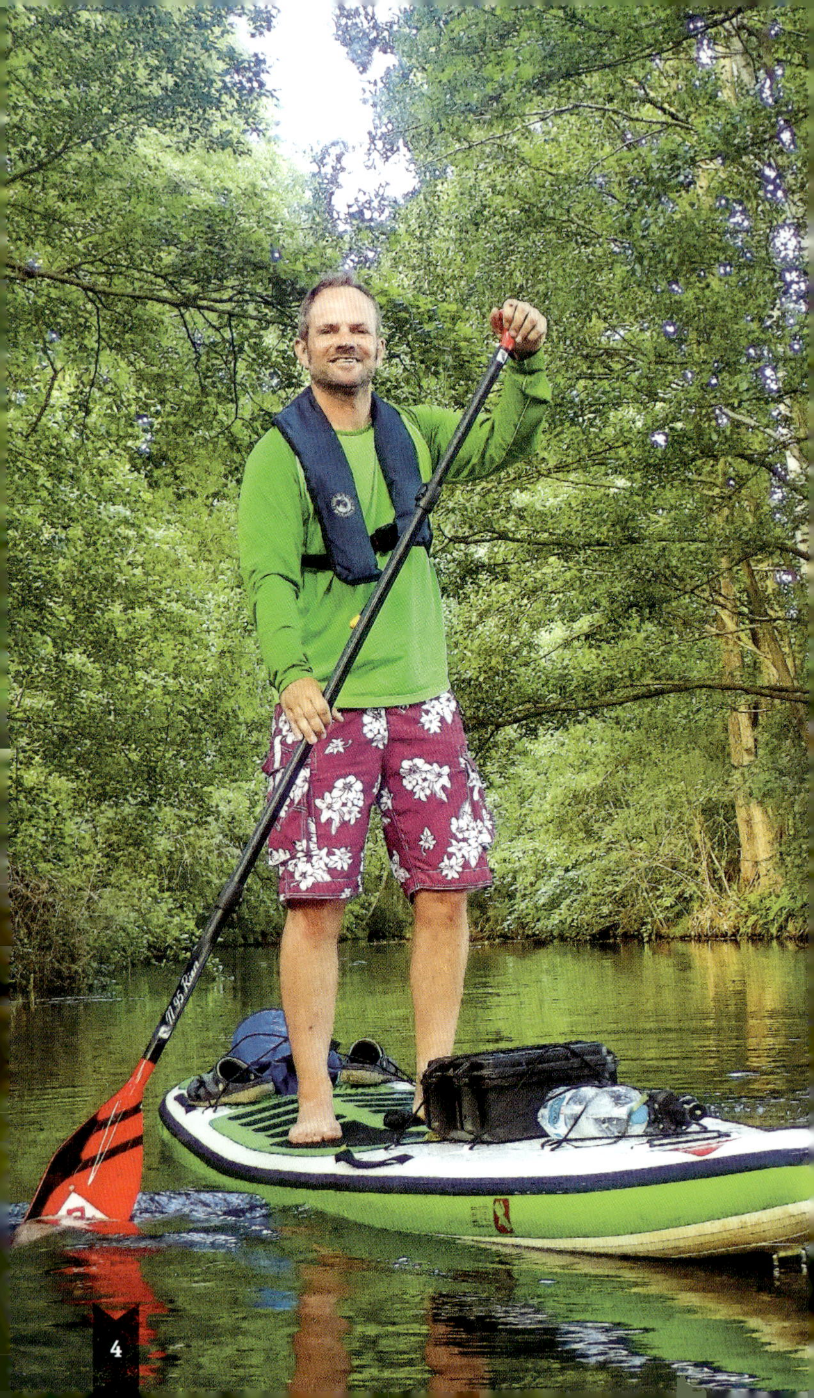

VORWORT

Der **Spreewald** macht seinem Ruf als Traumrevier für Paddler alle Ehre. Die ruhigen, schmalen und windgeschützten Fließe sind wie gemacht für das SUPen und das weitverzweigte Labyrinth an Wasserwegen reicht für mehr als einen Paddel-Urlaub inmitten fast unberührter Natur aus Wiesen, Wäldern und Sumpfgebieten und urigen, reetgedeckten spreewaldtypischen Gehöften.

Im Sommer allerdings wird dem Spreewald seine Einmaligkeit und die Nähe zu Berlin bisweilen zum Verhängnis. Gerade die Hotspots sind dann stark überlaufen. Die Park- und Einstiegsmöglichkeiten werden knapp und der ein oder andere Spreewaldkapitän reagiert gereizt auf das hohe Aufkommen an Paddlern – egal ob Kanu oder SUP. Insbesondere in der Hochsaison ist daher gegenseitige Rücksicht gefragt und wer den "ursprünglichen" Spreewald erleben möchte, kommt besser im Frühjahr oder Herbst.

Rund um Burg oder auch im **Unterspreewald** geht es dagegen selbst im Sommer angenehm ruhig und entspannt zu. Auch wenn der Unterspreewald deutlich weniger Touristen anzieht, braucht er sich keineswegs hinter dem Oberspreewald zu verstecken. Ganz im Gegenteil, der Unterspreewald lockt mit Natur pur und ist ein wahres Eldorado für idyllische SUP-Touren in einmaliger Landschaft mit einer spannenden Tier- und Pflanzenwelt.

Urahn des typischen Spreewaldkahns war ein Einbaum und auch die Fährmänner und -frauen heute stehen im Heck des Spreewaldkahns, um diesen mit dem sogenannten „Rudel“, einer bis zu vier Meter langen Eschenholzstange, durch die Fließe zu staken.

Eine fantastische Ergänzung mit tollen Spots bietet 40 km weiter im Süden das **Lausitzer Seenland** rund um den Senftenberger See an der Grenze von Brandenburg zu Sachsen.

Der Braunkohleabbau war für die Lausitz Fluch und Segen zugleich, denn zum einen fielen ihm viele sorbische Dörfer zum Opfer, zum anderen brachte er wirtschaftlichen Wohlstand in die Region. Dort, wo noch vor ein paar Jahrzehnten gigantische Bagger tiefe Wunden ins Erdreich frästen, entsteht durch Flutung der ehemaligen Tagebaugruben die größte künstliche Wasserlandschaft Europas mit über 20 Seen, die über Kanäle miteinander verbunden werden und schon heute lässt sich hier ganz prima angeln, baden, surfen und natürlich auch im Stehen paddeln.

Viel Spaß wünscht Euch
Michael Hennemann

TOURENPLANUNG

Vor der Tour: Stand-Up-Paddling, kurz SUP genannt, erfreut sich immer größerer Beliebtheit bei Jung und Alt. Das gemächliche Gleiten auf dem Wasser, die Ruhe und der Blick auf die Natur locken viele Menschen aufs Board. Natürlich kann man einfach drauflos paddeln, doch um das volle Potenzial auszuschöpfen, sicher unterwegs zu sein und einfach mehr Spaß auf dem Wasser zu haben, lohnt es sich, die grundlegende Paddeltechnik zu erlernen.

Wer um eine effiziente **Paddelführung** weiß und die wichtigsten **Steuerschläge** beherrscht, kommt einfach leichter voran und kann längere Strecken zurücklegen. Gerade auf den engen Kanälen im Spreewald ist eine gute **Bootsbeherrschung** wichtig und mit etwas Übung kann man auf den Lausitzer Seen vielleicht auch die ein oder andere kleine Welle reiten.

Die beste Möglichkeit, um Steh-Paddeln von der Pike auf zu lernen, ist der Besuch eines **Kurses bei einer guten SUP-Schule.** Die erfahrenen Trainer zeigen Euch nicht nur die grundlegende Technik, sondern vermitteln auch wichtige Informationen zu Sicherheitsmaßnahmen und Ausrüstungskunde.

Reisezeit: Die **Hauptsaison** im **Spreewald** beginnt im April und endet im Oktober. Besonders bunt wird der Trubel in den Ferien und an Feiertagen wie Ostern, Himmelfahrt und Pfingsten. Im Herzen des Oberspreewalds, allen voran rund um das Postkarten-Spreewalddorf Lehde, nimmt das Treiben dann nahezu massentouristische Züge an und Paddelboote und Kähne stauen sich auf den engen Fließen.

Auch das **Lausitzer Seenland** genießt als Reiseziel stetig steigende Aufmerksamkeit. Hauptreisezeit sind hier die Sommermonate Juli und August und am höchsten ist der Andrang während der sächsischen Sommerferien.

Wer Ruhe und Erholung sucht und es zeitlich irgendwie einrichten kann, sollte daher für seine Touren die Feiertage, Wochenenden und die Sommerferien meiden. Die gute Nachricht: Eine Reise in den Spreewald oder das Lausitzer Seenland lohnt nicht nur während der Sommermonate. Auch April und Mai bieten gute Bedingungen und eindrucksvolle Erlebnisse, wenn die Natur im **Frühjahr** zu neuem Leben erwacht. Im **Herbst** sind die Temperaturen in der Regel noch mild und der Spreewald zeigt sich von seiner farbenfrohen Seite und Wälder und Wiesen erstrahlen in leuchtenden Gelb-, Rot und Goldtönen. Mit der richtigen Ausrüstung (Trockenanzug!) steht sogar einer **winterlichen Tour** durch den Spreewald nichts im Wege.

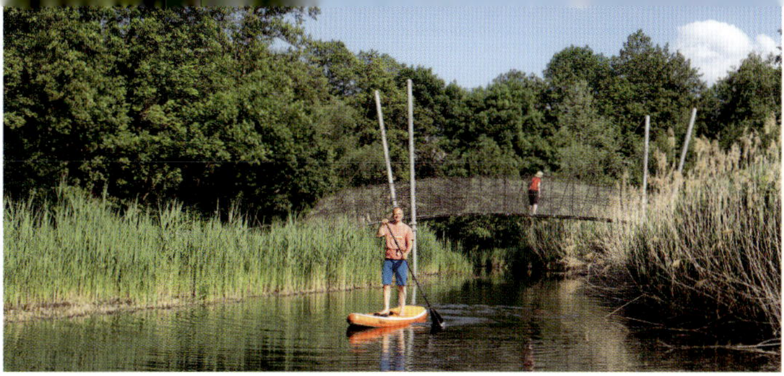

Die Lausitzer Seen allerdings fallen in einen verordneten Winterschlaf, da die wassertouristische Nutzung vom 01.11 bis zum 31.3 untersagt ist.

Angesichts der vielfältigen, verzweigten Wasserwege ist es bei einer Tour im Spreewald gar nicht so einfach den Überblick zu behalten. Erleichtert wird die **Orientierung** aber durch eine hervorragende Beschilderung. An vielen Abzweigungen und Kreuzungen sind Hinweisschilder aufgestellt. Sie zeigen neben den Namen der Fließe auch die Richtung und Entfernung zu den nächsten Orten an. In Kombination mit unseren Tourenbeschreibungen und den Kartenskizzen, auf denen auch Schleusen sowie gesperrte Fließe und vieles mehr verzeichnet sind, solltet Ihr Euch zurecht finden.

Zurück zum PKW: Damit Ihr Euch keine Gedanken machen müsst, wie Ihr zurück zum Auto kommt, sind alle Touren als **Rundtour** angelegt, was aufgrund der geringen Strömung bei normalem Wasserstand keine Probleme bereitet.

Wir haben, wo es möglich ist, eine **Anreisemöglichkeit** mit **Bus und Bahn** angegeben und wer möchte, kann somit umweltfreundlich ohne Auto mit dem iSUP im Gepäck in den Spreewald oder das Lausitzer Seenland reisen. Allerdings ist der ÖPNV in der dünn besiedelten Region eher spärlich ausgebaut, daher ist eine gute Planung erforderlich.

Geschwindigkeit & Strecke: Wie weit man mit dem SUP kommt, hängt von einer ganzen Reihe von Faktoren ab. Bei optimalen Bedingungen – ruhiges Wasser und wenig Wind – schaffen **Anfänger** zu Beginn etwa 2 bis 3 Kilometer und mit etwas Übung sind auch 4 bis 5 Kilometer pro Stunde kein Problem.

Sportliche Paddler mit guter Kondition schaffen sogar bis zu 10 Kilometer pro Stunde. Bei der Planung einer SUP-Tour solltet Ihr unbedingt persönliche Erfahrung, körperliche Fitness und zu erwartende Bedingungen berücksichtigen, unter denen gepaddelt wird. Denkt bei längeren Touren auch an ausreichend Wasser und Snacks.

WIND, WETTER, WELLEN

Sommer, Sonne und unbeschwerter Spaß auf dem Board, so soll es sein. Allerdings kann **Wind** schnell zum Spielverderber werden, denn er hat je nach Richtung und Stärke einen erheblichen Einfluss auf die Sicherheit, das Tempo und den Schwierigkeitsgrad der Tour.

Weniger Gedanken um die Auswirkungen des Windes müsst Ihr Euch bei einer Tour im Bereich des zentralen Spreewalds machen, da die schmalen Fließe durch den umliegenden Wald gut geschützt sind. Anders sieht es auf den Seen und breiteren, offeneren Wasserläufen im äußeren Bereich des Unterspreewalds und natürlich erst recht auf den großen Wasserflächen der Lausitzer Seen aus.

Durch die aufrechte Position bieten Stand-Up-Paddler mit dem ganzen Körper dem Wind eine große Angriffsfläche. Wenn der **Wind** einem nur schon moderat von vorne ins Gesicht weht, kann das Vorwärtskommen schnell zur beinharten Herausforderung werden. Weiter erschwert werden die Bedingungen durch **Wellen** oder **unruhiges Kabbelwasser,** welches die Wasseroberfläche in eine "Buckelpiste" verwandeln kann.

Anfängern ist von SUP-Touren bei Wind generell abzuraten, **Gelegenheitspaddler** mit ein bisschen Übung und Training sollten aber bei schwachem Wind von 1 bis 2 Beaufort gut klarkommen. Schon bei mäßigem Gegenwind der Stärke 3 allerdings wachsen die Herausforderungen enorm, denn zum einen wird es schwieriger, den gewünschten Kurs gegen die Kraft des Windes zu behaupten, zum anderen kostet es viel Kraft, überhaupt gegen den Wind anzukommen.

Es ist unabdingbar, sich über die zu erwartenden **Wetter- und Windbedingungen** vorab zu informieren. Detailliertere Windvorhersagen als der allgemeine Wetterbericht liefern spezielle **Windvorhersagen für Wassersportler,** wie www.windguru.cz, www.windy.com oder www.windfinder.com, die es für die komfortable Nutzung unterwegs auch als App fürs Smartphone gibt. Für eine regelmäßige Verwendung lohnt sich meist die Investition für einen Premiumzugang bzw. die Pro-Apps, da die nicht nur werbefrei sind, sondern auch einen höheren Funktionsumfang bieten.

Wind-INFOS

Windguru www.windguru.cz **Windy** www.windy.com
Windfinder www.windfinder.com
WetterOnline mit Regenradar www.wetteronline.de

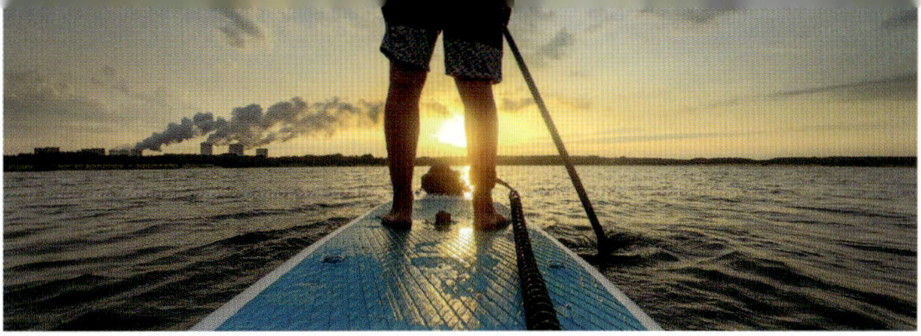

Am besten stehen die Chancen auf **wenig Wind** und spiegelglattes Wasser in den frühen Morgen- und späten Abendstunden. Wenn die Sonne im Tagesverlauf dann emporsteigt und die Luftmassen über Land schneller erwärmt werden als die über Wasser, frischt der Wind in der Regel auf und weht in den frühen Nachmittagsstunden am stärksten, da der Temperaturunterschied das Maximum erreicht hat.

Idealerweise wird die Tour so geplant, dass man gegen den Wind startet und mit hoher Wahrscheinlichkeit auf dem **Rückweg den Wind von hinten** hat. Profis können die Windvorhersage aber auch nutzen, um beim sogenannten **Downwind-Paddeln** mit dem Wind im Rücken hohe Geschwindigkeiten zu erreichen und sich von den Wellen übers Wasser schieben zu lassen. So lassen sich viele Kilometer ohne großen Kraftaufwand zurücklegen – nur sollte man am Endpunkt einen Rücktransport zurück zum Startpunkt organisiert haben.

Plötzlicher oder unerwarteter Wind: Die Windvorhersagen sind zwar recht zuverlässig, treffen aber natürlich nicht immer 100% zu. Was aber kann man machen, wenn man unterwegs von einem **Wetterumschlag** überrascht und plötzlich mit starkem Wind zu kämpfen hat? Da der Wind über freien Wasserflächen so richtig Fahrt aufnehmen kann, sollte man auf keinen Fall zu weit auf den See hinausfahren und paddelt besser in Ufernähe, wo häufig Bäume oder eine hohe Uferböschung zumindest etwas Schutz bieten.

Um dem Gegenwind weniger Angriffsfläche zu bieten, kann man sich auf dem Board hinknien und das Paddel kürzer greifen, um **im Sitzen zu paddeln.** Geht es allerdings auch knieend nicht vorwärts, so ist es an der Zeit, das nächste **Ufer anzusteuern** und den Wetterbericht auf dem Smartphone zu checken. Mit etwas Glück reicht eine ausdehnte Pause, um dann bei abflauendem Wind den Heimweg antreten zu können. Ist aber keine Besserung in Sicht oder nimmt der Wind sogar an Stärke zu, dann muss die Tour abgebrochen werden, um sich nicht selbst in Gefahr zu bringen.

Windstärke wird in Beaufort angegeben.
Die Skala reicht von **1 = leichter Windzug** bis **12 = Orkan.**

Wind-STÄRKE

VERHALTEN AN & AUF DEM WASSER

Frei wie ein Schwan über das Wasser gleiten – sicherlich macht auch das einen großen Teil des Reizes beim Stand-Up-Paddeln aus. Allerdings platzt der Spreewald im Sommer aus allen Nähten und wenn angesichts knapper Einstiegsstellen und fehlender Rastmöglichkeiten ausschweifende Picknicks auf Privatgelände veranstaltet werden oder in Vorgärten uriniert wird, kann man den Ärger der Einheimischen nachvollziehen.

Auch so mancher Kahnkapitän steht auf dem Standpunkt *„Die bunten, neumodischen Dinger haben hier bei uns nichts zu suchen“* und beäugt das stetig wachsende SUP-Aufkommen mit Argwohn. Um die Stimmung nicht weiter anzuheizen ist daher umsichtiges Verhalten gefragt, damit auch zukünftige SUP-Generationen die Faszination des Spreewalds noch erleben können.

Sicherheit – Auf den Seen im Unterspreewald und im Lausitzer Seenland sind **Restube** oder **Schwimmweste** und **Leash** (Verbindungsleine zum Board, die am Fußgelenk, an der Wade oder an der Hüfte befestigt wird) **Pflicht** und bei starkem Wind sollte sicherheitshalber nur in Ufernähe gepaddelt werden.

Leider halten sich auf den Lausitzer Seen längst nicht alle Freizeitskipper an ihre Ausweichpflicht gegenüber Stand-Up-Paddlern. Um die **Kentergefahr** der durch die Motorboote verursachten und bisweilen sehr unangenehmen Wellen zu reduzieren, am besten hinknien und das Board so ausrichten, dass die Wellen im 90°-Winkel durchbrochen werden. Wenn genug Zeit bleibt, vorher unbedingt noch einmal kontrollieren, ob das Gepäck sicher befestigt ist.

Für den Fall, dass (Wasserschutz-)Polizei oder Rettungskräfte ein herrenloses Board auffinden, hilft ein laminierter und am Board befestigter Zettel mit den persönlichen **Kontaktdaten** bei der raschen Klärung des Sachverhalts.

Immer ein wasserdicht verpacktes Handy mitführen, um im Notfall Hilfe rufen zu können.

VERHALTEN GEGENÜBER ANWOHNERN & ANDEREN WASSERNUTZERN

- Achtet beim **Parken** darauf, keine Anwohner zu behindern.
- Nutzt fürs **Ein- und Aussetzen** im Spreewald ausschließlich befestigte Anleger, wie sie u.a. an Schleusen vorzufinden sind. Achtet darauf, keine Privatgrundstücke zu betreten und fragt freundlich, bevor Ihr den Steg bei einer Kanuvermietung, auf einem Campingplatz oder an einer

Verhaltens-REGELN

Gaststätte nutzt. Wie die Reaktion ausfällt, hängt erfahrungsgemäß von der Jahreszeit ab. Während man Euch in der Nebensaison in vielen Fällen gewähren lassen wird, fällt die Antwort in der Hauptsaison wahrscheinlich eher abweisend aus.

» Die meisten **Uferabschnitte** im Spreewald stehen entweder unter **Naturschutz** oder sind in **Privatbesitz**. Einfach mal so anlegen, um ein Picknick zu machen, ist also nicht drin. Leider gibt es im Spreewald auch praktisch keine offiziellen Rastplätze. Die beste Möglichkeit für eine Pause mit eigenem Proviant bieten die zahlreichen **Schleusen**, wo es ausreichend Platz gibt und man niemanden stört. Einen guten Steg zum Ab- und Aufsteigen sowie oftmals auch eine Pausenbank gibt es meist noch dazu. Auch die **Gasthäuser** im Spreewald sind auf Wasserwanderer eingestellt – natürlich erwartet man hier eine Einkehr und sieht es nicht gerne, wenn Paddler den Anleger nutzen, um mitgebrachtes Essen zu verzehren.

» Ob an Kreuzungen oder Schleusen: Die **Spreewaldkapitäne haben immer Vorfahrt!**

» **Fahrt immer rechts** und bringt ausreichend Geduld mit, wenn Ihr auf den **engen Spreewaldfließen** einen Kahn oder einen anderen Paddler **überholen** möchtet. Achtet auf den Gegenverkehr und wartet ab, bis eine ausreichend breite Stelle erreicht ist, an der der Überholvorgang ohne Schwierigkeiten möglich ist.

» Die **Promillegrenze** auf dem Wasser liegt aktuell bei 0,5 Promille. Hast du Ausfallerscheinungen, kann bereits eine Alkoholkonzentration von 0,3 Promille eine Straftat sein.

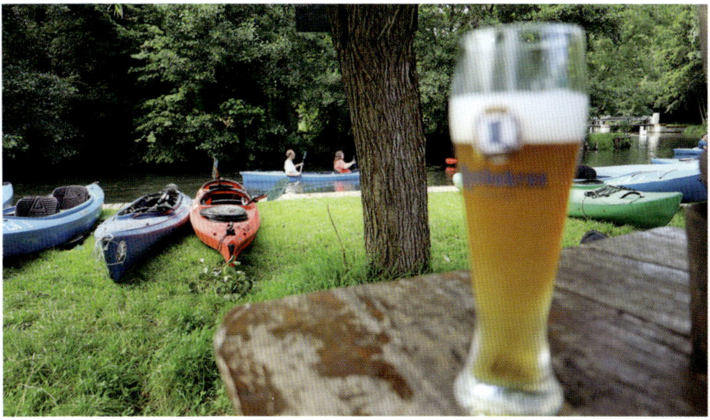

UMWELT UND NATUR

- Infolge der Besiedlung wurde das natürliche Gewässernetz im Spreewald um Kanäle, Abflussgräben und Mühlgräben für den Betrieb von Wassermühlen erweitert. Um die Schäden der oft verheerenden Hochwasser in den Griff zu bekommen, begann man mit der Wasserwirtschaft und in den 1930er Jahren wurden systematisch Stauanlagen, Deiche und Umflutgräben angelegt. Auch wenn viele der Wehre im Spreewald mit einer **Selbstbedienungs-Schleuse** ausgestattet sind, sollten **SUP-Boards stets umtragen** werden. Das ist nicht nur einfacher, schneller und ohne Verletzungsrisiko, sondern spart auch jede Menge Wasser, das dem Spreewald bei jedem Schleusungsvorgang verloren geht.
- Verhaltet Euch ruhig und haltet die **Nachtruhe** ein, um **nachtaktive Tiere** nicht zu stören. **Im Spreewald ist das Paddeln nur bis eine Stunde nach Sonnenuntergang gestattet.**
- Meidet die **Einfahrt in Schilfgürtel** ebenso wie das **Abstoßen vom Flussgrund,** beides sind wichtige Lebensräume für viele Vogel- & Fischarten.
- Im **Spreewald** sind einige **Fließe gesperrt** oder es gibt **zeitweilige Durchfahrtsverbote** – so darf beispielsweise der Lehder Graben zwischen 10 und 16 Uhr von Sportbooten nur von Ost nach West befahren werden. *Wir haben versucht, die jeweils gelten Regeln und Einschränkungen sowohl im Text wie auch in den Karten zu erfassen.* Achtet aber immer auch auf die **Hinweise vor Ort.** Im Spreewald erkennt Ihr **gesperrte Fließe** entweder an einem rechteckigen rot-weiß-roten oder dem rot-umrandeten quadratischen Zeichen mit der durchgestrichenen Aufschrift Sport. Auch Kanus und SUPs gelten als Sportboote und dürfen daher dort nicht weiterfahren.
- Im **Lausitzer Seenland** gibt es zusätzlich zu den Bereichen, die aus Naturschutzgründen gesperrt sind, auch **gesperrte Uferabschnitte,** bei denen die Trittsicherheit am Ufer und in den Flachwasserbereichen nicht gegeben ist, da wasserrechtliche Sanierungs- und Sicherungsmaßnahmen noch nicht abgeschlossen sind. Im Interesse Eurer eigenen Sicherheit solltet Ihr die **durch gelbe Bojen gekennzeichneten Linien nicht überfahren** und das **dahinterliegende Ufer nicht betreten,** da die Gefahr von lokalen Sackungen besteht!
- Die **Lausitz** wird von kontinentalem Klima geprägt. Die Sommermonate sind vergleichsweise **niederschlagsarm** und in den warmen Sommermonaten steigt die **Waldbrandgefahr**. Grillen und Lagerfeuer sind nur an dafür zugelassenen Plätzen gestattet. Informiert Euch außerdem über die aktuelle Waldbrandwarnstufe und damit einhergehende Beschränkungen.

DIE SUP-AUSRÜSTUNG

KLEIDUNG – Die entscheidende Rolle für die Wahl der **geeigneten Kleidung** spielt die Wasser- und nicht die Lufttemperatur.

Besonders tückisch in dieser Hinsicht ist der **Frühling**, wenn uns die Sonne tagsüber schon angenehme Temperaturen von 20°C und mehr beschert, das Wasser aber noch kalt ist. Daher greift man zu dieser Jahreszeit am besten auf einen dünnen **Neoprenanzug** mit halbem oder langem Arm zurück, um beim Reinfallen ausreichend gegen Unterkühlung geschützt zu sein.

An heißen **Sommertagen** reichen **T-Shirt und Badehose** dagegen völlig aus. Da man auf dem Wasser der Sonne ausgesetzt ist, sollte man insbesondere auf Seen an **Kopfbedeckung, Sonnenbrille** und **Sonnencreme** denken.

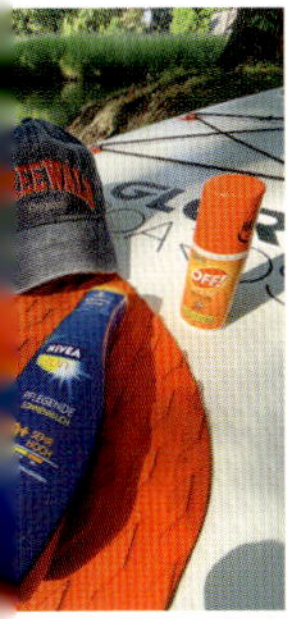

Ein Muss für Touren im **Winter** ist ein **Trockenanzug**. Mit warmer **Fleeceunterwäsche** darunter lässt sich auch bei Temperaturen um den Gefrierpunkt angenehm paddeln. Warme **Mütze** und **Neoprenhandschuhe** nicht vergessen!

Im Spreewald kann ein **Mückenschutzmittel** Gold wert sein. Natürlich variiert die Intensität der Mückenpopulation von Jahr zu Jahr und je nach Witterungsbedingungen, aber da Mücken bekanntlich ein Faible fürs Wasser haben und es davon im Spreewald reichlich gibt, können einem die kleinen Blutsauger bei gehäuften Aufkommen bisweilen das Leben zur Hölle machen.

SUP-BOARDS – Inzwischen gehören Kinder und Erwachsene, die auf breiten Brettern übers Wasser gleiten, überall in Deutschland zu einem vertrauten Anblick. Am häufigsten handelt es sich dabei um **aufblasbare Stand-Up-Boards,** kurz **iSups** genannt (das „i“ steht für „inflatable“), die einen besonders unkomplizierten Spaß auf Fluss, See oder Meer versprechen. Sie bestehen aus einem extrem widerstandsfähigen PVC-Material und erreichen durch das Dropstitch-Verfahren (d.h. Verbindungsfasern zwischen Ober- und Unterseite) nahezu die Steifigkeit von festen SUP-Boards

Mit einer **Pumpe** sind sie in wenigen Minuten einsatzbereit, für Transport und Lagerung braucht die Luft einfach nur abgelassen zu werden.

Die Stehpaddel-Ausrüstung besteht neben der entsprechenden Kleidung aus **SUP-Board, Paddel** und **Leash**. Die Wahl des SUP-Boards hängt vom Einsatzbereich ab.

Zusammengerollt passen die Boards dann bequem in eine Tasche oder einen Rucksack und mit einem Gewicht zwischen etwa 8 und 15 kg lösen sie sowohl das Transport- wie auch das Lagerungsproblem auf sehr elegante Weise.

Board-GRÖSSE

Länge, Breite & Höhe von SUPs werden üblicherweise in Fuß und Inch angeben. Die Angabe 10'6" steht also für 10 Fuß und 6 Inch. Ein Fuß entspricht 30 cm, ein Inch 2,54 cm.

Boards gleiten besser und schneller je länger sie sind, bzw. werden umso wendiger und drehfreudiger, je kürzer sie ausfallen.

Anfängertaugliche **Allround-Boards** messen in der **Länge** meist zwischen 10' und 11' (3-3,30 m) und reihen sich somit zwischen den längeren Renn- und Touringbooten auf der einen und den kürzeren Surf-SUPs auf der anderen Seite ein. Die meisten Hersteller bauen Allround-Boards daher mit einer **Breite** um die 32" (= 81 cm), damit auch Anfänger gut zurechtkommen. Wer noch sicher stehen will, greift zu einem breiteren Brett.

Schmale **Renn- und Touring-SUPs** mit einer **Breite** von 29" oder weniger, sind sehr kippelig und erfordern eine gute Paddeltechnik.

Eine wichtige Rolle zum sicheren Stehen spielt auch das **Volumen**, denn der **Auftrieb** ist umso höher, je größer das Volumen ist. Das ist nicht nur für größere und schwerere Paddler wichtig, sondern auch wenn Kind, Hund oder viel Gepäck mit soll. Die beiden gebräuchlichen **Dicken** bei **iSUPs** sind 4" und 6". Üblich bei **Allround-Boards** sind 6" (= 15 cm). Bei gleichem Fülldruck, biegen sich die dickeren Bretter weniger stark durch und das Fahrgefühl kommt dem eines Hardboards sehr nahe. Gleichzeitig tauchen die Bretter aufgrund des höheren Volumens weniger tief ein, sodass weniger Wasser übers Deck auf die Füße schwappt. Die dünneren 4"-Bretter sind vor allem für leichtere Paddler oder Kinder interessant und zeichnen sich durch ihr geringes Gewicht aus.

Neben Länge, Breite und Höhe entscheidet natürlich auch die **Form des SUPs** über dessen Fahreigenschaften. Eine flache Unterseite garantiert eine stabile Lage im Wasser, eine gebogene Spitze dagegen sorgt dafür, dass man beim Surfen auf die Welle kommt. Bei den **Allround-Boards** sind die Bootsdesigner auf eine ausgewogene Balance bedacht, sodass sich die Bretter sowohl für das gemütliche Flachwasserpaddeln auf Seen und ruhigen Flüssen wie auch dem Brandungssurfen am Strand eignen. **Dabei gilt die Faustregel:** Flache Bretter eignen sich insbesondere fürs Flachwasser. Je stärker die Spitze gebogen ist, desto besser sind die Fähigkeiten zum Wellenreiten.

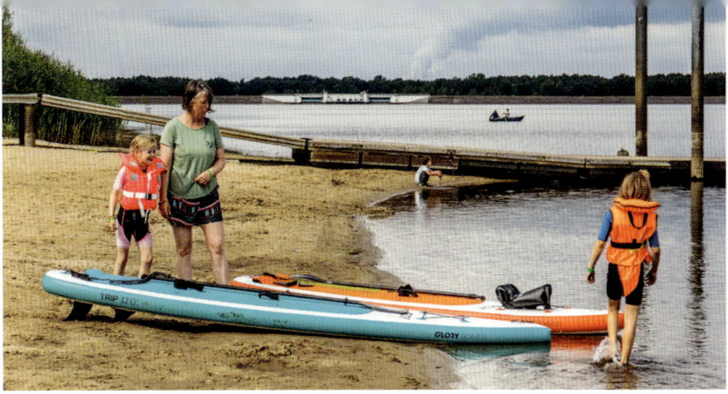

FINNE – Um den Geradeauslauf zu verbessern, sind die meisten Boards mit einer **einsteckbaren Mittelfinne** ausgestattet. Zum Anbringen wird sie in die auf der Unterseite des Boards angebrachte Nut gesteckt und mit einem kleinen Kunststoffclip gegen das Herausrutschen gesichert. Die mitgelieferten Finnen bieten in der Regel einen guten Kompromiss von Stabilität, Geradeauslauf und Geschwindigkeit. Wer die Spurtreue erhöhen möchte, kann die Standardfinne durch eine längere, großflächigere Finne ersetzen. Um das Tempo zu erhöhen, ist eine möglichst kurze Finne in Flossenform das Mittel der Wahl.

SUP-PADDEL – Viele **SUP-Komplettsets** werden mit einem einfachen Paddel ausgeliefert, das in den meisten Fällen für die ersten Ausflüge aufs Wasser völlig ausreicht. Wenn noch etwas Geld in der Kasse ist, lässt sich der Spaß beim SUPen aber mit einem hochwertigen Paddel deutlich steigern.

Das A und O bei der Paddelauswahl ist die **passende Länge.** Als Faustformel gilt: Paddellänge ist gleich Körpergröße plus 20 Zentimeter. Wenn das Paddel senkrecht mit dem Blatt auf den Fußboden gestellt wird, sollte die Hand des nach oben gestreckten Arms locker auf dem Griffknauf liegen. In jedem Fall sind **höhenverstellbare Variopaddel** sehr zu empfehlen. Sie bestehen aus mehreren Teilen, die bei Bedarf mehr oder weniger weit ineinandergeschoben werden können. Eine optimale Ergänzung zu aufblasbaren iSUPs sind dreiteilige Paddel, die sich unkompliziert im Rucksack mitnehmen lassen. Zweiteilige Paddel dagegen sind für die SUP-Packtasche meist zu lang.

Das **Material** für hochwertige, leichte Highend-Paddel ist Carbon. Günstiger, aber dennoch eine gute Alternative für leichte Paddel stellt Glasfaser dar.

Das **Paddelblatt** ist derjenige Teil des Paddels, der ins Wasser eintaucht und hat somit natürlich einen Einfluss auf die Performance. Dabei entscheidet die

Paddelfläche darüber, wieviel Kraft für einen Paddelschlag aufgewendet werden muss. Mit einem großen Paddelblatt reichen wenige Paddelschläge, um schneller voranzukommen, allerdings muss dafür mehr Kraft aufgewendet werden. Ein kleines Paddelblatt dagegen lässt sich einfacher durch das Wasser ziehen, allerdings ist auch eine höhere Frequenz erforderlich, um das Board auf hohes Tempo zu beschleunigen. Kräftige Paddler greifen daher zu einem größeren Paddelblatt, um beim Touring für mehr Vortrieb zu sorgen, während ein kleineres Paddelblatt vor allem für schwächere, untrainierte Personen gut geeignet ist, da der einzelne Paddelschlag weniger Kraft kostet.

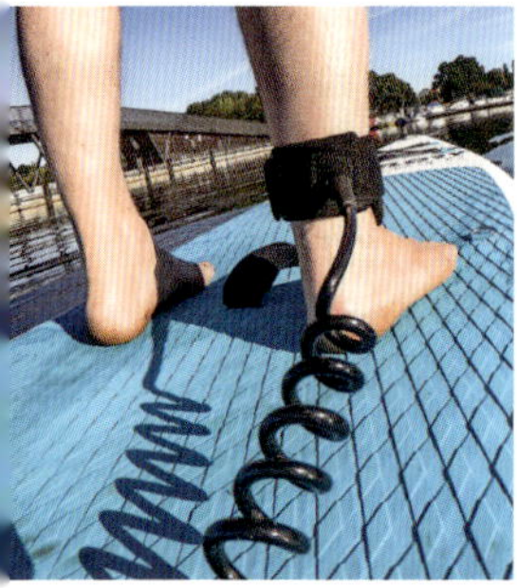

LEASH – Auf den **Lausitzer Seen** ist außerdem die Verwendung einer **Leash** empfehlenswert. Diese Sicherheitsleine wird auf einem Ende am Board und auf dem anderen Ende über einen Klettverschluss am Knöchel oder unterhalb des Knies befestigt. So kann das Bord auch bei stärkerem Wind nicht abtreiben, falls man ins Wasser fällt.

ZUBEHÖR – Aufblasbare SUP-Boards verlangen nach einem Innendruck von mindestens 1 bar. Bei den Markenherstellern gehört in der Regel eine brauchbare **Pumpe** zum Lieferumfang. Die Investition in eine moderne Hochleistungspumpe kann sich aber lohnen. Wer sich den Kraftakt fürs manuelle Füllen des SUP-Boards ganz schenken möchte, greift zur Elektropumpe.

Eine **Schwimmweste** kann im Ernstfall Leben retten, denn selbst geübten Schwimmern können die Kräfte schwinden, wenn das Ufer (zu) weit entfernt ist und erst recht, wenn Wind und Wellen aus der falschen Richtung die Rückkehr an Land erschweren. Eine bequeme Alternative zur sperrigen Schwimmweste, stellen **selbstaufblasende Rettungbojen** in Form einer kleinen Gürteltasche dar, die einfach um die Hüfte geschnallt werden. Im Fall einer Kenterung reicht ein kurzer Ruck am Auslöser, schon bläst die CO2-Kartusche die Rettungsboje in Sekundenschnelle auf und deren Auftrieb reicht aus, um einen Erwachsenen entspannt über Wasser zu halten.

Im **wasserdichten Packsack,** auch **Drybag** genannt, ist das Gepäck nicht nur vor Regen geschützt, sondern bleibt auch im Falle einer Kenterung trocken. Zusätzlich zum **Gepäcknetz,** über das viele SUPs verfügen, sind **Karabiner** und **Spanngurte** zum Fixieren sehr hilfreich, damit die Ladung nicht über Bord geht.

SUP-PADDELTECHNIK

ERMITTLUNG DER RICHTIGEN PADDELLÄNGE

Stell das Paddel neben Dich, strecke Arm und Hand (der Arm ist dabei fast durchgestreckt) entlang des Paddelschaftes nach oben und lege jetzt die Hand um den Griff. Je länger das Paddel, umso aufrechter die Standposition auf dem Board. Wenn ich sportlicher fahren möchte, wähle ich einen kürzeren Schaft.

PADDELHALTUNG

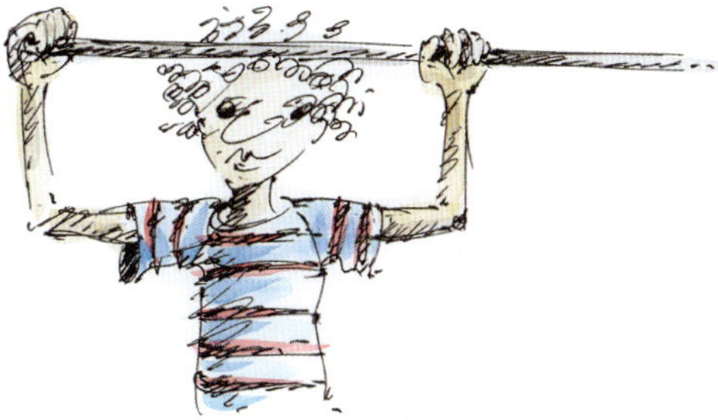

Die richtige Griffbreite ermitteln – Mit der einen Hand den Knauf umfassen, mit der anderen den Schaft. Paddel so auf den Kopf legen, dass die Unterarme im rechten Winkel nach oben zeigen.

Bei einem SUP-Paddel ist in der Regel das Blatt im Verhältnis zum Schaft leicht abgewinkelt. Das Paddel wird korrekterweise so gehalten, daß beim Eintauchen das abgewinkelte Blatt – vom Paddler aus gesehen – nach vorne zeigt.

ERSTE VERSUCHE

Wer seine ersten Versuche auf einem SUP-Board bestreitet, kann erstmal kniend starten, um ein Gefühl für sich und das Board zu bekommen. Hierzu etwa in die Mitte des Boards mit Blick nach vorne hinknien. In aufrechter Haltung mit beiden Händen am Paddelschaft vorwärts paddeln. Nach der Eingewöhnung aufstehen und mit der oberen Hand den Knauf greifen.

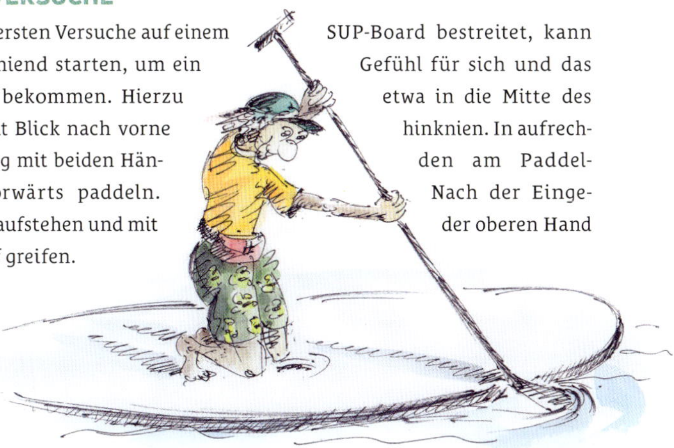

VORWÄRTSSCHLAG

Mit Blick nach vorne (Richtung Bug) stehen wir mit paralleler Beinstellung etwa in der Mitte des Boards. Die Trageschlaufe dient hier als Anhaltspunkt. Das Paddel wird weit vorne und nahe neben dem Board eingetaucht. Dabei ist der untere Arm (Hand am Schaft) nahezu gestreckt und der obere Arm (Hand auf dem Griff) leicht angewinkelt. Erst wenn das Paddel komplett im Wasser ist, wird der eigentliche Paddelzug eingeleitet.

Jetzt wird das Paddel in gerader Linie neben dem Board bis zum Körper (Füße) durchgezogen, wobei der Paddelschaft immer in einem sehr steilen Winkel (von vorne oder hinten gesehen) zum Wasser bleiben sollte. Dabei wird der obere Arm gestreckt und der untere Arm leicht angewinkelt.

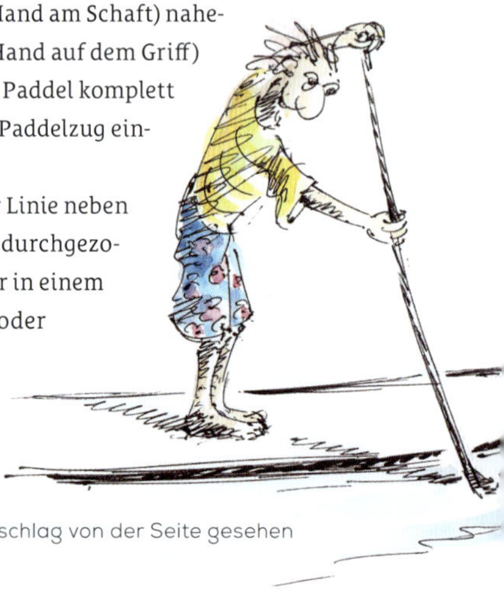

Vorwärtsschlag von der Seite gesehen

Knapp hinter dem Körper wird das Paddel aus dem Wasser genommen und mit horizontal gedrehter Blattfläche wieder nach vorne in die Eintauchposition geführt. Durch Rotation des Oberkörpers während des Durchziehens des Paddels wird die Wirkung (Kraft nach vorne) gesteigert (Schulter auf der Paddelseite ist beim Eintauchen leicht nach vorne und beim Ausheben des Paddels leicht nach hinten gedreht).

Je besser ich mein Paddel im Wasser „verankere“ (Widerstand des Wassers nutzen), desto effizienter ist die Bewegung des Boards nach vorne.

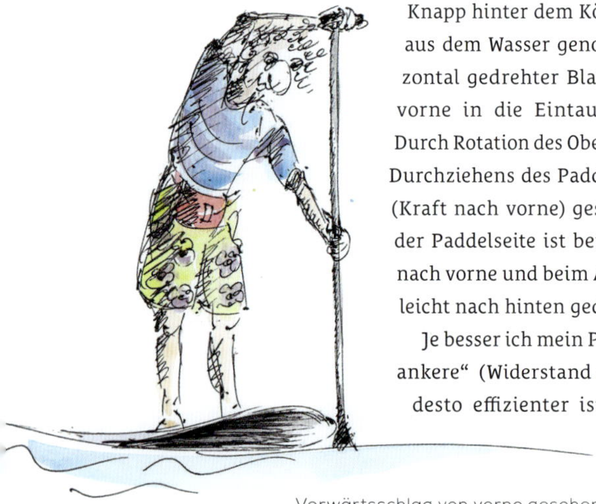

Vorwärtsschlag von vorne gesehen

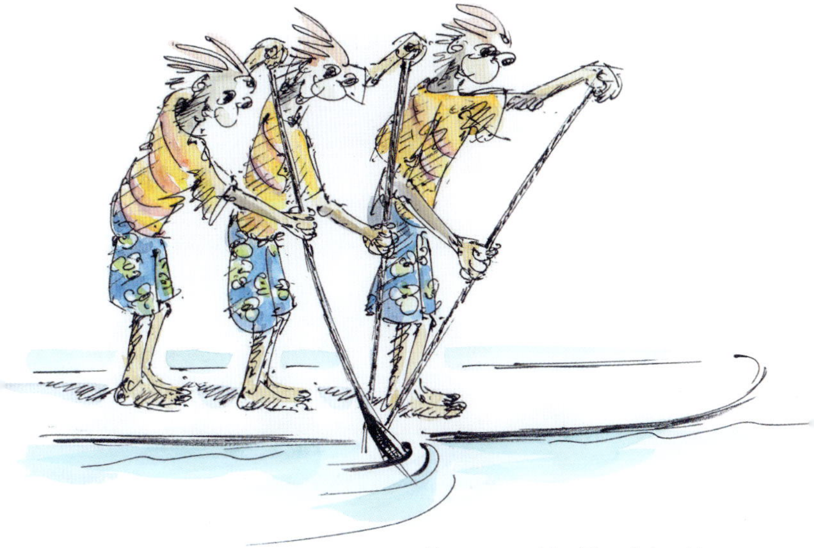

Bewegungsablauf Vorwärtsschlag

VORWÄRTS FAHREN

Um „Kurs zu halten“ und ungewollte Kurvenfahrt zu vermeiden ist es hilfreich, auf ein anvisiertes Ziel in der Ferne zuzuhalten und nach mehreren Schlägen immer mal wieder die Seite zu wechseln.

KURVEN FAHREN

Hier kann als leicht zu lernende Technik der Bogenschlag angewendet werden. Das Paddelblatt wird möglichst weit vorne direkt am Board eingesetzt und dann in einem weiten Bogen am Körper vorbei bis nach hinten ans Heck durchgezogen. Je weiter ich bei diesem Manöver hinten auf dem Board stehe, umso effizienter wird der Bogenschlag.

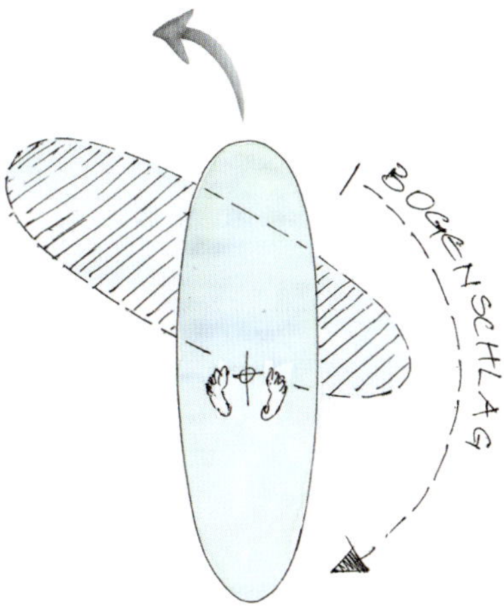

Als fortgeschrittene Technik kann auch der sogenannte Crossbow-Turn eingesetzt werden. Hier wird das Paddel

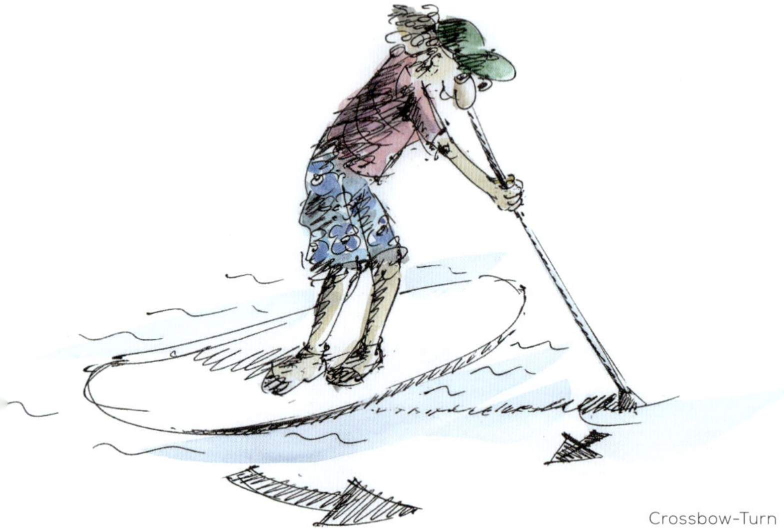

Crossbow-Turn

aus der Fahrt heraus auf der Gegenseite des Boards – unter Beibehaltung der ursprünglichen Paddelhaltung – möglichst weit außen in einem Winkel von rund 45 Grad zum Board eingesetzt und dann in einem Bogen vorne über den Bug wieder auf die ursprüngliche Paddelseite geführt. Mit dieser Übergriff-Technik kann das Board mit einem Schlag um 180° gedreht werden.

PADDELN BEI GEGENWIND

Wer gegen den Wind ankommen möchte, macht sich klein – bis hin zum Paddeln im Knien. Auf diese Weise reduziere ich den Luftwiderstand. Die Griffhand greift dabei weiter unten am Schaft.

DOWNWIND-PADDELN

Das SUP-Paddeln mit ordentlich Wind im Rücken gilt als die Königsdisziplin auf dem See und bleibt erstmal dem wirklich Erfahrenen vorbehalten. Es erfordert eine an Wind und Wellen angepasste Fußstellung. Um ein Bohren des Bugs zu verhindern, versetzt man einen Fuß nach weiter hinten. Je mehr Wind, desto weiter hinten steht man. Mit dem Paddel im Wasser kann das Board in den Wellen stabilisiert werden.

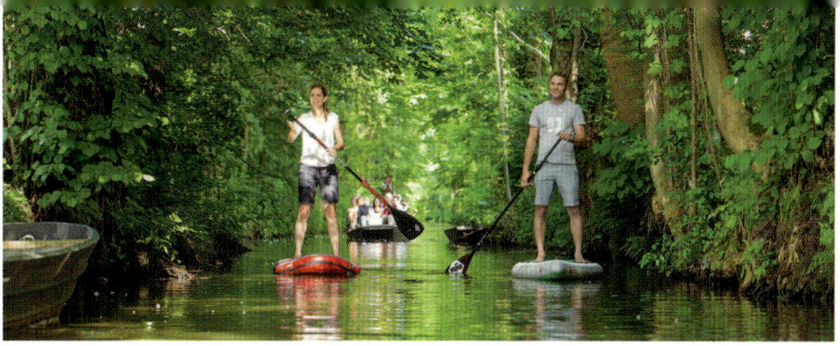

ZU GUTER LETZT

» Schwach motorisierte Wasserfahrzeuge „schleichen" sich gern unbemerkt von hinten an, so dass es sinnvoll ist, sich immer mal umzuschauen.

» Beim Sturz ins Wasser zuerst zum Board schwimmen, bevor der Wind dieses abtreibt (eine Leash verhindert das!) – und erst dann das Paddel bergen.

» Nie das Board verlassen um zum Ufer zu schwimmen, denn es ist auch deine „Rettungsinsel"!

» Führe ein wasserdicht verpacktes Handy mit, um im Notfall Hilfe rufen zu können.

Literatur-TIPPS

BUCH-EMPFEHLUNGEN

101 DINGE, DIE EIN STAND-UP-PADDLER WISSEN MUSS, Bruckmann Verlag

SUP – STAND UP PADDLING: MATERIAL – TECHNIK – SPOTS | **SUP – RAUF AUFS BRETT** | UND WEITERE SUP-TITEL, Delius Klasing

SUP: STAND UP PADDLING FASZINATION – ABENTEUER – LIFESTYLE, Wachholtz Verlag

SUP-GUIDE **BERLIN & UMLAND** | **MECKLENBURGER SEEN** | & VIELE WEITERE TITEL, Thomas Kettler Verlag

KANU-TOURENFÜHRER **KANU KOMPAKT SPREEWALD** | **POTSDAM** | **BERLIN** | **MÄRKISCHE UMFAHRT** Thomas Kettler Verlag

SPREEWALD MIT AUSFLÜGEN NACH COTTBUS & BAD MUSKAU, TOUREN-VORSCHLÄGE FÜR WANDERER, RADFAHRER, PADDLER, Trescher Verlag

ZEITSCHRIFTEN

SUP BOARD MAGAZIN, MSV Medien, www.supboard-magazin.de

SUP, Delius Klasing Verlag, www.sup-mag.de

STAND UP MAGAZIN, Mike Jucker, www.standupmagazin.com

LINK-TIPPS

SUPSCOUT.DE – Plattform für SUP-SPOTS UND -TOUREN

CLEANRIVERPROJECT.DE – für saubere Flüsse und Meere

PADDELN-MACHT-SPASS.DE – informiert über Kanu und SUP auf einer jährlichen „Roadshow" auf ausgewählten Campingplätzen

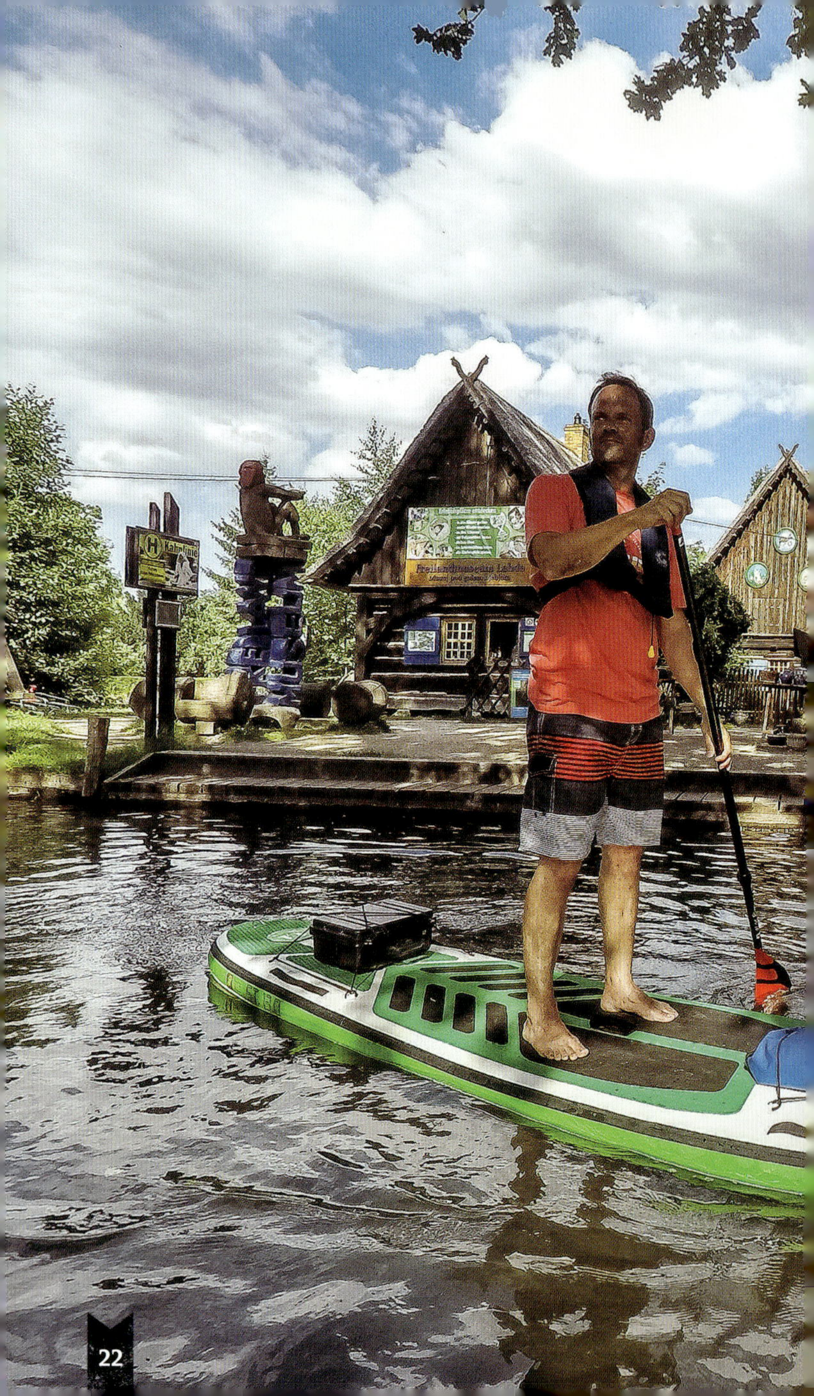
Kahnlinie
Freilandmuseum Lehde

SUP-SPOTS SPREEWALD

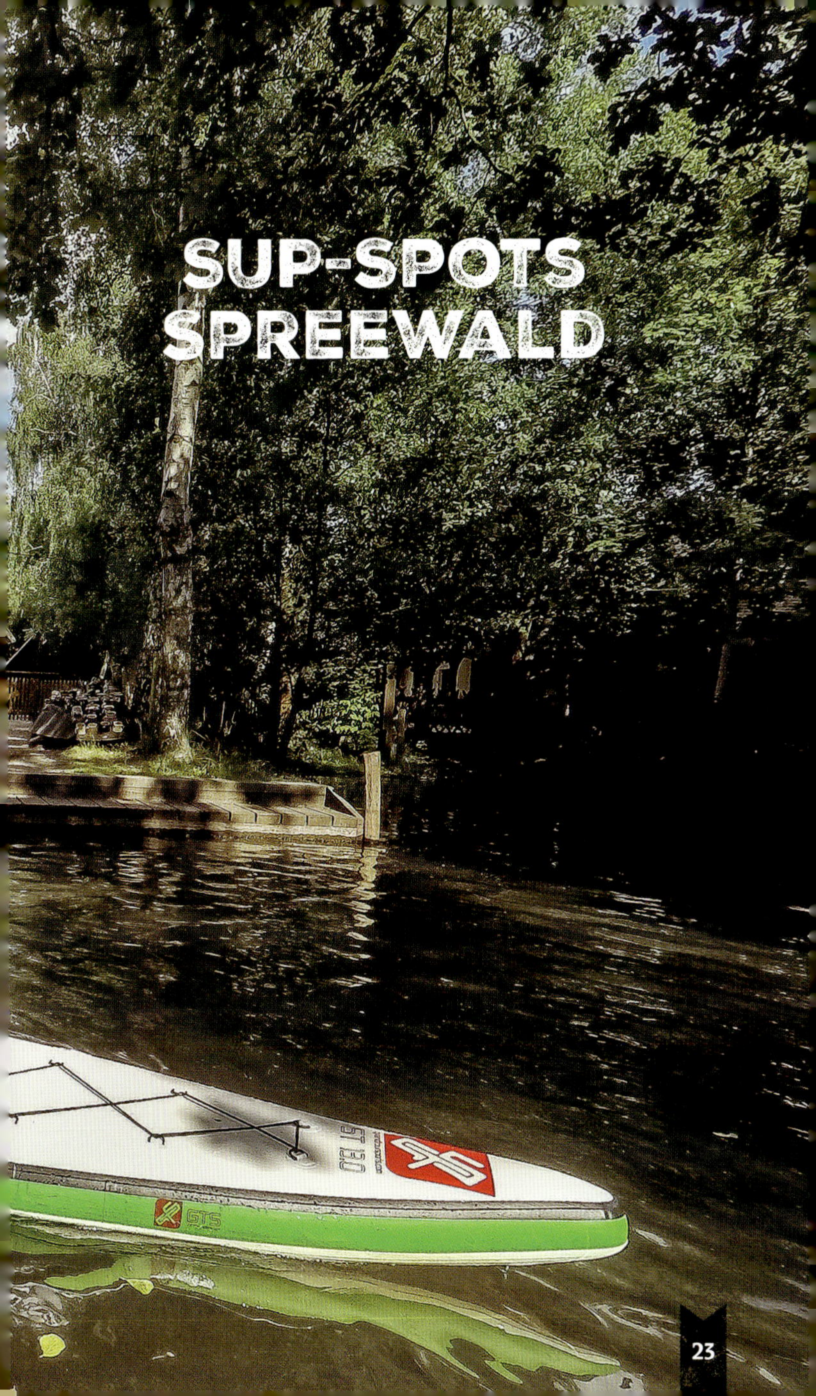

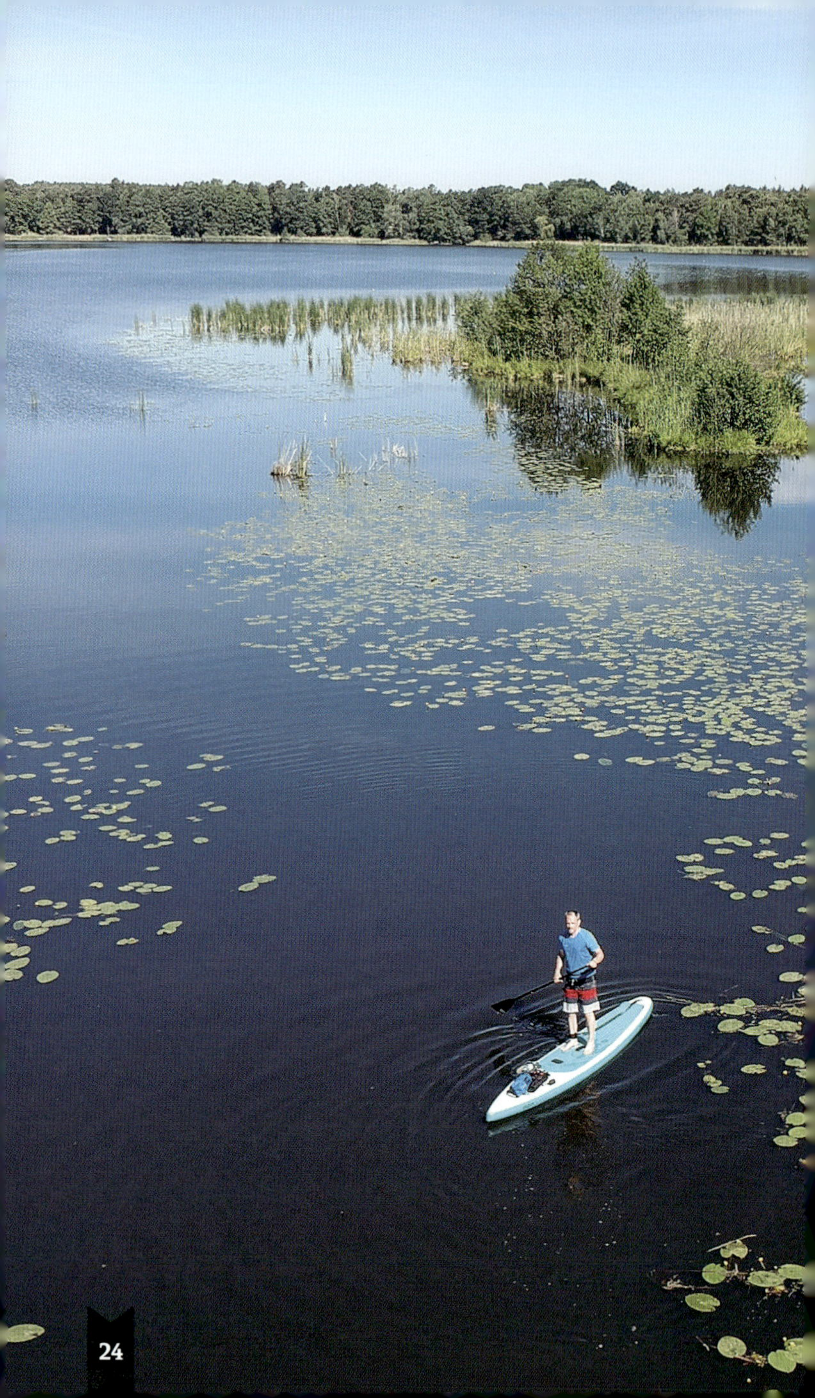

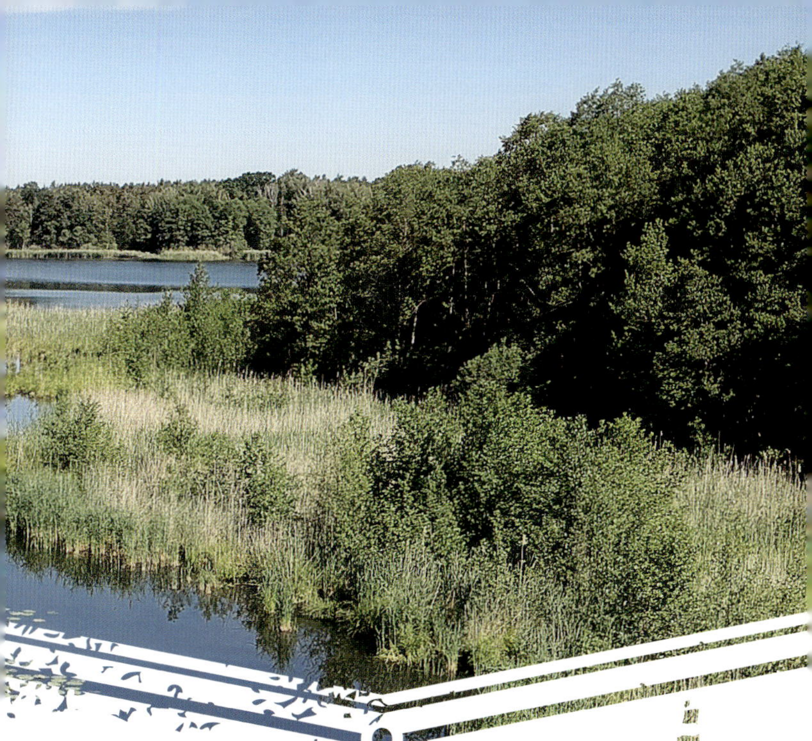

NÖRDLICHER SPREEWALDRAND

ANSPRUCH | EINKEHR

Wer auf der Suche nach Ruhe, Idylle und Natur pur ist, liegt auf dieser abwechslungsreichen Rundtour im Unterspreewald am nördlichen Spreewaldrand goldrichtig. Mal geht es durch dichten Wald, dann wieder dürfen wir uns über einen weiten Blick in die offene Wiesenlandschaft freuen.

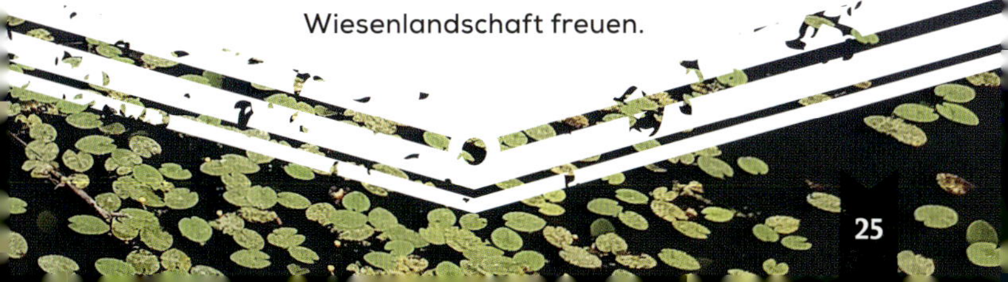

WIND & WELLEN

Anfang und Ende der Tour verlaufen weitestgehend windgeschützt auf schmalen Fließen im Wald. Deutlich windanfälliger sind vor allem der etwas breitere Dahme-Umflut-Kanal und natürlich die offene Wasserfläche des Köthener Sees (gilt insbesondere bei Wind aus westlicher Richtung).

BEFAHRUNGSHINWEISE

Eine Reihe von **Fließen** (z.B. Wasserburger Spree und Langes Horstfließ) sind für die **Befahrung gesperrt.** Die Befahrungsverbote sind vor Ort durch rot-weiß-rote-Schilder gekennzeichnet und gelten auch für SUPs.

ANFAHRT MIT DEM PKW

A13 Berlin–Dresden bis Abfahrt 6 (Staakow) und dann über die L711 (Tropical-Islands-Allee) nach Krausnick. An der Gabelung hinter dem Ortsende links halten und über die L71 nach Groß Wasserburg.

Im Ortszentrum rechts halten. Nach der Brücke über die Wasserburger Spree liegt rechter Hand der Wasserwanderrastplatz, auf der gegenüberliegenden Straßenseite ist kurz darauf die Einfahrt zum Parkplatz zu finden.

PARKEN

Einstieg 1, Groß Wasserburg: Großer kostenpflichtiger Parkplatz (Tageskarte 5 €) direkt am Ufer neben Schleuse/Wehr *(Navi: Dorfstraße/L71, 15910 Krausnick-Groß Wasserburg oder GPS: 52.062335, 13.851626).* Kostenlose Parkplätze gibt es vor Ort nicht; abgesehen von wenigen Parkmöglichkeiten an der Dorfstraße im Ortskern.

Einstieg 2, Köthen: Rund um den kleinen Dorfplatz *(Navi: Dorfstraße 12, 15748 Märkisch Buchholz OT Köthen, GPS: 52.077756, 13.806732)*, begrenzte Anzahl von kostenlosen Parkplätzen. Von dort sind es keine 150 Meter Fußweg bis zur Badestelle.

ANREISE MIT ÖPNV

In etwa 40 bis 60 Minuten Fahrtzeit gelangt man vom *Lübbener Bahnhof* mit der Buslinie 506/507 nach *Groß Wasserburg.* Von der Haltestelle sind es nur wenige Schritte bis zur Brücke über den Randkanal. www.rvs-lds.de

BADEN

» **Köthener See:** Kostenlose öffentliche Natur-Badestelle mit kleinem Sandstrand, großer Liegewiese und sanitären Einrichtungen in Köthen am Südufer des Sees.

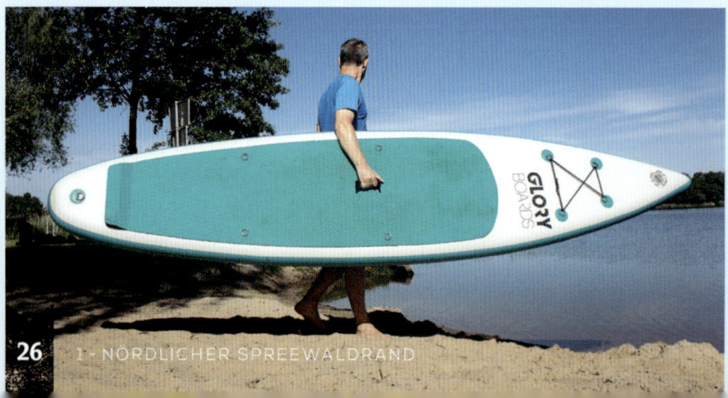

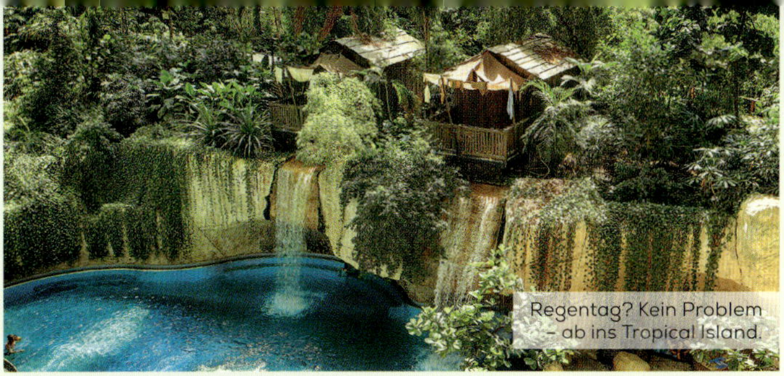

Regentag? Kein Problem – ab ins Tropical Island.

EXTRA-TIPPS

» Knapp 10 km westlich von **Groß Wasserburg** (6 km von Krausnick) lädt in einer ehemaligen Halle für Luftschiffe Europas größte tropische Urlaubswelt **Tropical Island** zu einem Kurzurlaub ein. Indoor-Südseestrand unter Palmen in einer weitläufigen Sauna- und Badelandschaft samt unzähligen Rutschen und einem Surf-Simulator. www.tropical-islands.de

» Von **Groß Wasserburg** führt eine schöne **Rundwanderung** *(13 km, ca. 3-4 h)* durch die **Krausnicker Berge** zum **Aussichtsturm** auf dem **Wehlaberg** (144 m), weiter zum **Köthener See** und zurück.

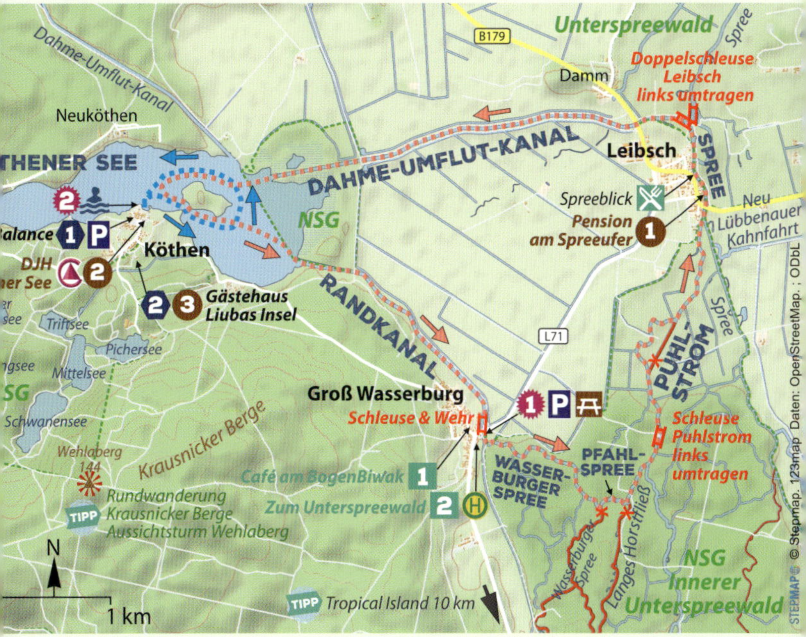

TOUREN

1 ZWEI-SCHLEUSEN-RUNDE

Ruhige, abwechslungsreiche Rundtour durch Wald und Feld. 2 Umtragestellen an den Schleusen/Wehren.

| **LÄNGE** 12,5 km | **DAUER** 5-6 h

EIN- & AUSSTIEG

Steg am Kahnhafen hinter der Straßenbrücke übers Wehr am Wasserwanderrastplatz Groß Wasserburg.

2 KÖTHENER SEE

Von der Badestelle in Köthen bietet sich ein Kurztrip rund um die vorgelagerte Insel an.
Ohne Routenbeschreibung

| **LÄNGE** 2,5 km | **DAUER** 1,5 h

EIN- & AUSSTIEG

Badestelle in Köthen.

SUP-VERMIETUNG

1 HAUS BALANCE
Dorfstraße 16
15748 Märkisch Buchholz
OT Köthen
Tel. 0152-21 66 59 69
www.haus-balance.de

2 GÄSTEHAUS LIUBAS INSEL
Dorfstraße 33
15748 Märkisch Buchholz
OT Köthen
Tel. (033765) 18 99 77
www.liubas-insel.de

EINKEHR

1 CAFÉ AM BOGENBIWAK

Dorfstraße 25a, 15910 Krausnick
OT Groß Wasserburg
Tel. (035473) 21 24
www.zumbogenbiwak.de
Apr-Okt Di-So 13-18,
Nov-Mär Fr-So 13-18 Uhr

KLASSIKER Leckere hausgemachte Torten & selbstgebackener Kuchen

2 ZUM UNTERSPREEWALD

Dorfstraße 22, 15910 Krausnick
OT Groß Wasserburg
Tel. (035473) 555
im Sommer Do-Di 11-21 Uhr

KLASSIKER Fährmann Schnitzel (gefüllt mit Gurke und Meerrettich)

ÜBERNACHTUNG

1 PENSION AM SPREEUFER
Leibscher Hauptstr. 8
15910 Unterspreewald OT Leibsch
Tel. (035473) 315
www.pensionamspreeufer.de

2 JUGENDHERBERGE KÖTHENER SEE MIT ZELTPLATZ
Dorfstr. 20, 15748 Märkisch Buchholz OT Köthen
Tel. (033765) 805 55
www.jugendherberge.de

3 GÄSTEHAUS LIUBAS INSEL
Dorfstr. 33, 15748 Märkisch Buchholz OT Köthen
Tel. (033765) 18 99 77
www.liubas-insel.de

1 IDYLLE PUR AM NÖRDLICHEN SPREEWALDRAND

Eine gute Stelle, um die Boards bequem ins Wasser zu lassen, finden wir in **GROSS WASSERBURG** am **KAHNHAFEN** oberhalb der Straßenbrücke über die **WASSERBURGER SPREE**, direkt nach dem Wehr und der Schleuse. Wer seine iSUPs nicht bereits am Parkplatz startklar gemacht hat, findet oberhalb der Holzbefestigungen auch ein Plätzchen, um das Board im Schatten des dichten Blätterdachs aufzupumpen. Direkt nebenan liegt ein einfacher, aber idyllischer **WASSERWANDERRASTPLATZ**, der vor oder im Anschluss an die Tour zu einer Übernachtung im Wohnmobil oder Zelt einlädt.

Schon gleich nach dem Ablegen finden wir uns auf der **WASSERBURGER SPREE**, mitten im **UNTERSPREEWALD**, in einem dichten grünen Tunnel wieder. Die Sonne bringt die Blätter der Bäume und den Uferfarn zum Leuchten, Libellen schwirren über die Wasseroberfläche und ein vielstimmiges Vogelgezwitscher übertönt das leise Plätschern des Wassers unter unserem Paddel.

Knapp 1,5 Kilometer nach dem Start ist die erste Fließ-Kreuzung erreicht. Da der rechts abzweigende Arm der Wasserburger Spree ganzjährig gesperrt ist, halten wir uns links und paddeln über die **PFAHLSPREE** weiter bis zum **LANGEN HORSTFLIESS**. Hier ist wieder der nach rechts abzweigende Arm gesperrt. Uns links haltend ist es nicht weit bis zur Mündung in den etwas breiteren **PUHLSTROM**. Hier sind es nun noch einmal etwa 300 m nach links bis zur **SCHLEUSE** am unteren **PUHLSTROMWEHR**. Das Hindernis ist schnell am linken Ufer **UMTRAGEN**, die idyllische Lichtung lädt aber auch zu einer Pause ein.

Wenige Paddelschläge hinter der Schleuse verlassen wir den Wald und in der flachen Wiesenlandschaft dürfen wir uns über einen weiten Blick in die Landschaft freuen. Ein „Durchfahrt verboten"-Warnschild mahnt dazu, den geraden Durchstich rechts liegen zu lassen. Wir halten uns links und folgen dem **RENATURIERTEN ALTARM**, der uns in engen Kurven durch die Felder und Weiden führt, wo ein paar neugierige Kühe das Geschehen auf dem Wasser verfolgen. Am Ende mündet der Puhlstrom in die **SPREE** und wir wenden die Spitzen der Boards nach links.

Wir haben **LEIBSCH** erreicht und kurz hinter der Straßenbrücke zieht die **PENSION AM SPREEUFER** 1 an uns vorüber. Gleich dahinter könnten wir direkt am Biergarten der **GASTSTÄTTE SPREEBLICK** anlegen und uns bei solider Hausmannskost für die Weiterfahrt stärken.

An der **DOPPELSCHLEUSE** in **LEIBSCH** könnte man die Tour auf der Spree in Richtung Berlin fortsetzen. Für unsere Rundfahrt steuern wir aber die westliche der beiden Schleusen an, wo der **DAHME-UMFLUT-KANAL** abzweigt. Der Rastplatz am Ufer lädt zu einer Pause ein und zu einem Abstecher über die Schleusenbrücken hinüber zum Gelände neben der Ostschleuse, wo die **HISTORISCHEN SCHLEUSENTORE** als technisches Denkmal stehengelassen wurden. *Das 260-Einwohner-Dorf **Leibsch** ist, quasi als Pendant zu Burg im Süden, das nördliche Tor zum Spreewald. Der Vorgänger der heutigen mächtigen Doppelwehranlage wurde 1909-1911 zur Regulierung des Wasserstandes der Spree errichtet. Zeitgleich wurde auch der Dahme-Umflut-Kanal angelegt, der von großer Bedeutung für die Versorgung Berlins mit landwirtschaftlichen Produkten aus dem Spreewald war. Noch zu Beginn der 1930er Jahre wurde hier Gemüse für den Verkauf auf den Berliner Märkten auf die Spreewaldkähne geladen.*

Eine übermäßig starke Gegenströmung ist im Sommer auf dem **DAHME-UMFLUT-KANAL** üblicherweise zwar nicht zu erwarten, bei kräftigem Gegenwind können die drei Kilometer bis zum Köthener See aber zu einer ziemlichen Kraftanstrengung werden. Hinter dem linken Ufer ziehen die sanft geschwungenen Höhenzüge der **KRAUSNICKER BERGE** vorüber und der Aussichtsturm auf dem Wehlaberg ragt aus den Baumgipfeln hervor.

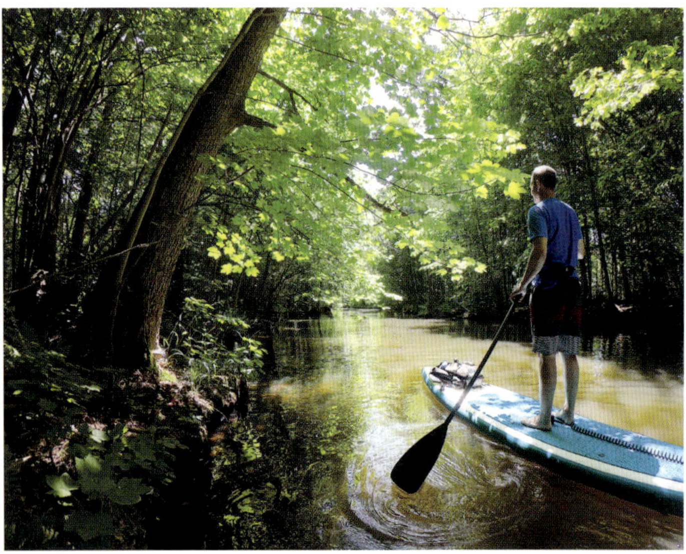

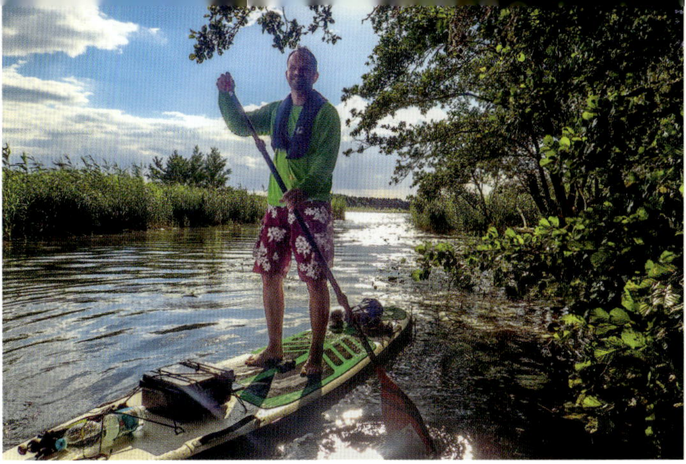

In der Verlandungszone des **KÖTHENER SEES** ändert sich das Landschaftsbild völlig. Hinter dem sumpfigen Ufer wachsen tiefhängende Weiden und Erlen soweit das Auge reicht. Bei Erreichen der offenen Wasserfläche würde man sich für den direkten Weg zurück nach Groß Wasserburg gleich links halten, um den Abzweig des **RANDKANALS** zu finden.

Bei gutem Wetter und wenig Wind lädt der **KÖTHENER SEE** **(ROUTE 2)** jedoch zu einem schönen Abstecher ein. *Er ist Heimat einer der größten Fischreiherkolonien Europas und gilt als Geheimtipp unter Naturliebhabern.* Vorbei an der Insel im östlichen Teil des Sees ist die schöne **NATUR-BADESTELLE** mit großer Liegewiese und kleinem Sandstrand von **KÖTHEN** erreicht. **ÜBERNACHTUNGSMÖGLICHKEITEN** 2 3 und **SUP-VERMIETUNG** 1 gibt es hier zwar, jedoch keine Gaststätte mehr.

Von der Badestelle wenden wir uns in Richtung Osten und paddeln zwischen dem Ufer und der Insel hindurch. Die Ausfahrt aus dem See versteckt sich zwar im Schilf, ist aber durch ein vor dem Schilfgürtel aufgestelltes Einfahrtszeichen auch aus einiger Entfernung gut auszumachen.

Nun liegen noch rund zwei einsame Kilometer auf dem von schönem Wald gesäumten **RANDKANAL** vor uns, bevor wir an den Treppenstufen vor der **SCHLEUSE** in **GROSS WASSERBURG** am linken Ufer in direkter Nachbarschaft des Parkplatzes die Tour beenden. Nur wenige Schritte entfernt lädt am Kahnhafen der schöne Biergarten an der **GASTSTÄTTE „ZUM UNTERSPREEWALD"** 2 mit deftiger Spreewaldküche zum gemütlichen Ausklang ein. Wem der Sinn eher nach etwas Süßem steht, der findet wenige Schritte entfernt im Ortszentrum das **CAFÉ AM BOGENBIWAK** 1, das zum BogenBiwak mit Bogenladen und 3D-Bogenparcours auf 10 ha Waldfläche gehört.

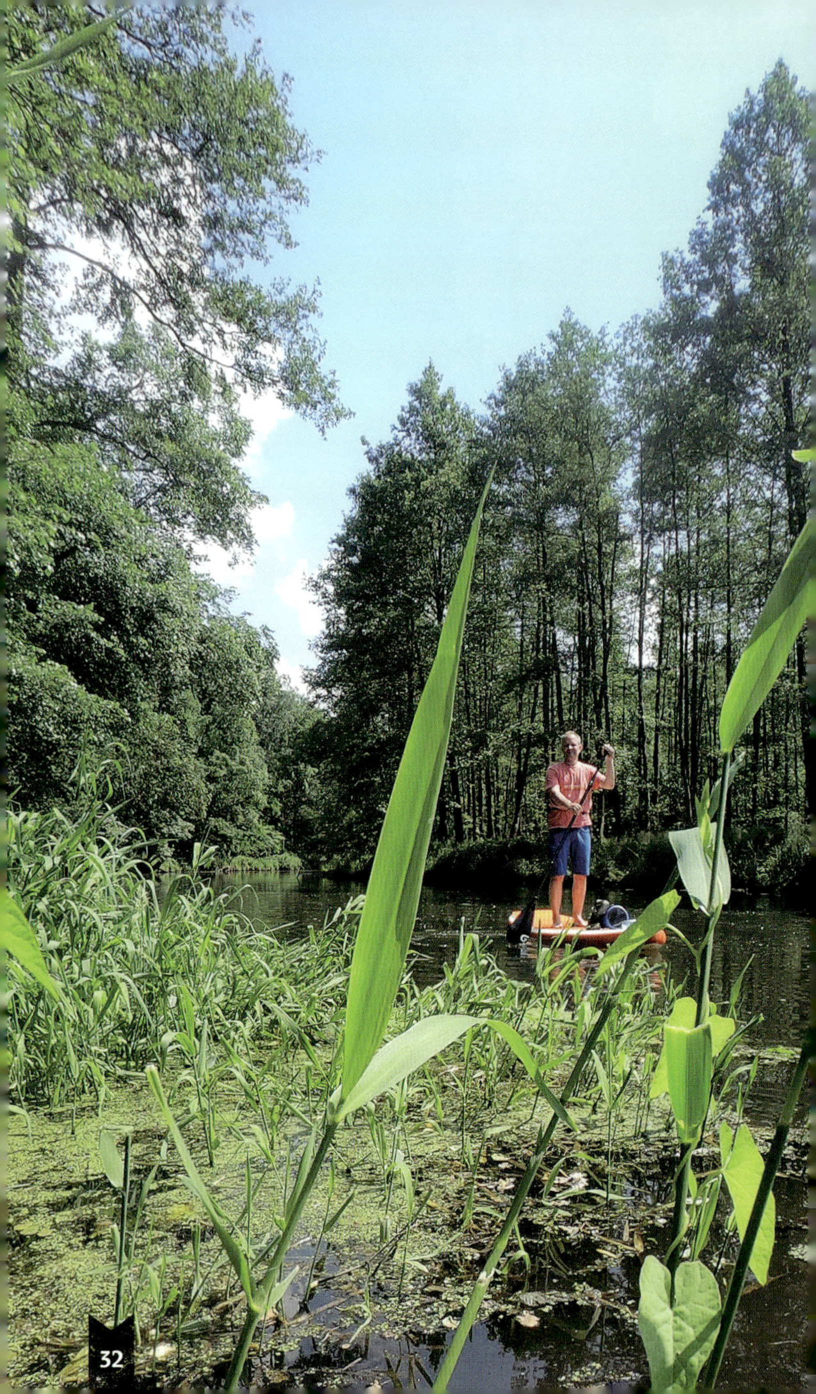

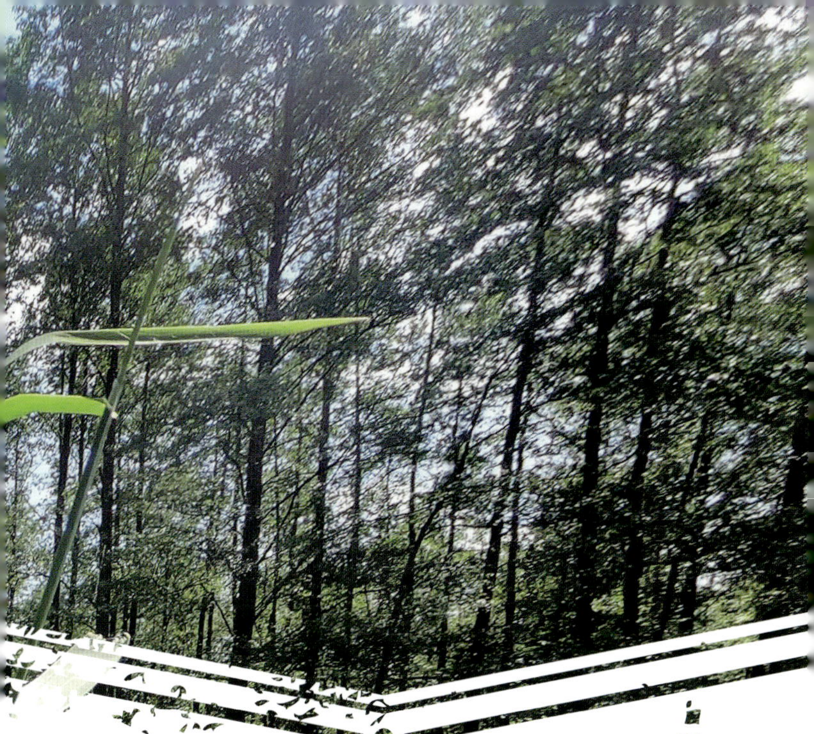

RUND UM SCHLEPZIG

ANSPRUCH

EINKEHR

Schlepzig, etwa 12 km nördlich von Lübben gelegen, ist eines der ältesten Dörfer im Spreewald und als Ausgangspunkt für den Unterspreewald längst kein Geheimtipp mehr. Trotzdem ist der charmante Ort aber längst nicht so überlaufen wie die Touristenspots im Oberspreewald und zumindest unter der Woche erwartet uns hier herrliche Ruhe.

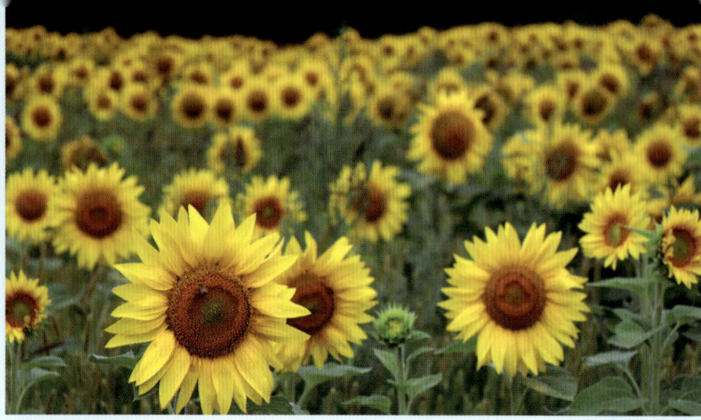

WIND & WELLEN

Die schmalen Fließe sind weitgehend windgeschützt. Eine nennenswerte, allerdings nur leichte Strömung gibt es nur auf der Hauptspree.

BEFAHRUNGSHINWEISE

Einige Fließe (z.B. Schiwastrom) sind für die **Befahrung gesperrt.** Die Befahrungsverbote sind vor Ort durch rot-weiß-rote-Schilder gekennzeichnet und gelten auch für SUPs.

SCHWIERIGKEITEN

Auch wenn es in Schlepzig einige Anbieter von Kahnfahrten gibt, bleibt das **Kahnaufkommen** selbst an einem schönen Sommerwochenende im Rahmen.

Etwas **Vor- und Rücksicht** ist auf den **engen Fließen** gerade in Ortsnähe trotzdem geboten und natürlich haben auch hier die Kähne Vorfahrt.

ANFAHRT MIT DEM PKW

Auf der A13 bis zur Ausfahrt 6 (Staakow) und auf der Tropical-Islands-Allee über Krausnick nach Schlepzig.

PARKEN

Einstieg 1, Schleuse Zerniasfließ: Eine gute Möglichkeit um sich die Park- und Einsetzgebühren am Kahnhafen zu sparen, bietet der Wanderparkplatz am Naturlehrpfad Buchenhain *(GPS: 52.03014, 13.87894)* westlich des Ortsausgangs in Richtung Krausnick. Von hier sind es etwa 300 m bis zur Schleuse im Zerniasfließ, wo man bequem ins Wasser kommt.

Einstieg 2, Schlepzig: Direkt am Großen Hafen *(Navi: Dorfstr. 53b, 15910 Schlepzig)* wie auch im weiteren Ortsgebiet stehen ausreichend kostenpflichtige Parkplätze zur Verfügung (Tagesticket 5 €).

Einstieg 3, Petkampsberg: Parkplätze am Spreewaldgasthaus *(Navi: Petkampsberg 1, 15910 Schlepzig).*

ANREISE MIT ÖPNV

Ab *Berlin Hbf* mit dem RE2 (Richtung Cottbus) oder ab *Berlin-Ostkreuz* mit der RB24 (Richtung Senftenberg) nach *Lübben*. Dort mit Bus 506 (Richtung Leibsch) in ca. 0:20 h nach Schlepzig. (www.bahn.de).

SEHENSWERTES IN SCHLEPZIG

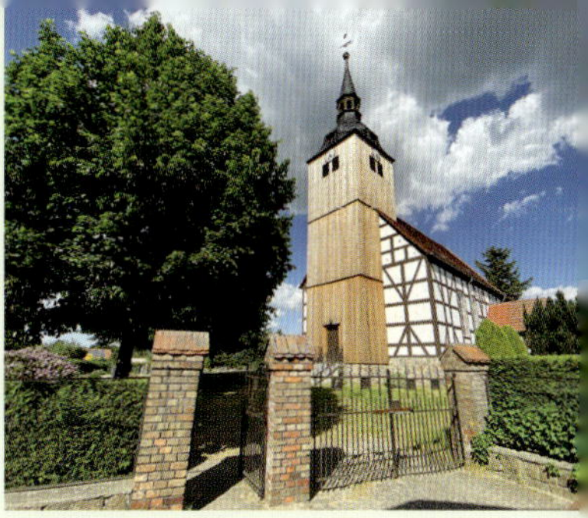

- Die **Fachwerkkirche** aus dem Jahre 1782 wartet auf mit einer barocken Innenausstattung, einer Kanzel von 1843, sowie eine Sauer-Orgel von 1910.
- Die dreistöckige **Historische Getreidemühle** von 1771 in der Ortsmitte unweit des Schlepziger Kahnhafens beherbergt das Infozentrum des Biosphärenreservats mit einer modernen, multimedialen Ausstellung zum Artenreichtum der Spreewaldfließe *(Apr-Okt Di-So 10-16/17, Dorfstr. 52, www.spreewald-biosphaerenreservat.de >Erleben & lernen > Alte Mühle Schlepzig).*
- Das **Bauernmuseum** (& Tourist-Info) am südlichen Ortsende (in Richtung Lübben) zeigt auf dem ehemaligen Gehöft des Dorfschulzen anschaulich das kleinbäuerliche Leben und Arbeiten zu Beginn des 20. Jahrhunderts. Neben dem vollständig eingerichteten Bauernhaus gibt es in der Scheune den umfangreichen Maschinenpark vom Holzpflug bis zum Mähdrescher zu bestaunen *(Ostern-Okt Do-Sa 11-16, Dorfstr. 26, www.bauernmuseum-schlepzig.de).*

TIPP EXTRA-TIPPS IN UND UM SCHLEPZIG

- **Naturlehrpfad Buchenhain** – leichte, ausgeschilderte **Rundwanderung** am Rande von Schlepzig durch schönen Laubmischwald entlang der Fließe und durch Feuchtwiesen *(3 km, ca. 1 h).*
- **Rundwanderung** um den **Großen Inselteich** südlich des Ortes. Er gehört zu einem Mosaik von insgesamt 22 Fischteichen zwischen Lübben und Schlepzig und bietet als Heimat vieler Wasservögel zu jeder Jahreszeit ein schönes Naturerlebnis *(6 km, 2 h).*

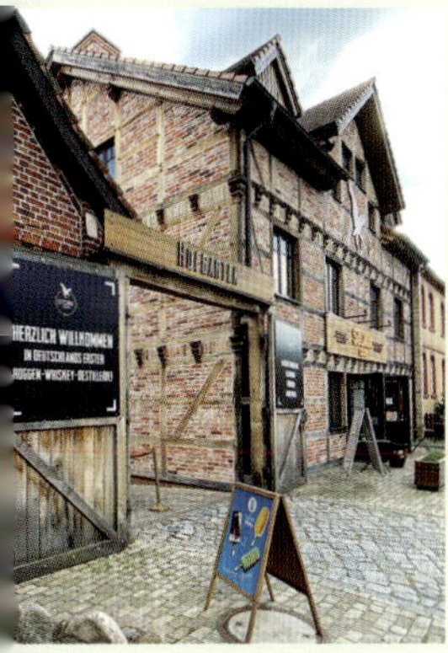

- **SpreeWald Destillerie** – Deutschlands erste Roggen-Whiskey-Destillerie. Die 90-minütige Führung durch die Produktionsstätten wird von einer Verkostung gekrönt. Außerdem beherbergt das nach dem Vorbild eines klassischen Vier-Seiten-Hofs errichtete Gebäudeensemble neben dem **Shop** auch ein gemütliches **Hof-Café** mit Hofgarten. www.shop.stork-club-whiskey.com
- Bei einer Führung durch die **Spreewälder Privatbrauerei 1788** kann man dem Braumeister über die Schulter schauen – natürlich darf auch das Probieren der hauseigenen Biersorten wie Spreewälder Pils, Spreewälder Dunkel, Zwickel und Hefeweizen nicht fehlen. www.seinerzeit.de/brauerei

1 UNTERSPREEWALD-RUNDE BEI SCHLEPZIG

Diese gemütliche Rundtour führt durch die ruhige Natur des Unterspreewalds.

| **LÄNGE** 5,5 km | **DAUER** 2-3 h

2 ABSTECHER PETKAMPSBERG

Wer die Runde um eine urige Einkehr erweitern möchte, paddelt von der Kreuzung des Puhlstroms mit der Hauptspree gegen die leichte Strömung noch gut 1 km weiter bis zum traditionsreichen Spreewaldgasthaus Petkampsberg und zurück.

Ohne Beschreibung

| **LÄNGE** +2 km | **DAUER** +1-2 h

EIN- & AUSSTIEGE

Ein-/Ausstieg 1: Die **Schleuse am Zerniasfließ** ermöglicht einen unkomplizierten Tourenstart. Aus Richtung Schlepzig kommend führt direkt hinter der Brücke über das Fließ ein Feldweg bis zum Wehr. Keine 100 m weiter liegt am rechten Fahrbahnrand ein Wanderparkplatz *(GPS: 52.03014, 13.87894).*

Ein-/Ausstieg 2: Am **Kahnhafen in Schlepzig** *(Navi: Dorfstr. 53b, 15910 Schlepzig)* kann man seine Boards gegen eine Gebühr bequem am Steg ins Wasser lassen.

Ein-/Ausstieg 3: Wer die Tour um jeweils 1 km auf der Hauptspree am Beginn sowie am Ende der Tour erweitern möchte, kann alternativ am **Spreewaldgasthaus Petkampsberg** *(Navi: Petkampsberg 1, 15910 Schlepzig)* starten.

KEINE SUP-VERMIETUNG

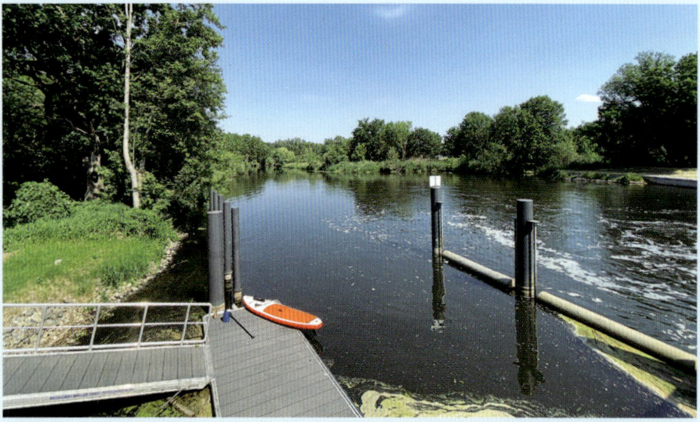

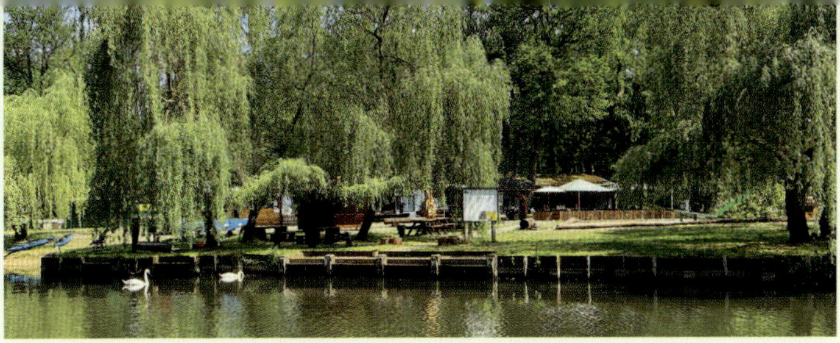

EINKEHR

1 SPREEWALDGASTHAUS PETKAMPSBERG

Petkampsberg 1
15910 Schlepzig
Tel. (035472) 247 & 0171-241 83 05
www.gasthaus-im-spreewald.de

KLASSIKER Bandnudeln mit Spreewaldpesto (Gurke, Zwiebel, Meerrettich und Kräuter)

2 CAFÉ AN DER SPREE

Dammstr. 12
15910 Schlepzig
Tel. (035472) 657 57
Apr-Okt tgl. 11-18 Uhr

KLASSIKER Hefeplinse mit Eis, Früchten und Schlagsahne oder Schmalzbrot mit Gurke

3 SPREEWALDRESORT SEINERZEIT

Brauhaus & Biergarten, Feine Küche "Zum grünen Strand der Spree", Plons Hütte: Rustikales auf die Hand
Dorfstr. 53, 15910 Schlepzig
www.seinerzeit.de/gastronomie
tägl. 12-15 & 17-21

KLASSIKER Spreewälder Grützwurst, Schlepziger Sahnequark mit Leinöl

ÜBERNACHTUNG

1 HOTEL MÜGGENBURG

Grüne Wiese 11
15910 Schlepzig
Tel. (035472) 66 00
www.hotel-mueggenburg-spreewald.de

2 SPREEWALDGASTHAUS PETKAMPSBERG

siehe Einkehrtipp 1

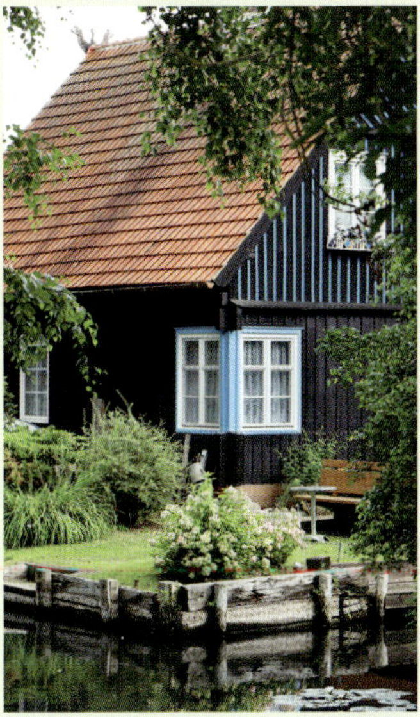

1 DURCH DEN HERRLICH RUHIGEN UNTERSPREEWALD

Am oberen Ende der **SCHLEUSE** am **ZERNIASFLIESS** machen die **TREPPEN-STUFEN** ❶ hinunter zum Wasser den Start zu einem Kinderspiel und es sind nur ein paar Paddelschläge bis zur Kreuzung mit der **QUAASSPREE**. Rechter Hand erhebt sich der **AUSSICHTSTURM WUSSEGK** über die Baumwipfel. Er eröffnet einen tollen Blick aus der Vogelperspektive auf die einmalige Wasserlandschaft und in ruhigen Stunden besteht sogar die Chance Seeadler, Eisvogel oder Kranich zu Gesicht bekommen.

Von links werden wir am Tourenende zurückkommen, jetzt wenden wir uns nach rechts und folgen der gemütlichen **QUAASSPREE** durch lockeren Hochwaldbestand zum Puhlstrom. Je nach Wochentag, Wetter und Saison schippert auch der ein oder andere Touristenkahn über das Fließ. Alles in allem geht es auf dem Wasser aber selbst in der Hochsaison sehr entspannt und gelassen zu. Wir biegen nach links auf den **PUHLSTROM** und paddeln in südliche Richtung. Die nur leichte Gegenströmung bereitet keine Probleme und schnell sind die etwa 2 Kilometer bis zum Abzweig des Puhlstroms von der Hauptspree erreicht.

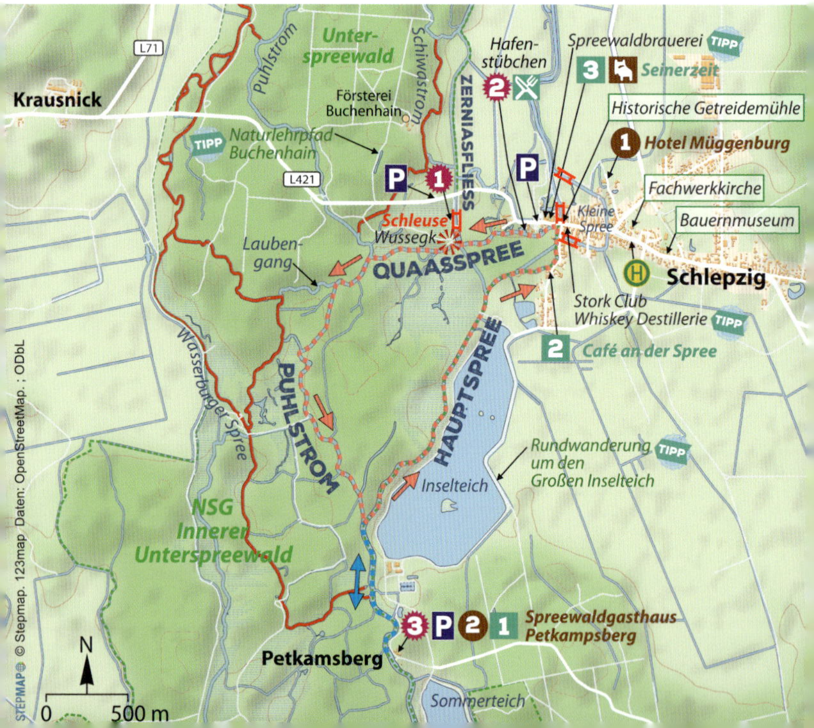

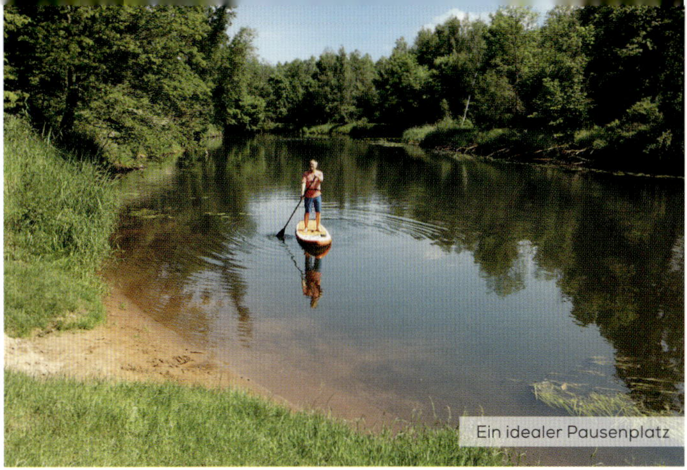

Ein idealer Pausenplatz

ABSTECHER ROUTE 2 – Wer die Tour noch um zwei Kilometer verlängern und eine empfehlenswerte Einkehrmöglichkeit erweitern möchte, richtet die Boardspitze nach rechts und erreicht nach knapp einem Kilometer das traditionsreiche **SPREEWALDGASTHAUS PETKAMPSBERG** 1.

Für den direkt Rückweg wenden wir uns dagegen scharf nach links und lassen uns auf der **HAUPTSPREE** von der Strömung gen Norden in Richtung Schlepzig tragen. Wer es eilig hat, kann zwei Kilometer weiter nach links auf das Zerniasfließ abbiegen und direkt zum Startpunkt zurückpaddeln.

Für die Rundfahrt durch **SCHLEPZIG** bleiben wir aber vorerst noch der Hauptspree treu, halten uns dann aber an der nächsten Möglichkeit rechts. Am Ufer des schmalen **ALTARMS** lädt das gemütliche **CAFÉ AN DER SPREE** 2 mit seinem schönen Garten und einem zur Sitzgelegenheit umgebauten alten Spreewaldkahn zu einer Pause ein.

Kurz darauf treffen der Altarm und der gerade Durchstich wieder aufeinander und vorbei an der Oberen Schleuse der Kleinen Spree erreichen wir die **AUTOMATIK-SCHLEUSE** an der **MÜHLE SCHLEPZIG**. Hier wenden wir uns davor nach links und verlassen die Hauptspree. Nun hat uns die **QUAASSPREE** wieder und bringt uns, vorbei am **SPREEWALDRESORT SEINERZEIT** 3, zum **GROSSEN KAHNHAFEN** von Schlepzig. Dort lädt das **„HAFENSTÜBCHEN“** vor dem Ende der Tour zu den typischen Spreewälder Köstlichkeiten wie Schmalzbrot, Soljanka, frischen Gurken vom Fass in den unterschiedlichsten Geschmacksrichtungen oder Hefeplinse ein. Anschließend ist es dann nicht mal mehr ein Kilometer bis zur Kreuzung von **QUAASSPREE** und **ZERNIASFLIESS** am **AUSSICHTSTURM WUSSEGK** und zur **SCHLEUSE** 1.

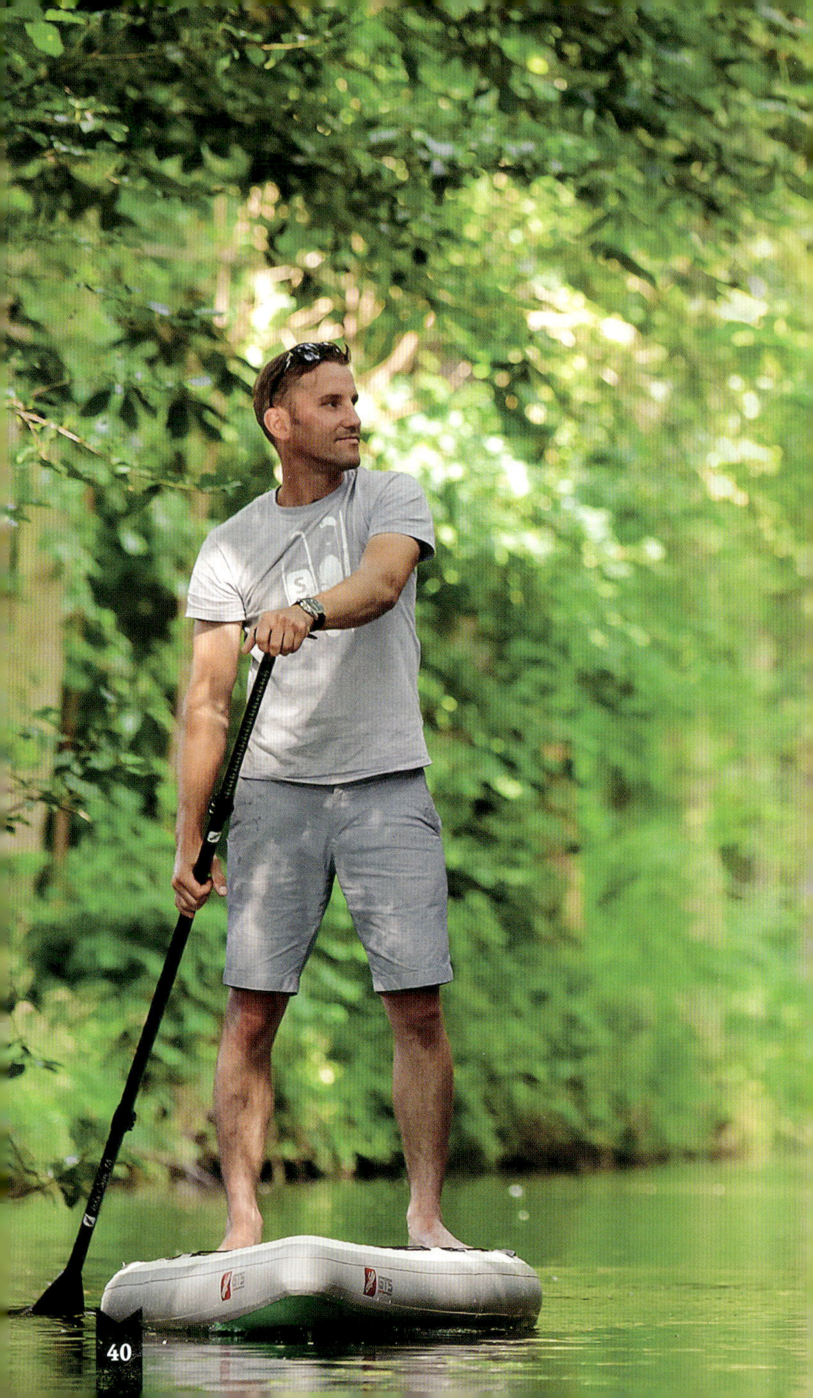

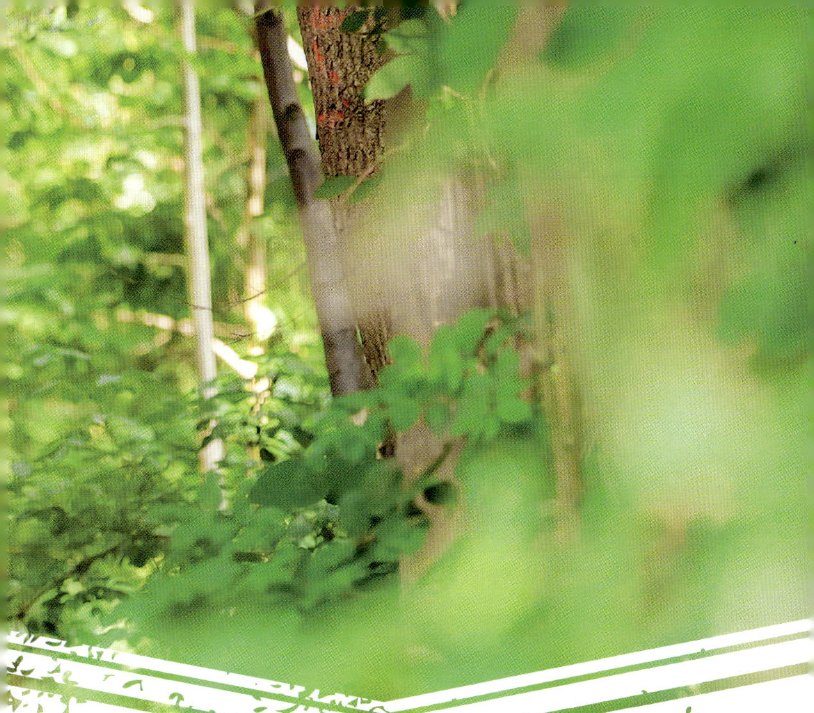

ZWISCHEN UNTER- & OBERSPREEWALD

ANSPRUCH

EINKEHR

Willkommen zu einer Stadtrundfahrt der besonderen Art! Von der SpreeLagune, der Badestelle gegenüber der Schlossinsel im Zentrum von Lübben, führt die Tour erst durch den urigen Restauenwald des Lübbener Hain mitten in der Stadt, dann weiter auf der Hauptspree gen Norden, wo an den Bäumen immer wieder deutliche Spuren von Bibern auszumachen sind.

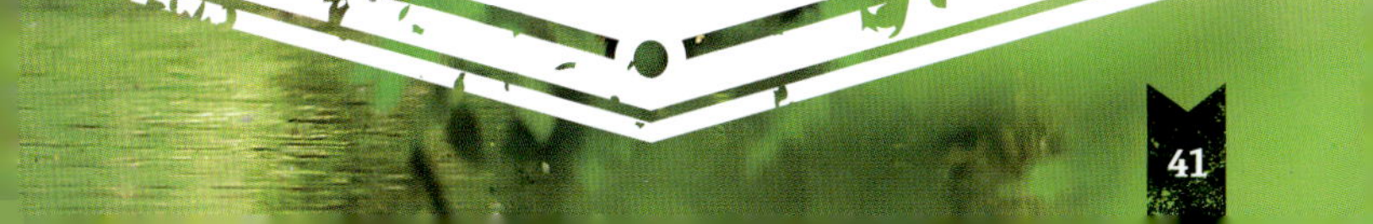

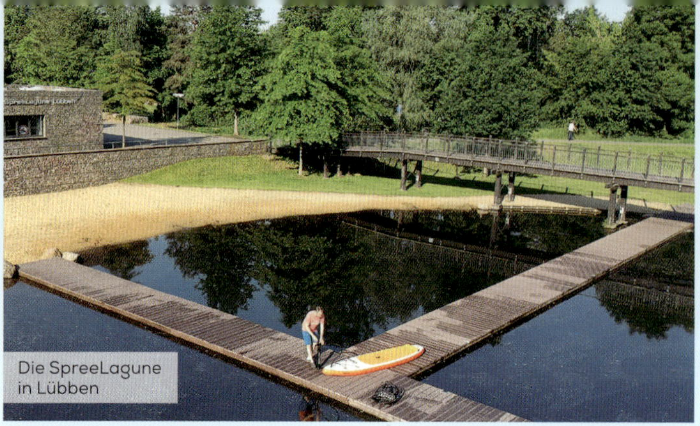

Die SpreeLagune in Lübben

WIND & WELLEN

Die Strecke ist nicht besonders windanfällig.

BEFAHRUNGSHINWEISE

Die **drei Schleusen** im Tourenverlauf lassen sich einfach **umtragen**.

Bei normalen Wasserständen haben im Sommer weder die Hauptspree noch der Nordumfluter eine nennenswerte **Strömung**.

ANFAHRT MIT DEM PKW

Autobahn A13 Berlin–Dresden bis Ausfahrt 7 (Freiwalde) und für rund 10 km weiter auf der B 115 bis Lübben. Dort dann der Ausschilderung zum Campingplatz folgen.

PARKEN

Vom großen, gebührenfreien Parkplatz südlich der Lübbener Altstadt (Navi: Am Burglehn 7, 15907 Lübben) sind es nur knapp 400 m Fußweg bis zur SpreeLagune.

Um das Equipment abzuladen, kann man an der Campingplatzzufahrt vorbei bis fast ans Spreeufer fahren. Lediglich die letzten rund 100 m werden durch einen Poller versperrt.

ANREISE MIT ÖPNV

Ab *Berlin Hbf* mit dem RE2 (Richtung Cottbus) oder ab *Berlin-Ostkreuz* mit der RB24 (Richtung Senftenberg) nach *Lübben*. Von dort ca. 2 km Fußweg bis zur SpreeLagune.

BADEN

» **SpreeLagune** – In den vergangenen Sommern war das Baden an der Naturbadestelle aufgrund einer zu hohen Keimbelastung leider verboten. 2022 wurden mit Verzögerung Baumaßnahmen gestartet, die den Durchfluss innerhalb der SpreeLagune erhöhen soll, damit sich die Wasserqualität wieder verbessert. Inwieweit das Baden zukünftig wieder möglich sein wird, hängt vom Erfolg der wasserbaulichen Maßnahmen ab.

» **Hauptspree** – An der Jägerbadestelle.

» **Briesener See** – Am langen und breiten Sandstrand der Badestelle der Ortschaft Briesensee.

SEHENSWERTES IN LÜBBEN

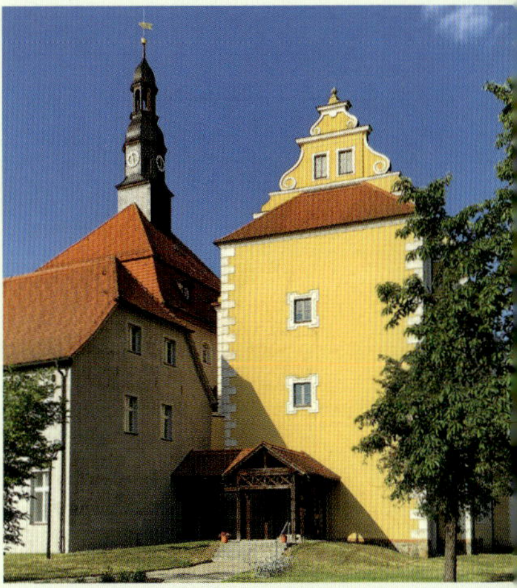

» Die imposante dreischiffige, spätgotische **Paul-Gerhardt-Kirche** am Marktplatz wurde zwischen 1494-1550 auf den Resten des Vorgängerbaus errichtet. Der Altar stammt aus dem Jahr 1609, die Turmhaube ist von 1988.

» **Schloss Lübben** mit reich gegliedertem Renaissancegiebel von 1682 beherbergt das moderne **Stadt- & Regionalmuseum** mit umfangreicher Ausstellung zur Geschichte der Stadt und der Niederlausitz. *(Mi-So 10-17, Ernst-von-Houwald-Damm 14, www.museum-luebben.de*

» Die **Schlossinsel** auf dem Areal südlich des Schlosses zwischen Hauptspree, Schlangengraben und dem Burg-Lübbener Kanal ist mit seinem Kahnfährhafen das touristische Zentrum Lübbens. Schön angelegte **Spazierwege**, **Klanggarten** und **Labyrinth** laden zum Flanieren und Verweilen ein. Ein Highlight für Familien mit Kindern ist der phantasievolle **Wasserspielplatz**.

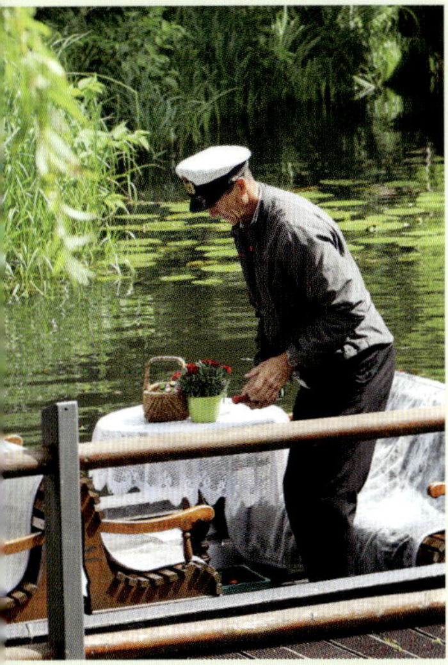

TIPP

EXTRA-TIPPS IN LÜBBEN

» In der Saison werden in Lübben regelmäßig unterschiedliche **thematische Stadtführungen** angeboten, z.B. mit einem Nachtwächter im Laternenschein oder eine Turmbesteigung der Paul-Gerhardt-Kirche mit der Türmerin. *www.stadtfuehrungluebben.de*

» Wer sich auf dem Wasser noch nicht genug ausgepowert hat, kann im **Kletterwald Lübben** auf Wackelstegen, Netzbrücken und Seilbahnen in luftiger Höhe seine Fitness und Schwindelfreiheit testen *(unbedingt vorab online buchen, Jun-Aug tgl. ab 10 Uhr, Apr, Mai, Sep, Okt Do-So ab 10 Uhr, Hartmannsdorfer Str. 27, www.kletterwald-luebben.de).*

TOUREN

1 3-SCHLEUSEN-TOUR

Die große Lübbener Runde führt durch das erstaunlich grüne Stadtgebiet und auf der Hauptspree nach Norden. Nach einer zünftigen Spreewälder Brotzeit im urigen Biergarten des Gasthaus Lehnigksberg geht es wieder zurück. 3 Umtragestellen.

| **LÄNGE** 6,5 km | **DAUER** 2,5-3 h

2 RINGS UM LÜBBEN

Ohne Einkehr im Gasthaus Lehnigksberg, kann man auf der Hauptspree zurück nach Lübben paddeln. 3 Umtragestellen an den Schleusen.

| **LÄNGE** 4 km | **DAUER** 1,5-2 h

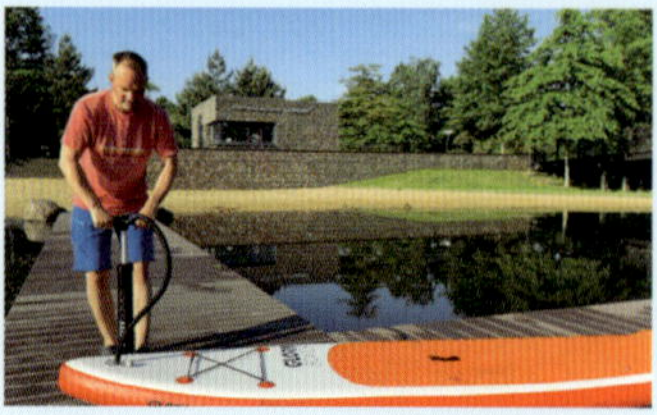

EIN- & AUSSTIEG

Großer Steg an der SpreeLagune gegenüber der Lübbener Schlossinsel *(GPS: 51.937497, 13.897171).*

SUP-VERMIETUNG

1 STAND UP SPREEWALD
Bahnhofstr. 35
15907 Lübben (Spreewald)
Tel. 01522-716 93 50
www.standupspreewald.de

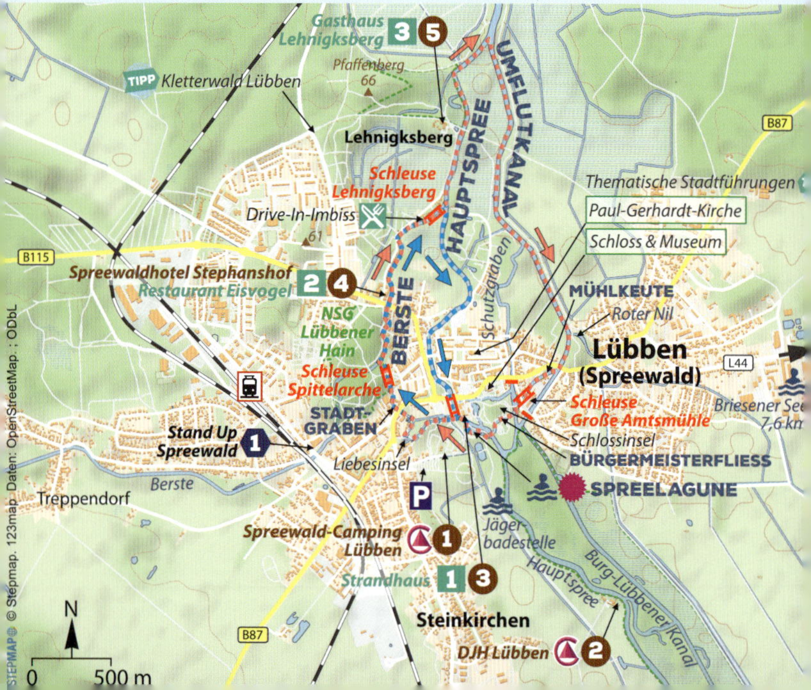

EINKEHR

1 STRANDHAUS

Ernst-von-Houwald-Damm 16
15907 Lübben (Spreewald)
Tel. (03546) 73 64
www.strandhaus-spreewald.de
Mo-Fr ab 14, Sa+So ab 12 Uhr

KLASSIKER Hausgemachte Gnocchi mit Trüffelbutter oder Wirsing-Linsenroulade

2 RESTAURANT EISVOGEL

im Spreewaldhotel Stephanshof
Lehnigksberger Weg 1
15907 Lübben (Spreewald)
Tel. (03546) 272 10
www.spreewaldhotel.de
in der Saison tgl. ab 12 Uhr

KLASSIKER Schmorgurkenauflauf mit Schweinefiletspitzen

3 GASTHAUS LEHNIGKSBERG

Lehnigksberg 1
15907 Lübben OT Lehnigksberg
Tel. (03546) 22 93 03
www.lehnigksberg.de
Biergarten in der Saison tgl. ab 12 Uhr

KLASSIKER Ein MUSS, wenn im Angebot, ist Susis Quarktorte

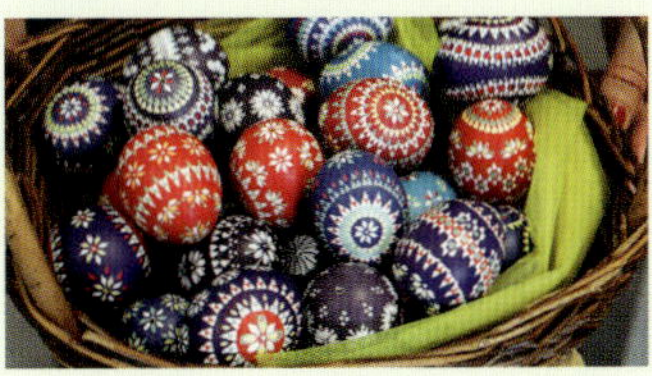

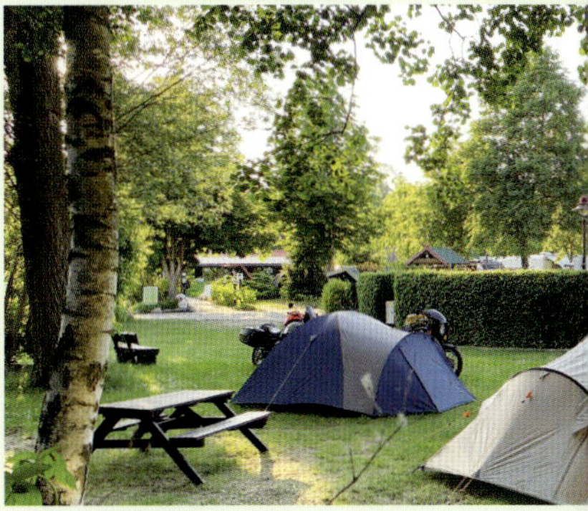

ÜBERNACHTUNG

1 SPREEWALD-CAMPING LÜBBEN
Am Burglehn 10
15907 Lübben (Spreewald)
Tel. (03546) 70 53
www.spreewald-camping-luebben.de

2 JUGENDHERBERGE LÜBBEN
mit Zeltplatz, direkt an der Hauptspree
Zum Wendenfürsten 8
15907 Lübben (Spreewald)
Tel. (03546) 30 46
www.jh-luebben.de

3 STRANDHAUS BOUTIQUE RESORT & SPA
siehe Einkehrtipp 1

4 SPREEWALDHOTEL STEPHANSHOF
siehe Einkehrtipp 2

5 GASTHAUS LEHNIGKSBERG
siehe Einkehrtipp 3

1 KLEINE UND GROSSE SCHLEUSENRUNDE UM LÜBBEN

Das touristische Herz von **LÜBBEN**, der heute um die 15.000 Einwohner zählenden Kreisstadt des **LANDKREISES DAHME-SPREE**, schlägt auf der Schlossinsel. Hier erwarten den Gast ein Infozentrum, der Kahnfährhafen und schön angelegte Spazierwege inmitten von Grünanlagen. Jenseits der Fußgängerbrücke über die Spree liegt die **SPREELAGUNE**. Dort ist die große **STEGANLAGE** perfekt, um mit dem SUP aufs Wasser zu kommen.

Nach links geht es unter der maroden und voraussichtlich noch bis 2025 gesperrten Fußgängerbrücke hindurch (Kopf einziehen!), vorbei an der beliebten Kinderseilfähre zur **HAUPTSPREE**, auf der wir uns ebenfalls nach links wenden. Noch vor der **LÜBBENER SCHLEUSE** biegen wir auf Höhe des 4*-Hotels **STRANDHAUS** 1 3 nach links auf den schmalen **STADTGRABEN** ab.

Hinter der nächsten Fußgängerbrücke, *im Spreewald übrigens Bank genannt,* passieren wir den Anleger für Wasserwanderer des **SPREEWALD-CAMPING LÜBBEN** 1. Rechter Hand zieht der Kahnhafen des Fährmannvereins Flottes Rudel vorüber und wir tauchen trotz der Stadtnähe in einen immer dichter werdenden Wald ein. An der Gabelung hinter der nächsten Fußgängerbrücke halten wir uns rechts und paddeln rechts oder links um die romantische **LIEBESINSEL** herum. Anschließend bringt uns ein kurzes kanalartiges Stück wieder zum **STADTGRABEN**, auf dem wir uns nach links wenden.

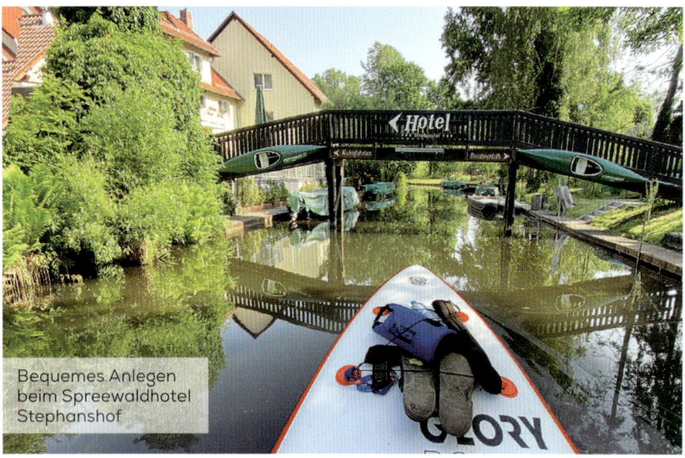

Bequemes Anlegen beim Spreewaldhotel Stephanshof

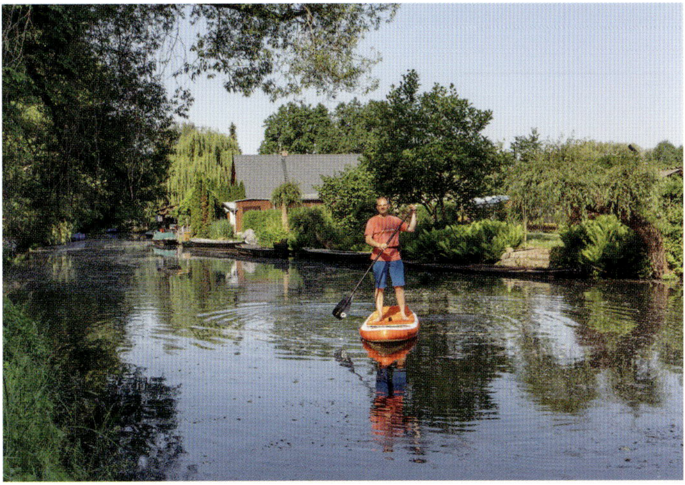

Hinter der Straßenbrücke erreichen wir dann die **SCHLEUSE SPITTELARCHE** im **LÜBBENER HAIN.** *Dabei handelt es sich nicht um einen von Menschenhand angelegten Stadtwald, sondern die Reste eines Auenwaldes mit uralten Stieleichen, Rotbuchen und Eschen.* Über die Treppen vor und hinter der Schleusenkammer ist das Hindernis schnell **UMTRAGEN** und kurz nach der nächsten Fußgängerbrücke ist die **BERSTE** erreicht, der wir nach rechts folgen.

Der Wald tritt etwas zurück und hinter der Straßenbrücke der B115 liegt am linken Ufer das **SPREEWALDHOTEL STEPHANSHOF** 2 4. Die Häuser entlang der Ufer weichen den Gartenlauben und Datschen und kurz vor der Schleuse Lehnigskberg bietet der **„DRIVE-IN"** am linken Ufer die Möglichkeit vom Board aus ein kaltes Getränk oder einen Pausensnack zu erwerben.

Auch die **UMTRAGUNG** der **SCHLEUSE LEHNIGKSBERG** bereitet keinerlei Probleme und ist schnell erledigt. Nur ein paar Paddelschläge weiter übergibt die Berste ihr Wasser an die **SPREE (HAUPTSPREE)** und wir stehen vor der Entscheidung, wie es weitergehen soll.

RÜCKWEG ROUTE 2 - Für den direkten Weg zurück zum Startpunkt an der **SPREELAGUNE** im Herzen von **LÜBBEN**, wenden wir uns im spitzen Winkel nach rechts und paddeln spreeaufwärts zurück nach Lübben.

ROUTE 1 - Wer noch Kondition in den Armen hat, hält sich für die große Runde links und lässt sich von der leichten Strömung auf der **SPREE** nach Norden tragen. Der Trubel der Stadt bleibt zurück und um uns herum wird es ruhig und idyllisch. Mit etwas Glück lässt sich vielleicht sogar das blauschillernde Gefieder eines Eisvogels im Ufergrün ausmachen. Nach gut einem Kilometer bittet das **GASTHAUS LEHNIGKSBERG** 3 5 zu Tisch. Der idyllische Biergarten ist bei Wanderfreunden, Radlern und Paddlern gleichermaßen beliebt, die sich hier bei Imbiss-Klassikern wie Pommes, Bratwurst oder typischer Spreewaldküche in Form von Schmalzstullen mit Gurken oder Kartoffeln mit Quark und Leinöl stärken. *Die Brücke über die Spree direkt hinter dem Gasthaus wurde ursprünglich für die* ***Spreewaldbahn*** *errichtet, die bis 1970 zwischen Lübben und Cottbus verkehrte. Heute dient die einstige Bahntrasse als Rad- und Wanderweg.*

Nun sind es noch 500 Meter auf der **HAUPTSPREE** – entlang der Ufer lassen sich die Spuren von Bibern ausmachen. Dann lässt der aus südöstlicher Richtung kommende **UMFLUTKANAL (NORDUMFLUTER)** die Breite der Spree beträchtlich anwachsen. Sie sucht sich von hier in nördliche Richtung ihren Weg vorbei an den Hartmannsdorfer Teichen nach Schlepzig. Für den Rückweg nach Lübben biegen wir hier scharf nach rechts ab, folgen dem ruhigen, breiten **UMFLUTKANAL** nach Süden und genießen die Fahrt durch die weite, grüne Wiesenlandschaft. Ein untrügliches Zeichen dafür, dass Lübben nicht mehr weit ist, sind die am Ufer vertäut liegenden Kähne des hiesigen Anglervereins. Den dahinter abzweigenden Schutzgraben lassen wir rechts liegen.

Kurz hinter der von uns links liegen gelassenen Abzweigung des Roten Nils unter der Fußgängerbrücke mit rotem Geländer, erreichen wir die Straßenbrücke der B87. An der direkt dahinter folgenden Flussgabelung verläuft der Umflutkanal geradeaus auf das Wehr Neue Schleuse zu, welches nicht umtragen werden kann. Wir fahren daher rechts auf die **MÜHLKEUTE**. Wenig später scheint diese an dem gelben Haus direkt auf die Ufermauer zuzulaufen, schlägt aber im letzten Moment noch einen engen Haken nach links und bringt uns zur **SCHLEUSE GROSSE AMTSMÜHLE**, die wir **UMTRAGEN.**

Nach dem Wiedereinstieg oberhalb der Schleuse richten wir die Spitzen der Boards nur leicht nach links, um unter der nächsten Fußgängerbrücke hindurchzupaddeln und biegen dann rechts auf das **BÜRGERMEISTERFLIESS** ab. Es führt am beliebten Wasserspielplatz auf der **SCHLOSSINSEL** vorbei und zur Rechten öffnet sich ein schöner Blick auf das Lübbener Schloss. Am Ende des Bürgermeisterfließ paddeln wir geradeaus über die Hauptspree und unter einer Fußgängerhängebrücke hindurch zurück zur **SPREELAGUNE**. *Während der Sanierungsphase der Fußgängerbrücke über die Spree folgt man der ausgeschilderten Umleitung für den Weg ins Stadtzentrum.*

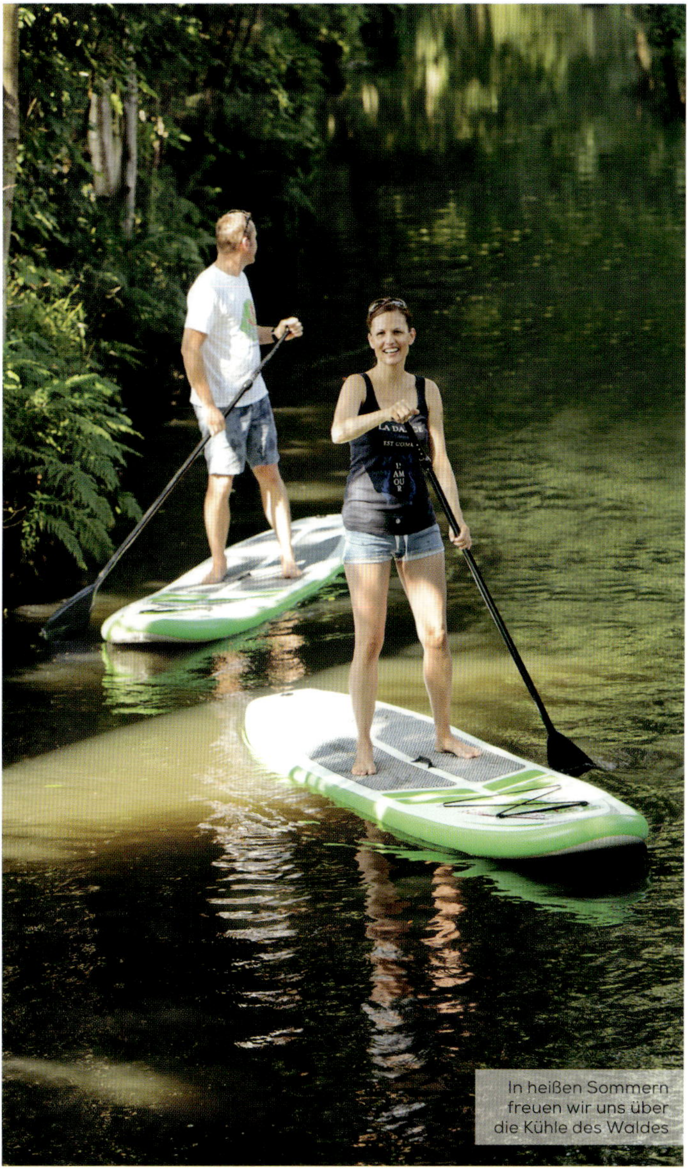

In heißen Sommern freuen wir uns über die Kühle des Waldes

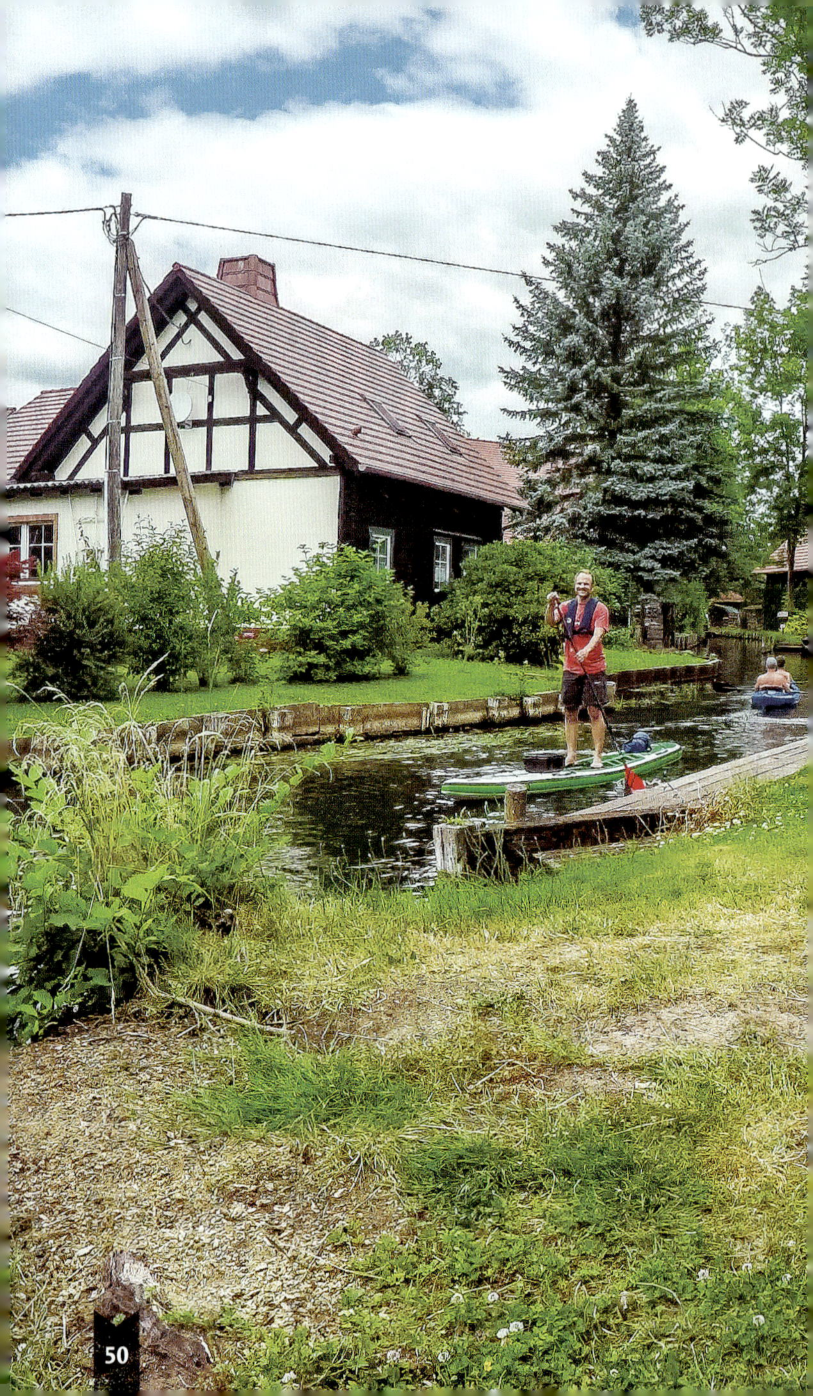

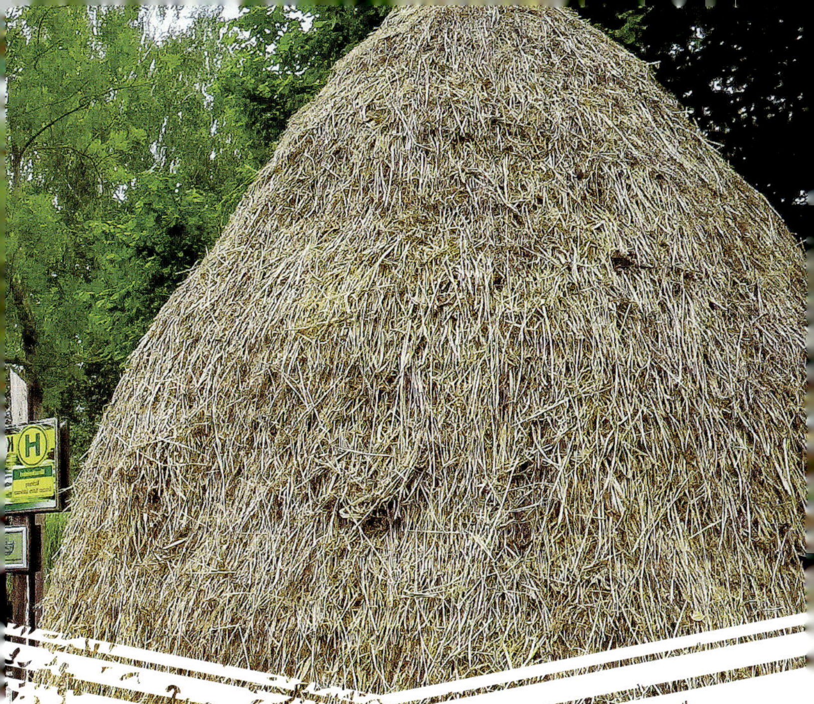

LÜBBENAUER BARZLINTOUR

ANSPRUCH	EINKEHR

Auf die nordwestlich der Stadt Lübbenau gelegenen Fließe verirrt sich selbst in der Hochsaison kein Kahn. Wir paddeln zum Schutzgebiet Kockrowsberg, wo sich im Herbst Gänse, Kraniche & Co. für die lange Reise gen Süden sammeln. Hier, um den Barzlin, eine Talsanderhebung zwischen Hauptspree und Burg-Lübbener-Kanal, bleiben in dieser Waldidylle Paddler ganz unter sich.

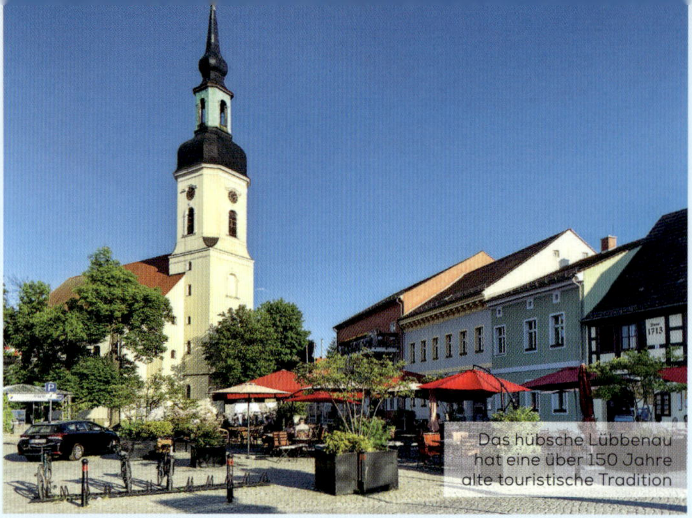

Das hübsche Lübbenau hat eine über 150 Jahre alte touristische Tradition

WIND & WELLEN

Die schmalen Fließe sind durch den umgebenden Wald weitgehend vor Wind geschützt.

BEFAHRUNGSHINWEISE

Strömung ist kaum vorhanden.

Die **beiden Schleusen** im Tourenverlauf sind leicht zu umtragen.

ANFAHRT MIT DEM PKW

A13 Berlin–Dresden bis Ausfahrt 9 (Lübbenau) und weiter in Richtung Altstadt. Dort der Ausschilderung zum Campingplatz folgen.

PARKEN

Einstieg 1, Lübbenau: Gegen eine Gebühr von 10 € kann man seine Boards am Campingplatz *(Navi: Schloßbezirk 20, 03222 Lübbenau im Spreewald)* zu Wasser bringen und den PKW für die Dauer der Tour abstellen. Kostenlose Parkplätze in Wassernähe sucht man in Lübbenau vergebens.

Einstieg 2, Wehr Kamske: Als Alternative bietet sich der Start am Wehr Kamske außerhalb von Lübbenau an. In kurzer Entfernung gibt es eine begrenzte Anzahl an kostenfreien Parkplätzen am Rand einer Kleingartenkolonie *(GPS: 51.87803, 13.95551)*.

ANREISE MIT ÖPNV

Den *Bahnhof Lübbenau* erreicht man ab *Berlin Hbf* mit dem RE 2 (Richtung Cottbus) oder ab *Berlin-Ostkreuz* mit der RB 24 (Fahrtzeit gut 1 h). Von dort sind es rund 2 km Fußweg bis zum Einstieg am Campingplatz, für den man etwa 30 Minuten benötigt.

BADEN

» Das **Spreewelten Bad** lockt mit großem Sauna- & Wellnessbereich und bietet die Möglichkeit, getrennt durch eine Glasscheibe, mit Pinguinen zu schwimmen *(tgl. 10-22/23 Uhr, Alte Huttung 13, 03222 Lübbenau, Tel. (03542) 89 41 60, www.spreewelten.de)*.

SEHENSWERTES IN LÜBBENAU

» Das **Spreewald-Museum** im Torhaus (Topfmarkt 12) widmet sich der regionalen Geschichte und ein Kolonialwarenladen, historische Geschäfte und Handwerksstuben entführen die Besucher in das Leben einer Spreewaldstadt vor 150 Jahren. *www.museums-entdecker.de >Spreewaldmuseum Lübbenau*

» Das **„Haus für Mensch und Natur“** bringt Besuchern die einmalige Flora und Fauna des Biosphärenreservates in einer interaktiven Ausstellung näher *(Apr-Okt Di-So 10-17, Nov-Mär Di-Fr 10-15, Schulstraße 9, 03222 Lübbenau/Spreewald, www.spreewald-biosphaerenreservat.de).*

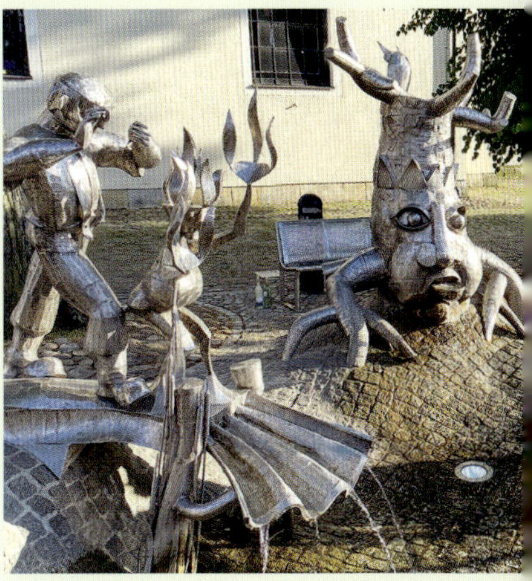

» Am **Kahnhafen** mit **Gurkenmeile** zeigt der Spreewald sein touristisches Gesicht. Er gehört zu den größten Häfen im Spreewald und zahlreiche Restaurants, Biergärten und Verkaufsstände für Gurken, Souvenirs und Räucherfisch buhlen um die Portemonnaies der Gäste.

» Die **Lübbenauer Altstadt** mit ihren malerischen Gässchen ist auf jeden Fall einen Rundgang wert. Den Mittelpunkt bildet der Marktplatz mit der St. Nicolaikirche und dem Sagenbrunnen.

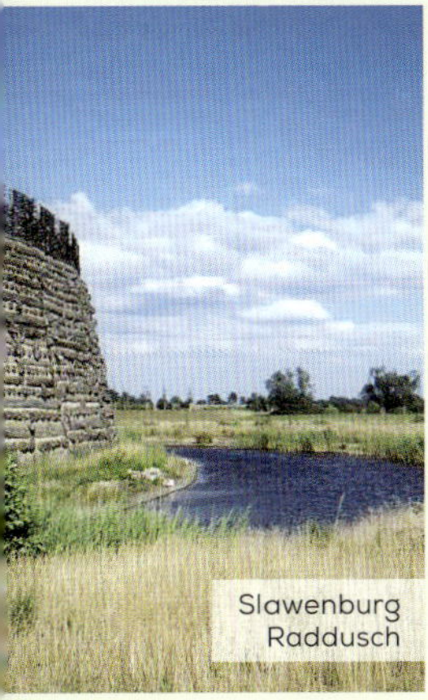

Slawenburg Raddusch

EXTRA-TIPPS

» Das **Kulturzentrum Gleis 3** in direkter Nachbarschaft zum Bahnhof **Lübbenau** bieten Einwohnern und Gästen der Stadt Lübbenau ein reichhaltiges Kulturprogramm mit Konzerten, Kleinkunst und Theater. *www.gleis3.org*

» Die **Slawenburg Raddusch** (9 km südlöstlich von Lübbenau) ist ein Nachbau der ehemaligen Wehranlage aus dem 9./10. Jahrhundert und die dortige Ausstellung dokumentiert mit Funden aus der Zeit im Vorfeld des Braunkohletagebaus die Zeit der slawischen Besiedlung der Lausitz *(Apr-Okt tgl. 10-18, Nov-Mär tgl. 10-16 (Fr Ruhetag), Zur Slawenburg 1, 03226 Vetschau/Spreewald OT Raddusch, www.slawenburg-raddusch.de).*

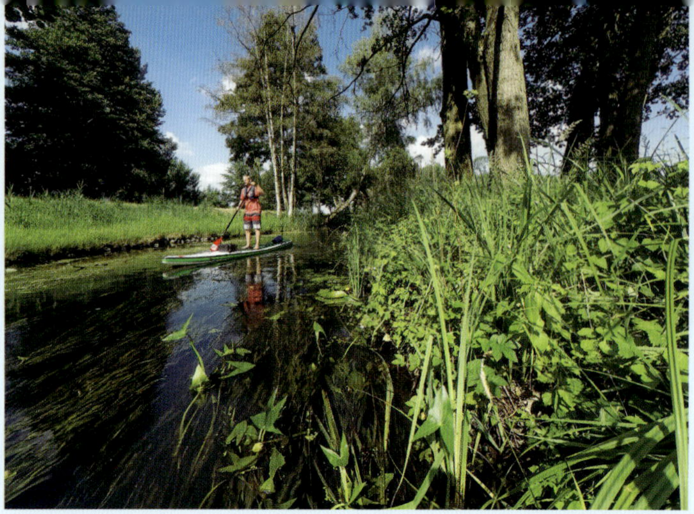

TOUREN

1 LÜBBENAUER BARZLIN-TOUR

Die Barzlin-Runde ist auf den an den Fließkreuzungen aufgestellten Wegweisern mit der Nr. 14 markiert.

| **LÄNGE** 8,5 km | **DAUER** 2-3 h

2 ABSTECHER ZUM AUSSICHTSTURM BARZLIN

Der Abstecher zur Schleuse Barzlin wird mit einem Ausblick vom Beobachtungsturm gekrönt.

Ohne Beschreibung

| **LÄNGE** +1,5 km | **DAUER** +1 h

EIN- & AUSSTIEGE

Ein-/Ausstieg 1, Camping Lübbenau: Nach Rücksprache und Zahlung der Einstiegsgebühr an der Rezeption des Campingplatzes kann man die Boards bequem an einem der Stege ins Lehder Fließ einsetzen.

Ein-/Ausstieg 2, Schleuse Kamske: Vom Parkplatz an der Kleingartenkolonie vor der Linkskurve der Stennewitzer Ringstraße sind es ca. 200 m Fußweg bis zur Schleuse, wo man an den Treppenstufen problemlos ins Wasser kommt. Dazu folgt man dem Feldweg, der direkt hinter dem Parkplatz nach rechts von der Straße abzweigt und biegt vor dem dunklen Blockhaus nach links auf den Pfad und dann gleich nach rechts auf den schmalen Pfad der zwischen den Hecken bis ans Wasser führt.

SUP-VERMIETUNG

1 SPREEWALD KANUS

Schloßbezirk 20
03222 Lübbenau
Tel. 0176-877 912 18
www.spreewald-kanus.de

EINKEHR

1 KAUPEN NR. 6

Kaupen 6A
03222 Lübbenau OT Lehde
Tel. (03542) 478 97, www.kaupen6.de
Do-So 12-21 Uhr

KLASSIKER Spreewälder Grützwurst mit Thymian & Zwiebeln, Sauerkraut, Kartoffelpüree und Senf aus eigener Manufaktur

2 RESTAURANT LINARI

Schloßbezirk 6, 03222 Lübbenau
Tel. (03542) 87 30
www.schloss-luebbenau.de >Linari
tgl. 14-17 Uhr: Nachmittagskarte auf d. Schlossterrasse, Abendkarte ab 18 Uhr

KLASSIKER Wildbraten mit Schokoladen-Rosmarinsauce & Kartoffelgratin

ÜBERNACHTUNG

1 SPREEWALD NATUR-CAMPING AM SCHLOSSPARK

Zelt, Tiny Camper, Camping-Hütte, Ferienhaus
Schloßbezirk 20, 03222 Lübbenau
Tel. (03542) 35 33
www.spreewaldcamping.de

2 KANU-BIKE-HOSTEL BOOTSVERLEIH RICHTER

Dammstr. 75, 03222 Lübbenau
Tel. (03542) 37 64
www.bootsverleih-richter.de

3 SCHLOSS LÜBBENAU

Stilvolle Zimmer
Schloßbezirk 6, 03222 Lübbenau
Tel. (03542) 87 30
www.schloss-luebbenau.de

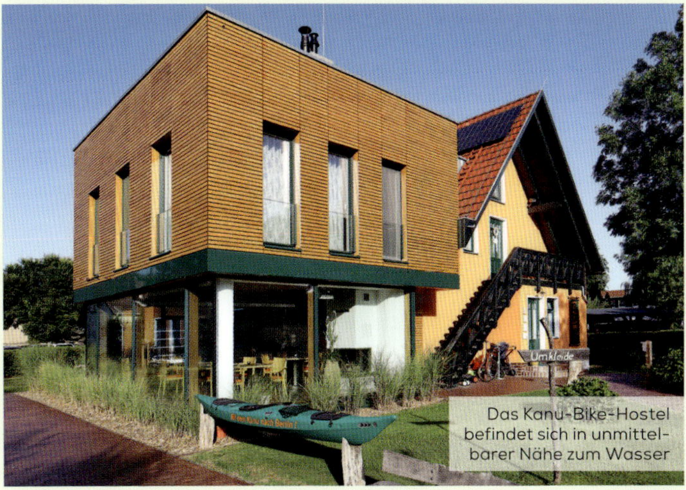

Das Kanu-Bike-Hostel befindet sich in unmittelbarer Nähe zum Wasser

1 BARZLIN-RUNDE BEI LÜBBENAU

Der weitläufige, paddlerfreundliche **CAMPINGPLATZ** 1 in **LÜBBENAU** liegt nur etwa zehn Minuten Fußweg vom Zentrum der Altstadt entfernt und grenzt rückseitig direkt an den **SCHLOSSPARK** und das klassizistische **SCHLOSS**, das, anstelle der ehemaligen Wasserburg errichtet, heute ein **HOTEL** 3 beherbergt. Dort bietet das **RESTAURANT LINARI** 2 eine exquisite Möglichkeit, um den Abend nach der SUP-Runde im stilvollen Ambiente ausklingen zu lassen. Das mehrfach ausgezeichnete Restaurant (Reservierung angeraten) zählt zur Spitzenklasse im Spreewald.

*Schon **Theodor Fontane** krönte Lübbenau einst in seinen „Wanderungen durch die Mark Brandenburg" zur Hauptstadt des Spreewalds* und tatsächlich nimmt heute der Fremdenverkehr in der Hauptsaison schon fast die Ausmaße von Massentourismus an. Besonders eng geht es am Hafen an der quirligen Gurkenmeile zu, wo sich die Gurkenverkaufs- und Souvenirstände aufreihen wie entlang einer Perlenkette. Der **HAUPTHAFEN** bleibt den Kähnen vorbehalten und in der Saison legen die vollbesetzen Kähne im Minutentakt ab.

STEHPADDLERN UND KANUFAHRERN IST DAS EINFAHREN IN DEN HAFEN DAHER STRIKT UNTERSAGT.

Wir starten vom **SPREEWALD NATUR-CAMPING AM SCHLOSSPARK** 1 mit der Strömung auf dem **LEHDER FLIESS** nach links Richtung Nordwesten und passieren zwei Bootshäuser von Kanuvermietern. Ein Stückchen weiter verkauft am rechten Ufer ein Hobby-Imker seinen Honig und nachdem wir eine erste Fußgängerholzbrücke hinter uns gelassen haben, paddeln wir geradeaus über das nach rechts abzweigende Bürgerfließ hinweg bis zur Kreuzung mit der **HAUPTSPREE**.

Hier lenken wir die SUPs nach links ein kurzes Stück spreeaufwärts und biegen hinter dem Bootsverleih Hannemann nach rechts auf den **STADTGRABEN** ab. Links gegenüber geht es unter der Fußgängerbrücke hindurch zum **KLEINEN HAFEN** mit dem idyllischen **BIERGARTEN AM SPREESCHLÖSSCHEN** direkt am Ufer der Spree.

Nach wenigen Hundert Metern auf dem **STADTGRABEN** biegen wir rechts auf den **DOROTHEENGRABEN**, der uns jetzt als schmaler Kanal erst an hübschen Häusern, dann an urigen Lauben vorbeiführt. Am Ende erreichen wir den **KREUZGRABEN** auf dem wir nach links paddeln, um dann am Ende nach rechts auf die **KAMSKE** abzubiegen. Nun sind es nur ein paar Paddelschläge bis zur **SCHLEUSE KAMSKE** 2, die am linken Ufer schnell **UMTRAGEN** ist.

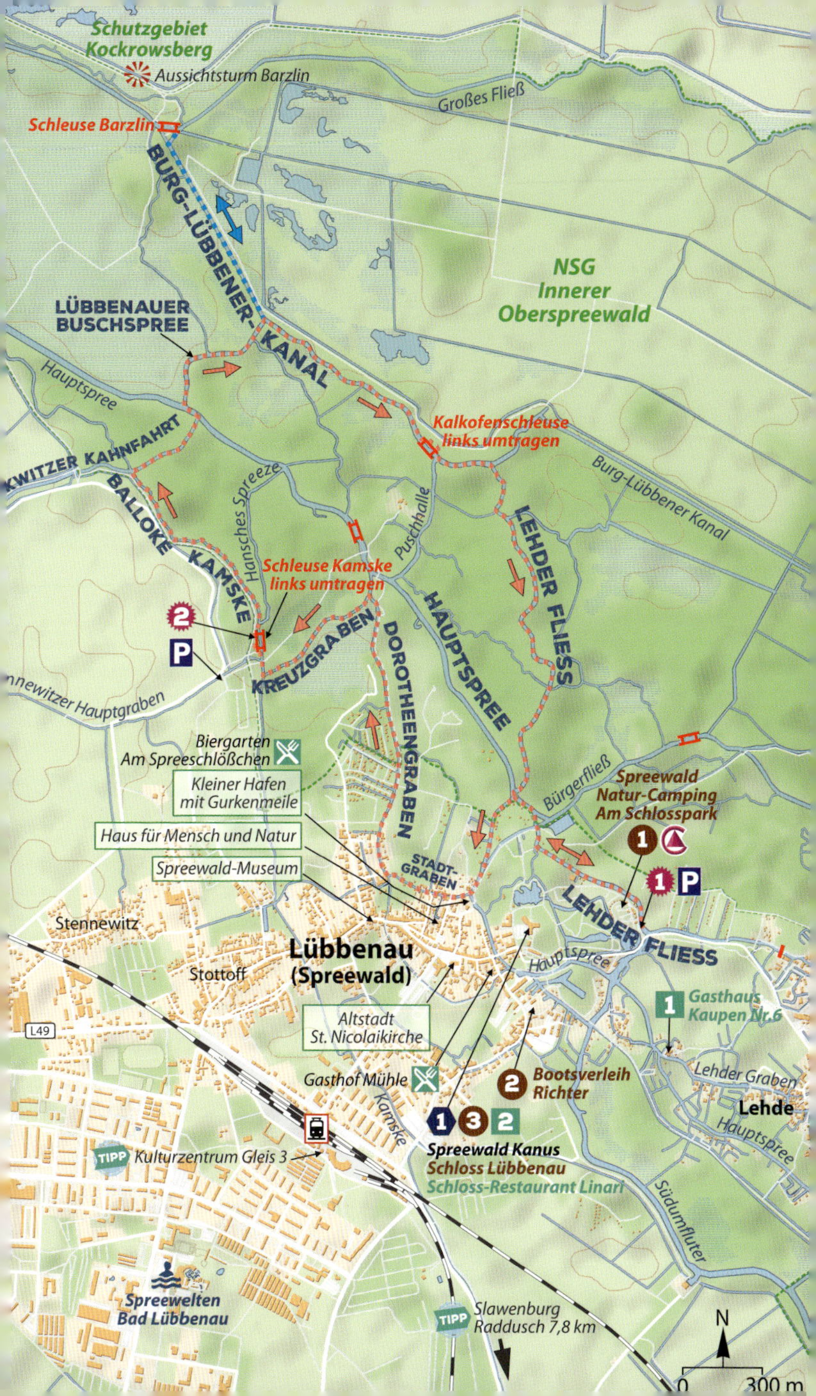

Schutzgebiet Kockrowsberg
Aussichtsturm Barzlin
Großes Fließ
Schleuse Barzlin
BURG-LÜBBENER-KANAL
NSG Innerer Oberspreewald
LÜBBENAUER BUSCHSPREE
Hauptspree
Kalkofenschleuse links umtragen
KWITZER KAHNFAHRT
BALLOKE
KAMSKE
Hansches Spreeze
Puschhalle
Burg-Lübbener Kanal
LEHDER FLIESS
Schleuse Kamske links umtragen
KREUZGRABEN
DOROTHEENGRABEN
HAUPTSPREE
nnewitzer Hauptgraben
Biergarten Am Spreeschlößchen
Kleiner Hafen mit Gurkenmeile
Haus für Mensch und Natur
Spreewald-Museum
Bürgerfließ
Spreewald Natur-Camping Am Schlosspark
STADT-GRABEN
LEHDER FLIESS
Stennewitz
Lübbenau (Spreewald)
Stottoff
Hauptspree
Gasthaus Kaupen Nr.6
L49
Altstadt St. Nicolaikirche
Gasthof Mühle
Bootsverleih Richter
Lehder Graben
Lehde
Kamske
Spreewald Kanus
Schloss Lübbenau
Schloss-Restaurant Linari
TIPP
Kulturzentrum Gleis 3
Hauptspree
Südumfluter
Spreewelten Bad Lübbenau
TIPP
Slawenburg Raddusch 7,8 km
N
0
300 m

Der Wald hüllt uns in einen dichten, grünen Tunnel und hinter der Schleuse lassen wir die nach rechts abzweigende Hansches Spreeze rechts liegen und paddeln weiter geradeaus auf der **BALLOKE** bis zur Kreuzung mit der **ZERKWITZER KAHNFAHRT.** Hier halten wir uns rechts. Die Bäume stehen nun etwas lichter und die Ufer sind von einem Schilfgürtel gesäumt.

Es ist nicht weit, dann hat uns die breitere **HAUPTSPREE** wieder. Wir folgen ihr aber nur wenige Meter nach links und biegen gleich an der nächsten Möglichkeit rechts auf die **LÜBBENAUER BUSCHSPREE** ab. Sie führt uns durch eine offenere Wiesenlandschaft und vorbei an den Überresten einer alten Brücke auf den **BURG-LÜBBENER-KANAL.**

ABSTECHER ROUTE 2 – Linker Hand ist es ein kurzer Abstecher von knapp einem Kilometer bis zur **BARZLINSCHLEUSE**. Von dort lohnt sich ein kleiner **SPAZIERGANG** auf dem Weg hinter der Brücke zum **AUSSICHTSTURM „AM BARZLIN"** *(2023 war der Turm vorübergehend geschlossen)* mit weitem Blick in den **POLDER KOCKROWSBERG**. *Das etwa 200 Hektar große Feuchtgebiet bietet mit seinem Mosaik aus Röhrichten, offenen Wasserflächen und Feuchtwiesen einen vielfältigen Lebensraum für die Vogelwelt und so lassen sich im Sommer mit etwas Glück Weiß- oder sogar seltene Schwarzstörche sowie See- und Fischadler beobachten. Im Herbst und Winter nutzen ganze Schwärme von Gänsen und Kranichen die Flächen als Schlafplatz.*

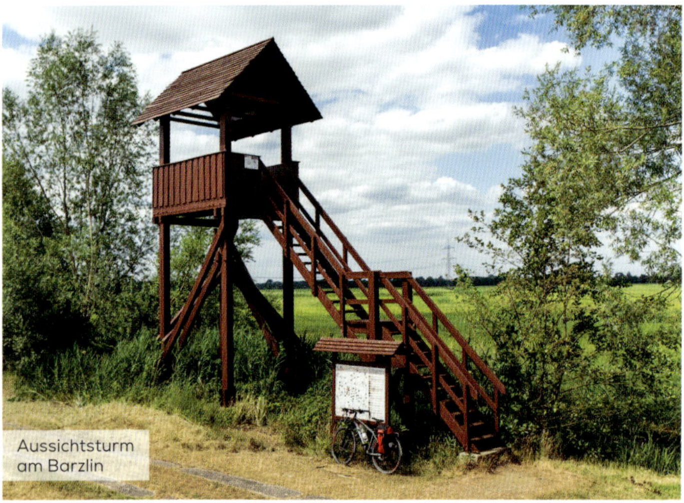

Aussichtsturm am Barzlin

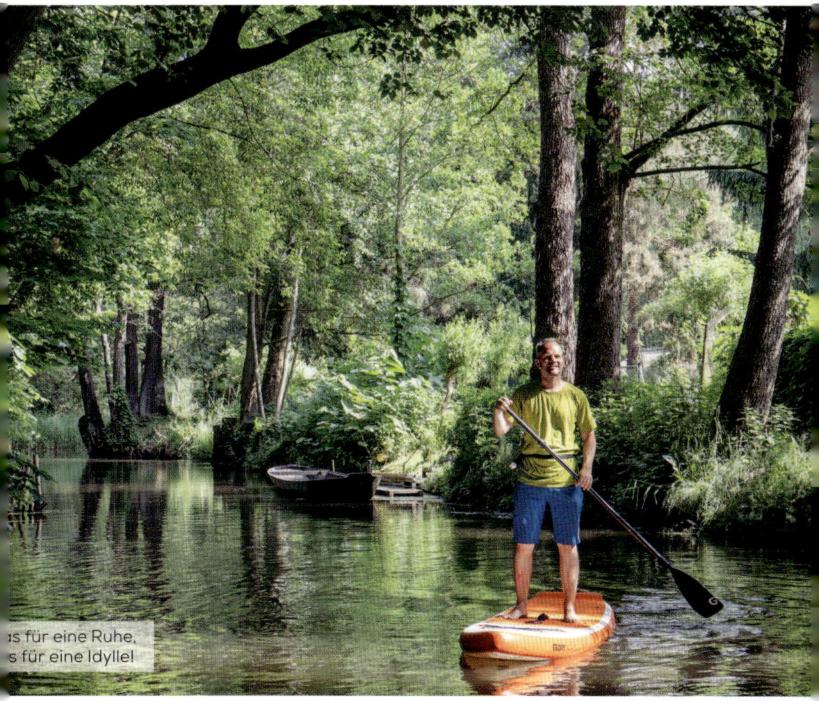

…s für eine Ruhe, …s für eine Idylle!

RÜCKWEG ROUTE 1 – Für den Rückweg nach Lübbenau steuern wir die Boards auf dem **BURG-LÜBBENER KANAL** nach rechts in südöstliche Richtung und müssen bald die **KALKOFENSCHLEUSE** am linken Ufer **UMTRAGEN**.

Wieder auf dem Wasser lassen wir das abzweigende Fließ Puschhalle rechts liegen und folgen dem breiteren Hauptlauf. Kurz darauf geht es nach rechts auf das **LEHDER FLIESS** Richtung Süden. Nun lassen wir die abzweigenden und für Befahrung gesperrten Fließe an uns vorüberziehen.

Und obwohl Lübbenau nicht mehr weit ist, begeistert das **LEHDER FLIESS** mit Ruhe und grüner Waldidylle. Schließlich erreichen wir die bereits vom Tourenstart bekannte Kreuzung mit der **HAUPTSPREE**. Hier halten wir uns links und kommen unter der Holzbrücke hindurch zurück zum **CAMPING-PLATZ AM SCHLOSSPARK** 1.

Am Abend bummeln wir durch die Lübbenauer Altstadt und genießen später im lauschigen Hof des **GASTHOFS MÜHLE** einen echt leckeren Rotwein.

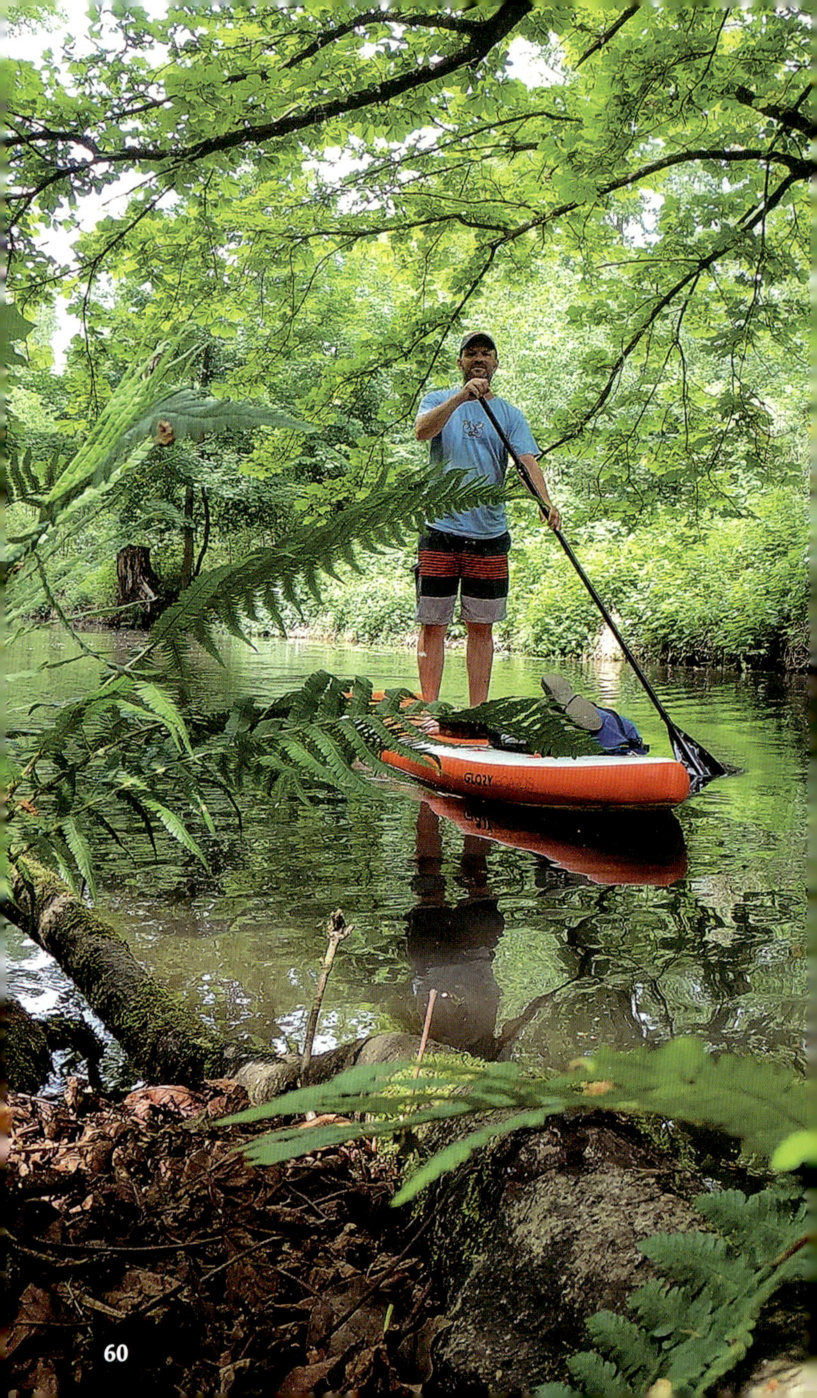
GLOZY

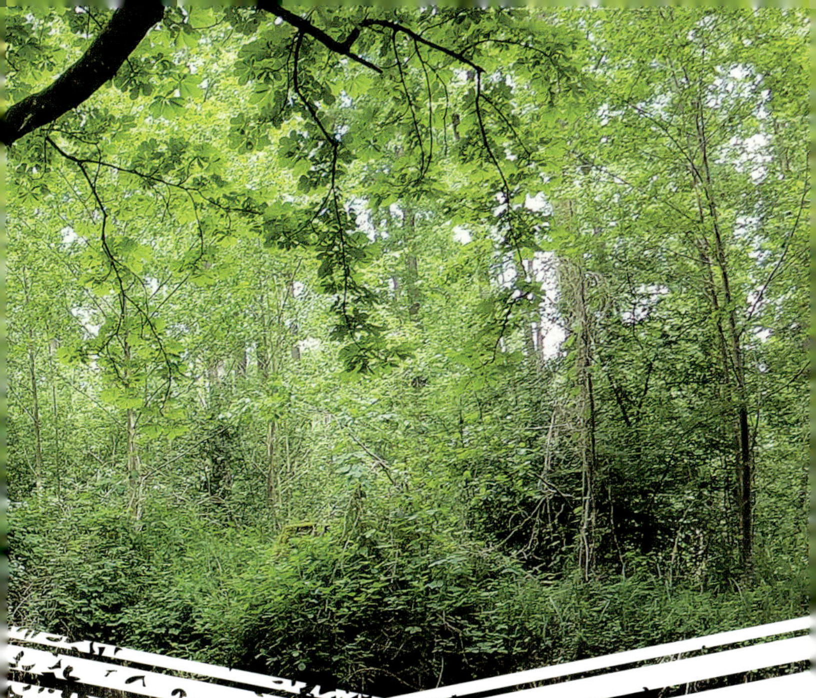

VON ALT ZAUCHE IN DEN HOCHWALD

ANSPRUCH

EINKEHR

Am nördlichen Rand des Oberspreewalds sind wir unterwegs in den „Everglades" des Auenwaldes, dem letzten Rest Wald, der einst in der Vergangenheit fast den ganzen Oberspreewald bedeckte. Nur hin und wieder lugt die Sonne durch das dichte Blätterdach mächtiger Schwarzerlen und nur selten sieht man ein Gehöft oder Haus.

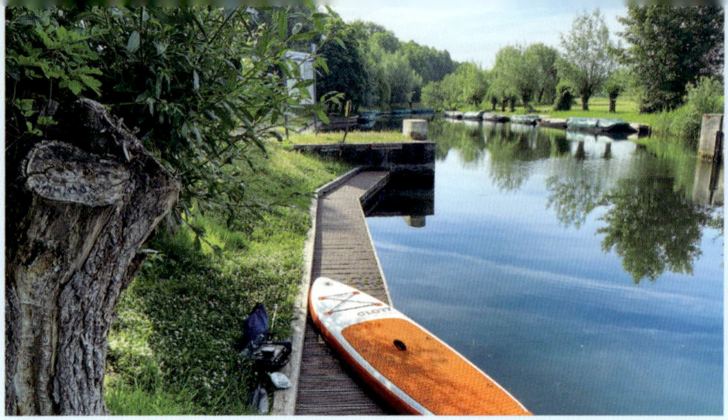

WIND & WELLEN

Die Strecke führt über weite Teile durch den Wald und ist daher nicht besonders windanfällig.

BEFAHRUNGSHINWEISE

Die Mehrheit der **vom Dittmarfließ abzweigenden Fließe** sind für die **Befahrung gesperrt**.

Im nördlichen Abschnitt der Tour dürfen viele von der Hauptroute **abzweigenden Fließe nicht befahren werden.** Die Sperrungen sind gut sichtbar mit den üblichen rot-weiß-roten „Einfahrt-verboten"-Schildern gekennzeichnet.

Es gibt **kaum Strömung.**

UMTRAGESTELLEN

Die **Schleusen/Wehre** sind **einfach zu umtragen. Route 1:** 3 Umtragungen, **Route 2:** 2 Umtragungen.

ANFAHRT MIT DEM PKW

A13 bis Abfahrt 8 (Duben) oder 7 (Freiwalde) und auf der B87 oder B115 weiter bis Lübben. Auf der Hauptstraße durch den Ort weiter in Richtung Frankfurt (Oder). Auf der L44 bis zum Abzweig Alt-Zauche nach rechts und die letzten fünf Kilometer der Ausschilderung zum Kahnhafen folgen.

PARKEN

Der große Parkplatz am Kahnhafen Alt Zauche ist kostenpflichtig *(GPS: 51.91076, 14.02025)*. Parkgebühr 2,50 € für PKW, 5 € für Wohnmobile (Übernachtung möglich). Kostenfreie Parkplätze stehen nicht zur Verfügung.

ANREISE MIT ÖPNV

An Wochentagen kommt man im Zwei-Stunden-Takt (am Wochenende tagsüber nur drei Verbindungen) mit der Buslinie 500/509 in knapp 40 Minuten Fahrtzeit von *Lübben* über Radensdorf nach *Alt Zauche*. Von der Bushaltestelle in der Ortsmitte sind es noch etwa 15 Minuten zu Fuß bis zum Kahnhafen.

BADEN

» **Briesener See** – Keine drei Kilometer nördlich der Landstraße in Richtung Straupitz liegt der weitläufige Badestrand von Briesensee am Südostufer direkt neben dem Campingplatz *(Navi: Am See 2, 15913 Neu Zauche OT Briesensee)*

SEHENSWERTES

» Das 1850 im Blockhausstil erbaute **Gasthaus Pohlenzschänke,** eines der ältesten Gasthäuser im Spreewald, ist ein Kleinod. Besonders der historische, altwendische Saal, der um 1900 nach Plänen von Schinkel gestaltet wurde und die vom Dresdner Kunstmaler Heynemann geschmückten Wände mit eindrucksvollen Landschaftsgemälden aus der Region, sind sehr sehenswert. *www.pohlenzschaenke.de*

» Von Alt Zauche lohnt sich der kurze **Abstecher nach Straupitz.** Die alles überragende Sehenswürdigkeit in dem kleinen Haufendorf mit Bauernhäusern aus Klinker und Häusern der Gründerzeit ist die zwischen 1828 und 1832 errichtete **Schinkelkirche**. Sie gilt mit ihren dreistöckigen, quadratischen, 40 Meter hohen weiß leuchtenden Doppeltürmen als Meisterwerk des Klassizismus. Außerdem sehenswert sind der 1798 erbaute **Kornspeicher** (beherbergt heute Dorfmuseum, Schautöpferei und Café) und die 1810 anstelle der alten Bockwindmühle errichtete **Holländermühle**.

TIPP EXTRA-TIPPS IN ALT ZAUCHE

» Nördlich der Hauptstraße von **Alt Zauche** führt ein knapp 2 km langer **Rundweg durch das Luch,** ein ehemaliger, verlandeter Torfsee. Das ausgedehnte Sumpfgebiet mit seinen hohen Bäumen ist Heimat seltener Tiere.

» Von Mai bis September serviert der **Alt Zaucher Traditionsverein** immer dienstagnachmittags frischgebackene **Hefeplinsen** mit einem Tässchen Kaffee im **Hanschkow-Haus** *(Hauptstraße 6).*

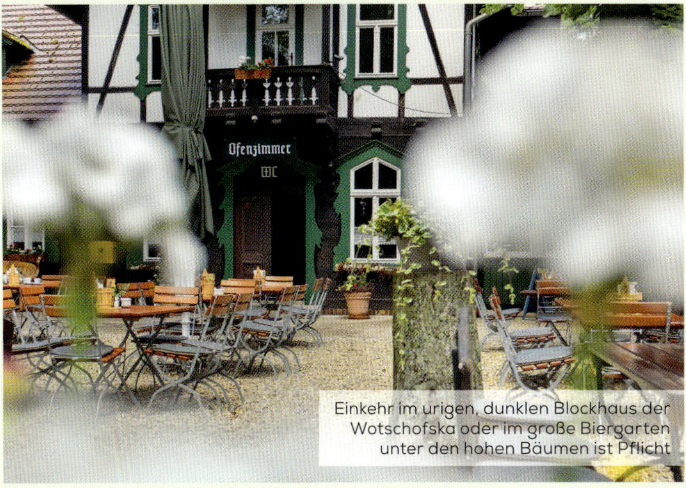

Einkehr im urigen, dunklen Blockhaus der Wotschofska oder im große Biergarten unter den hohen Bäumen ist Pflicht

TOUREN

1 VON ALT ZAUCHE IN DEN HOCHWALD

Die tagesfüllende Rundfahrt durch den Hochwald bis nach Leipe erfordert zwar gute Kondition, dafür warten gleich mehrere urige Ausflugslokale zur Pause und Einkehr.

| Länge 20 km | Dauer 6-7 h

2 KURZE RUNDE DURCH DEN HOCHWALD

Weniger sportliche Fahrer, die mehr Wert auf Naturerlebnis als auf Einkehren legen, können den weiten Schlenker nach Leipe weglassen und „sparen" so gut 7 Paddelkilometer.

Ohne Routenbeschreibung

| **LÄNGE** 13 km | **DAUER** 4-5 h

EIN- & AUSSTIEG

Vom Parkplatz sind es etwa 100 m Fußweg zum Hafen, wo man komfortabel am Steg einsteigen kann. Die Einsetzgebühr von 2 € pro eigenem SUP sowie die Parkgebühr wird beim Hafenstübchen entrichtet.

SUP-VERMIETUNG

1 SPREEWALD KANUS
Schloßbezirk 20, 03222 Lübbenau
Tel. 0176-877 912 18
www.spreewald-kanus.de

2 SUP IM SPREEWALD
Martin Fix, Naundorfer Str. 17
03096 Burg (Spreewald) OT Kolonie
Tel. (035603) 838 & 0172-370 80 75
www.sup-spree.de

EINKEHR

1 WOTSCHOFSKA

Wotschofskaweg 1
03222 Lübbenau OT Lehde
Tel. (03546) 76 01
www.gasthaus-wotschofska.de
Apr-Okt tgl. 10-17 Uhr

KLASSIKER Rinderroulade nach Hausfrauenart, Vegetarier freuen sich über den Gemüsepfannkuchen

2 ZUM FROSCHKÖNIG

Leiper Dorfstr. 17
03222 Lübbenau OT Leipe
Tel. (03542) 40 39 40
www.spreewald-froschkoenig.de
Apr-Okt Mi-Mo 11.30-17 Uhr

KLASSIKER Gekochtes Rindfleisch mit Meerrettichsauce

ÜBERNACHTUNG

1 LANDHAUS BRODACK
Hauptstr. 33, 15913 Alt Zauche
Tel. (03546) 26 52
www.landhaus-brodack.de

2 SPREEWALDHOF LEIPE
mit Biergarten, Wasserwander-Zeltplatz & Bauwagenübernachtung
Leiper Dorfstr. 2
03222 Lübbenau OT Leipe
Tel. (03542) 28 05
www.spreewaldhof-leipe.de

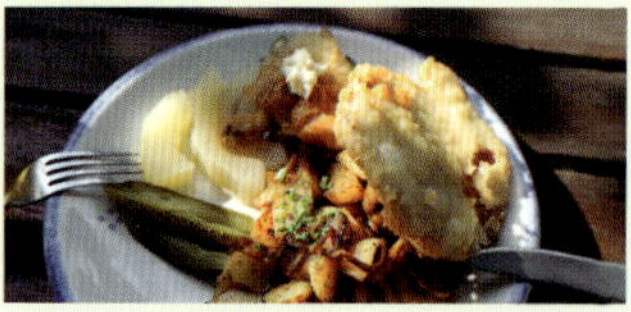

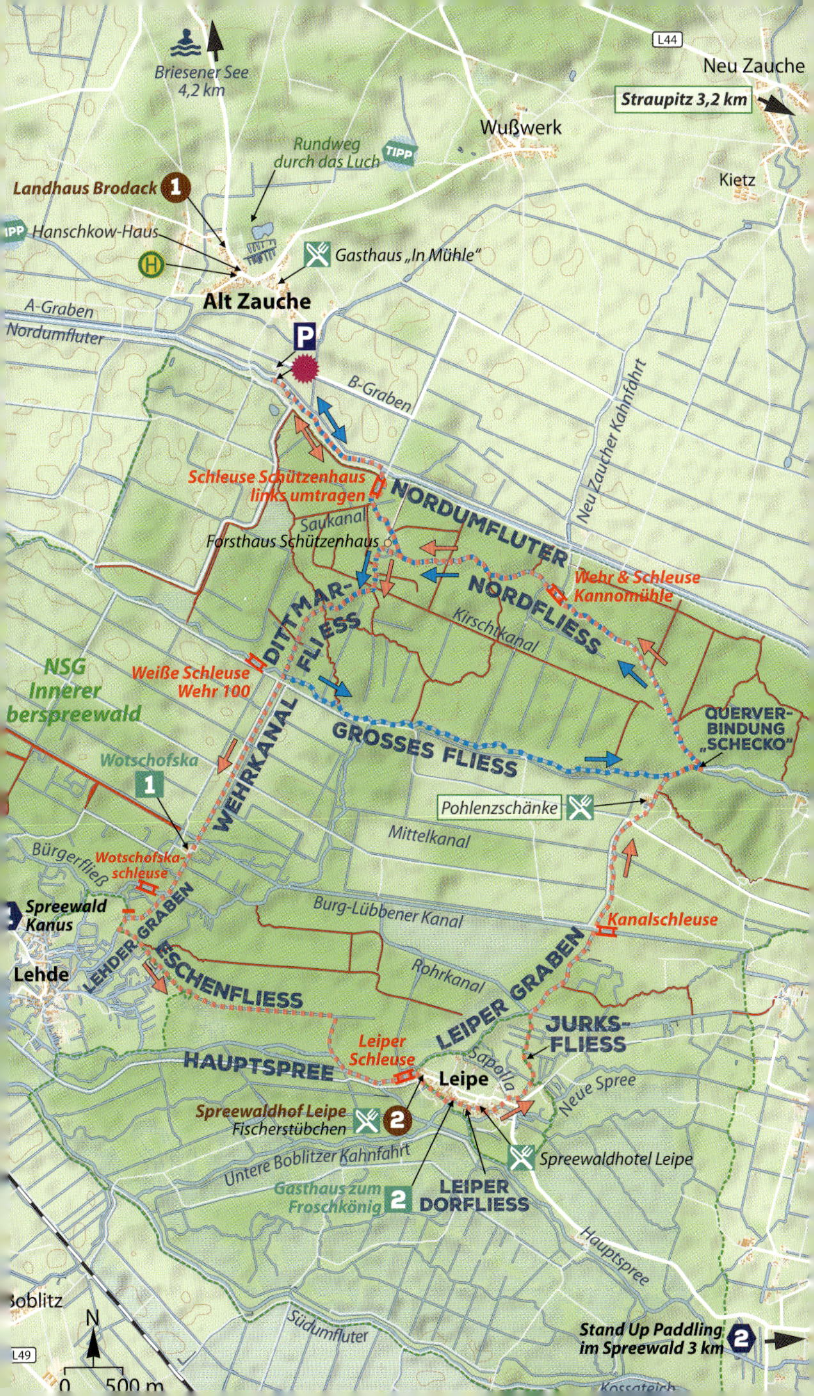

Briesener See 4,2 km
L44
Neu Zauche
Straupitz 3,2 km
Wußwerk
Rundweg durch das Luch
TIPP
Kietz
Landhaus Brodack 1
Hanschkow-Haus
Gasthaus „In Mühle"
Alt Zauche
A-Graben
Nordumfluter
P
B-Graben
Neu Zaucher Kahnfahrt
Schleuse Schützenhaus links umtragen
NORDUMFLUTER
Saukanal
Forsthaus Schützenhaus
NORDFLIESS
Wehr & Schleuse Kannomühle
DITTMAR-FLIESS
Kirschkanal
NSG Innerer berspreewald
Weiße Schleuse Wehr 100
GROSSES FLIESS
QUERVERBINDUNG „SCHECKO"
Wotschofska 1
WEHRKANAL
Pohlenzschänke
Mittelkanal
Bürgerfließ
Wotschofska-schleuse
Spreewald Kanus
Burg-Lübbener Kanal
Kanalschleuse
LEHDER GRABEN
ESCHENFLIESS
Lehde
Rohrkanal
LEIPER GRABEN
JURKS-FLIESS
Leiper Schleuse
HAUPTSPREE
Leipe
Sapolla
Neue Spree
Spreewaldhof Leipe 2
Fischerstübchen
Spreewaldhotel Leipe
Untere Boblitzer Kahnfahrt
Gasthaus zum Froschkönig 2
LEIPER DORFLIESS
Hauptspree
Boblitz
N
L49
0 500 m
Südumfluter
Stand Up Paddling im Spreewald 3 km 2

1 GROSSE RUNDE DURCH DEN HOCHWALD

*Der **Hochwald** mit seinem jahrhundertealten Baumbestand ist das eigentliche Herzstück des Spreewaldes und Alt Zauche entwickelte sich bis Ende des 19. Jahrhunderts zu einem der angesagten Ausflugsziele im Spreewald.* Heute, da **ALT ZAUCHE** durch den Rückgang des Hochwalds etwas abseits am nördlichen Rand liegt, ticken die Uhren etwas anderes. Heute punktet der verträumte Ort mit viel Natur und wenig Tourismus – der perfekte Ausgangpunkt für eine SUP-Runde auf eigene Faust.

Allein auf weiter Flur pumpen wir am kleinen **HAFEN ALT ZAUCHE** die Boards auf und lassen sie bequem am Holzsteg ins Wasser gleiten. Wir starten in östliche Richtung auf dem breiten **NORDUMFLUTER**, der von einem dichten Schilfstreifen eingerahmt wird. Hinter dem Deich dehnen sich sattgrüne Wiesen und Weiden aus und schnell liegt der erste Kilometer hinter uns. Vor der Brücke über den Nordumfluter biegen wir rechts ab und müssen die **SCHLEUSE SCHÜTZENHAUS** am linken Ufer **UMTRAGEN**.

Das **NORDFLIESS** bringt uns, vorbei am Holzverladehafen der Revierförsterei, in den **HOCHWALD** und mit jedem Paddelschlag färbt sich die Kulisse links und rechts noch etwas grüner. An der folgenden Wasserkreuzung biegen wir rechts auf das **DITTMARFLIESS** ab. Im weiteren Verlauf ignorieren wir die

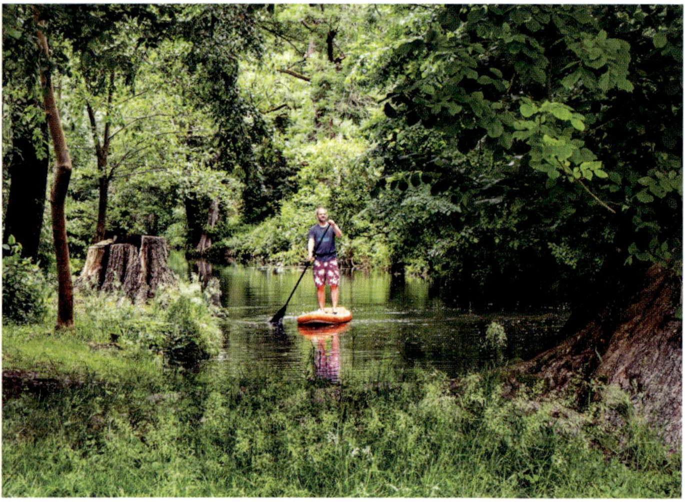

links und rechts abzweigenden Fließe, **DIE WIR NICHT BEFAHREN DÜRFEN**, um die empfindliche Flora und Fauna entlang der Ufer nicht zu stören.

ROUTE 2 – Wer die kürzere Runde paddelt, wendet sich an der größeren Kreuzung auf dem **GROSSEN FLIESS** nach links und paddelt ostwärts.

ROUTE 1 – Für den Weg zur Wotschofska geht es geradeaus auf dem **WEHRKANAL** weiter. Der präsentiert sich zwar recht grün, aber schnurgerade und das Aufkommen an Paddelbooten nimmt zu. Ein sicheres Zeichen dafür, dass die traditionsreiche **GASTSTÄTTE WOTSCHOFSKA** 1 nicht mehr weit ist. Direkt nach der Kreuzung mit dem Burg-Lübbener Kanal biegen wir rechts in den Seitenarm ab, wo die Gastliegeplätze zu finden sind. Die Boards ziehen wir natürlich gleich an Land, damit auch die anderen Paddler aussteigen können. Die Stege am Ufer direkt vor der Terrasse sind in jedem Fall für die zahlreichen Ausflugskähne reserviert. Ob nun Spreewälder Fischsuppe, Sorbischer Bauerneintopf, Hirschbraten oder „nur" ein Latte Macchiato – die Einkehr in der beliebten Gaststätte im urigen, dunklen Blockhaus und der großen Terrasse unter den hohen Bäumen ist Pflicht.

Hinter der Wotschofska paddeln wir noch für knapp einen Kilometer auf dem **WEHRKANAL** in südliche Richtung bis zur Kreuzung mit dem Bürgerfließ. Die Wotschofskaschleuse lassen wir rechts liegen und setzen die Fahrt geradeaus auf dem **LEHDER GRABEN** fort, biegen aber vor dem eigentlichen Ort **LEHDE** nach links auf das idyllische **ESCHENFLIESS** ab.

Dieses führt uns nach rund zwei Kilometern und einer 90°-Kurve auf die **HAUPTSPREE**. Hier ist es nach links dann noch gut einen Kilometer bis zur **LEIPER SCHLEUSE** und ins Dorf **LEIPE**. *Das nur etwa 150 Einwohner zählende Spreewalddörfchen **Leipe** liegt auf einer 800 Meter langen und 400 Meter breiten Sandbank. Es wird vollständig von der Spree und dem Leiper Graben umschlossen und war für lange Zeit seiner Geschichte nur per Spreewaldkahn zu erreichen. 1969 wurde Leipe an das Straßennetz angebunden, der reizvollere Anblick bietet sich aber bis heute vom Wasser aus. Der historische Ort ist in einer typischen Rundbebauung angelegt, bei der die Giebel der Stall- und Wohngebäude in Richtung Spree zeigen. Heute spielt natürlich der Tourismus eine wichtige Rolle, aber auch Fischerei, Gemüseanbau und Viehwirtschaft lassen sich noch in ihrer ursprünglichen Form finden. Besonders ins Auge fallen die hölzernen Fischkästen links und rechts des Leiper Dorfließes, in denen die gefangenen Fische am Spreeufer aufbewahrt werden.*

Die erste Möglichkeit zur Stärkung bietet sich gleich hinter der Schleuse. Hier lockt das **FISCHERSTÜBCHEN** am **SPREEWALDHOF** 2 mit einer

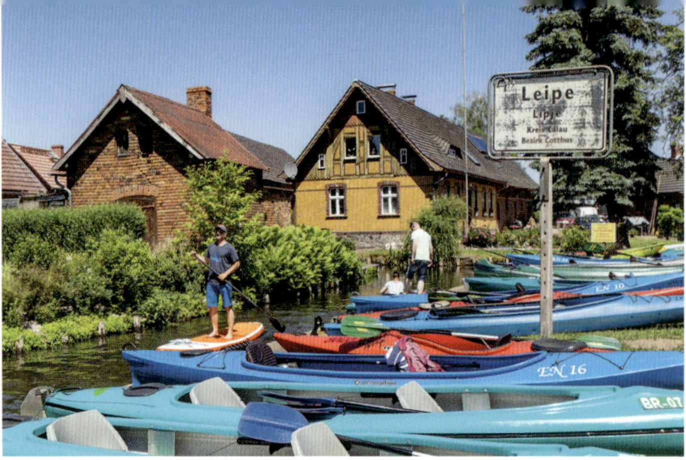

Veranda und Terrasse direkt am Wasser. Zubereitet werden in der Küche allerlei spreewaldtypische Gerichte von Quark mit Leinöl und selbstgemachter Grützwurst über Hefeplinse bis zu zahlreichen Variationen von Fisch und Wild.

Für die Fortsetzung der Tour folgen wir vor dem Spreewaldhof nach rechts der **HAUPTSPREE** und freuen uns über die vielen schönen alten Häuser entlang der Ufer. An der nächsten Kreuzung zweigt rechts die Untere Boblitzer Kahnfahrt ab, wir aber biegen nach links auf das **LEIPER DORFFLIESS** ab.

Der sorbische **Ortsname Lipje** *geht auf das niedersorbische Wort „Lipa" (="Linde") zurück und erinnert daran, dass die Erhebung zwischen Hauptspree und Leiper Graben, auf der sich das Dorf erstreckt, einst von einem Laubmischwald mit hohem Lindenanteil bewachsen war.*

Die nächste Einkehrmöglichkeit lässt nicht lange auf sich warten. Auch das **SPREEWALDHOTEL LEIPE** *blickt auf eine lange Bewirtungstradition zurück und diente bereits Mitte des 19. Jahrhunderts als Gasthaus für die Bewohner. Um den Ansprüchen des aufkeimenden Tourismus zu genügen, wurde 1924 ein komfortables Hotel gebaut, das 1992 wiedereröffnet, heute komfortable Doppelzimmer sowie eine Küche mit Spreewälder Spezialitäten bietet.*

Nun biegen wir links auf die **NEUE SPREE** ab. An der Gabelung kurz vor der nächsten Straßenbrücke entlässt uns die Spree nach links auf das schmale und flache **JURKSFLIESS**, das gleich darauf, an der Abzweigung der Sapolla, eine Biege nach rechts macht. Wir gleiten auf dem **JURKSFLIESS** entlang von Wiesen auf der Rückseite von Leipe zur Kreuzung mit dem Leiper Graben.

Dort wenden wir die Boards nach rechts und bleiben dem **LEIPER GRABEN** auf seinem Weg gen Norden für lange Zeit treu. Den nach rechts abzweigenden Rohrkanal ignorieren wir ebenso wie den kreuzenden Burg-Lübbener-Kanal.

Nach der Kreuzung mit dem Mittelkanal ist es dann noch etwa ein Kilometer bis zur **POHLENZSCHÄNKE** am linken Ufer. *Bereits im 17. Jahrhundert konnten Jäger in der Gegend der heutigen **Pohlenzschänke** einkehren, um ihren Durst zu löschen. Ein Kleinod ist der historische, altwendische Saal – reingehen und staunen! 1928 wurde dann der ursprüngliche Bau auf Erlenstämmen ca. 100 m landeinwärts versetzt, um Platz für einen neuen Backsteinbau zu schaffen.*

Ein Stückchen weiter mündet der **LEIPER GRABEN** ins **GROSSE FLIESS**, **(ROUTE 2)** und gleich darauf schlüpfen wir durch die nur zwei Meter breite Querverbindung **"SCHECKO"** zum **NORDFLIESS** und folgen diesem scharf nach links. Eine ganz leichte Strömung schiebt uns gemütlich immer weiter in den **HOCHWALD** hinein. Er vermittelt ein eindrucksvolles Bild davon, wie der gesamte Oberspreewald einst ausgesehen haben mag, bevor sich die ersten Menschen hier niederließen und das Land urbar machten.

*Auch der **Hochwald** ist kein eigentlicher, von Menschenhand unberührter Urwald, sondern die Folge einer geregelten Forstwirtschaft, mit der man in der ersten Hälfte des 19. Jahrhunderts nach einer Phase der Übernutzung der Wälder begann und so sind manche der Erlen links und rechts am Ufer über 100 Jahre alt. Mit der Gründung des Biosphärenreservats 1990 wurde ein kleiner Teil des Hochwaldes zur Kernzone erklärt, in der sich der Wald wieder natürlich entwickeln kann.*

Wir nutzen die **UMTRAGUNG** an der **SCHLEUSE KANNOMÜHLE** für eine kleine Pause. Anschließend sind es noch 1,5 km bis zu der Gabelung mit dem Dittmarfließ. Wir halten uns hier rechts und kehren, vorbei am Holzverladeplatz der Revierförster und der **SCHLEUSE SCHÜTZENHAUS (UMTRAGEN)**, nun auf dem **NORDUMFLUTER** zurück zum **KAHNHAFEN ALT ZAUCHE**.

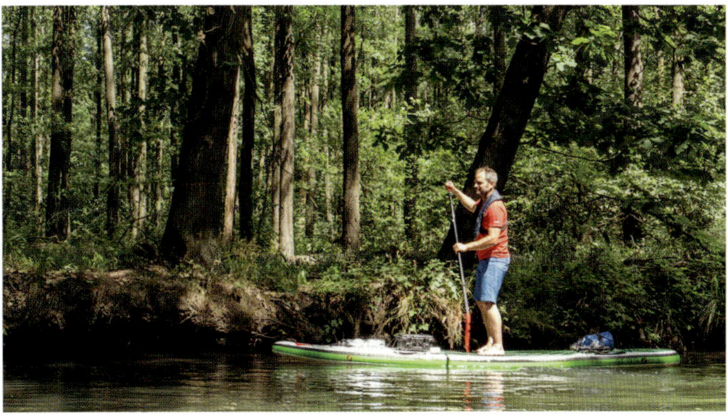

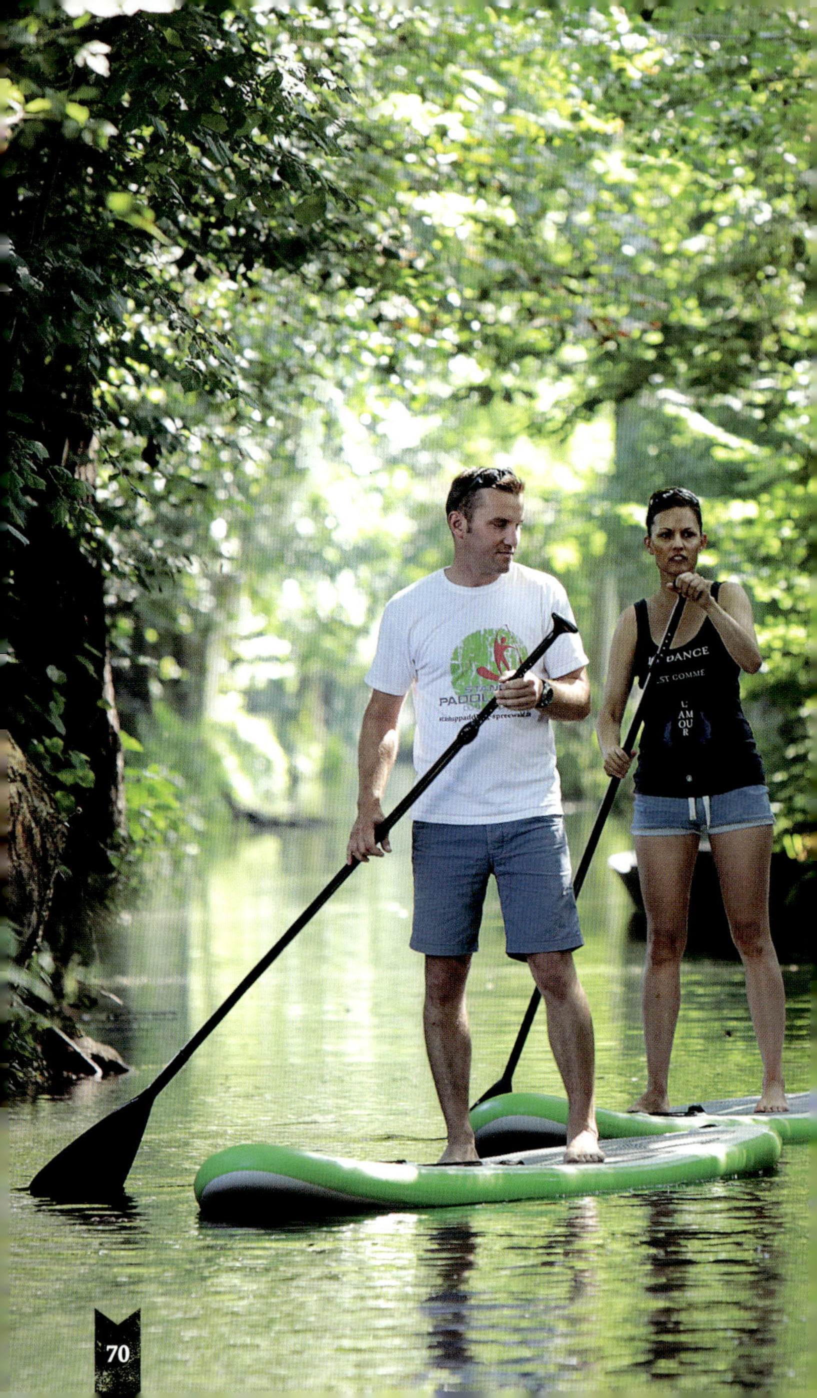

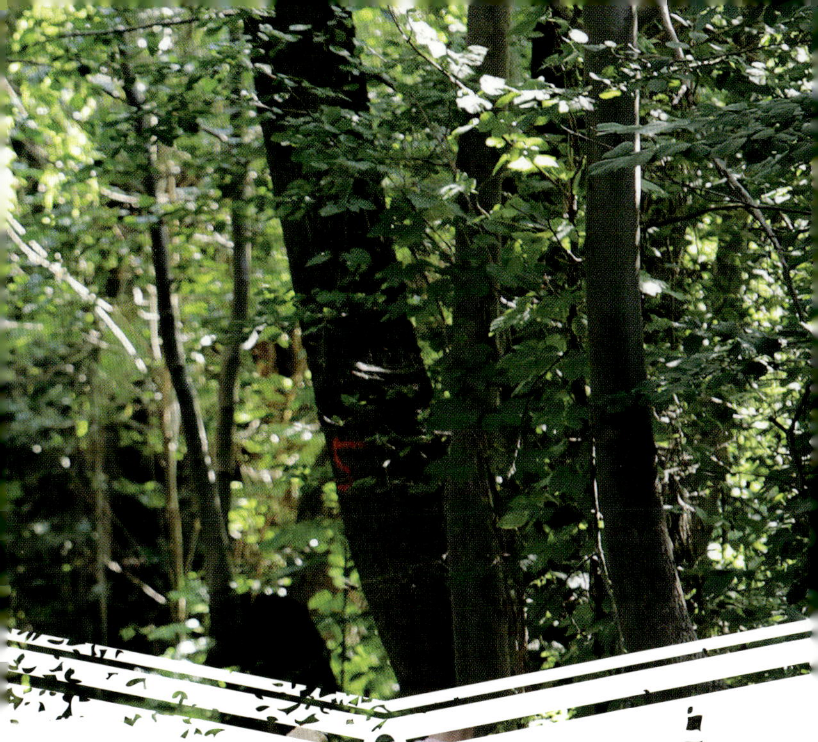

RUND UMS WALDSCHLÖSSCHEN

ANSPRUCH

EINKEHR

Wir machen von Burg-Kauper einen kurzen Abstecher in den Hochwald, vorbei an alten Höfen in traditioneller Blockbohlenbauweise, dann wieder paddeln wir in herrlich grüner Wald- und Wiesenlandschaft. Unterwegs gibt es die optimale Mischung aus Naturerlebnis und tollen Einkehrmöglichkeiten in urigen Gasthäusern.

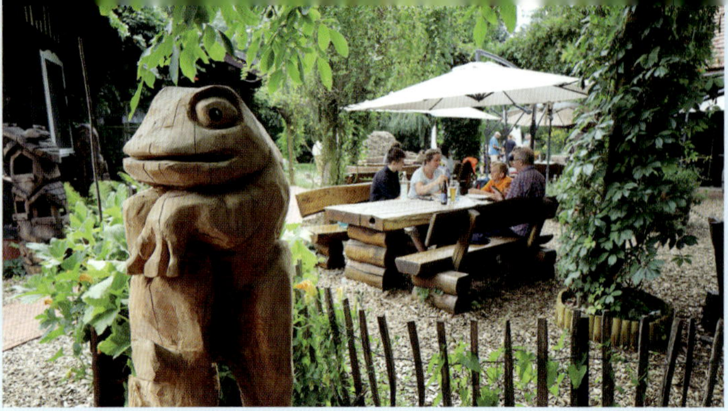

WIND & WELLEN

Die schmalen Fließe sind durch den umliegenden Wald gut gegen Wind geschützt.

BEFAHRUNGSHINWEISE

Die **Schleusen/Wehre** sind weithin sichtbar und **einfach zu umtragen.**

In der Nähe des **Waldschlösschen-Hafens** ist mit einem **höheren Aufkommen an Kähnen** zu rechnen.

ANFAHRT MIT DEM PKW

A13 bis Autobahndreick Spreewald- und auf A15 Richtung Cottbus. Diese an der Abfahrt Nr. 3 (Vetschau) verlassen und zunächst der Ausschilderung nach Burg folgen. Hinter Suschow links ab Richtung Naundorf/ Leipe und der Beschilderung zum Waldschlösschen-Hafen folgen.

PARKEN

Neben der Schleuse gebührenfreier Parkplatz *(GPS: 51.86345, 14.08844).* Weitere, allerdings kostenpflichtige Parkplätze, stehen keine 100 Meter weiter am Hafen zur Verfügung *(GPS: 51.86326, 14.08943).*

ANREISE MIT ÖPNV

Auch das abgelegene Burg-Kauper ist mit Bahn & Bus zu erreichen, allerdings muss man von Berlin ca. 3 Std. Fahrtzeit einplanen: Ab *Berlin Hbf* mit RE1 oder von *Ostkreuz* mit RE2 bzw. aus *Dresden* mit dem RE18 nach Cottbus. Vom *Hbf Cottbus* mit der Buslinie 47 in ca. 40 Minuten nach *Burg-Dorf.* Dort besteht Anschluss an die Kleinbus-Linie 48 (verkehrt als Ringverkehr einmal über die gesamte 11 km lange Ringchaussee durch alle Burger-Ortsteile, Fahrtzeit bis Burg-Kauper ca. 5 Minuten). Von der Haltestelle *Wendenkönig* sind es noch ca. 25 Min. Fußweg zum Hafen Waldschlösschen.

BADEN

- **Willischza-See** – Etwa 8 km östlich vom Hafen Waldschlösschen liegt der kleine, in den 1970er Jahren entstandene See. Seit 2010 wird der bis zu 2 m tiefe und von Birken eingerahmte Badesee durch einen neuen Zufluss ständig mit Frischwasser versorgt. Rund um den See finden sich mehrere schöne Badestellen mit Sandstränden und Liegewiesen *(Navi: Willischzaweg 6, 03096 Burg im Spreewald).*

EXTRA-TIPPS

» Den richtigen Weg durch das **Heckenlabyrinth** aus immergrünen Koniferen im **Irrgarten des Spreewaldhof Lukas** (4 km östlich von Burg-Kauper) zu finden, ist ein Spaß für Groß und Klein. Wer es in die Mitte schafft, wird mit einem Ausblick belohnt. *https://spreewaldhof-lukas.de*

» Der **Fontaneweg** führt einmal **rund um Burg-Kauper.** Meist geht es über asphaltierte Straßen, manchmal auf unbefestigten Wegen durch Wiesen, Wald und entlang der Fließe *(10 km, Symbol: grüner Querbalken).*

» Nur 500 m südlich der Schwarzen Schleuse **(Burg-Kolonie),** ein Fußweg von sieben Minuten, liegt die **Burger Hofbrennerei.** Dort werden regionale Früchte zu edlen Spirituosen verarbeitet, die man, wie auch den preisgekrönten Single-Malt Whisky, im **Hofladen** erwerben kann. Danach sollte man unbedingt im idyllischen **Kaffeegarten** den hausgebackenen Kuchen nach alten Familienrezepten probieren. *www.sagengeister.de*

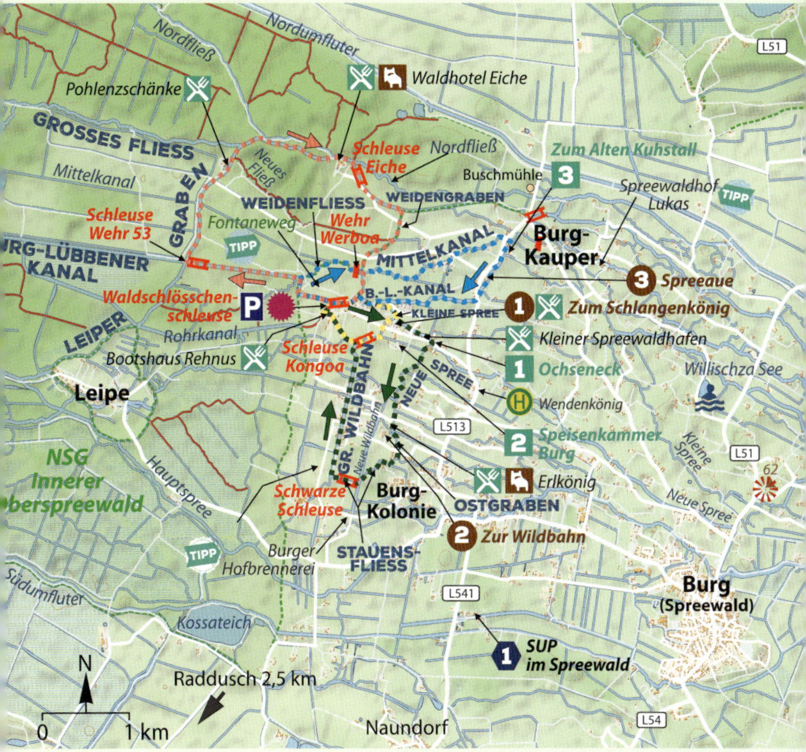

TOUREN

1 STIPPVISITE IM HOCHWALD

Diese Route führt von Burg-Kauper vorbei an alten Höfen in traditioneller Blockbohlenbauweise in nordwestliche Richtung zu einem kurzen Abstecher in den Hochwald.

| **LÄNGE** 7,5 km | **DAUER** 3-4 h

2 RAUS INS GRÜNE

Diese Route im Westen von Burg-Kauper kombiniert den Mittel- und den Burg-Lübbener-Kanal zu einer kurzweiligen Runde durch herrlich grüne Wald- und Wiesenlandschaft.

| **LÄNGE** 6 km | **DAUER** 2,5-3,5 h

3 KURZE KAUPER-SCHNUPPERUNDE

Die kurze Runde um die Kauperinsel ist ein toller Einstieg zur Erkundung der Fließe rund um Burg-Kauper. Wer auf den Geschmack gekommen ist, kann die Strecke natürlich beliebig verlängern. *Ohne Routenbeschreibung*

| **LÄNGE** 2 km | **DAUER** 1-1,5h

4 WILDBAHN-RUNDE

Die Route führt von der Waldschlösschen-Schleuse gen Süden in Richtung Burg-Kauper und auf der Großen Wildbahn zurück.
Unterwegs laden mehrere Gasthäuser zur Einkehr ein.

| **LÄNGE** 6 km | **DAUER** 2,5-3,5 h

EIN- & AUSSTIEG

Waldschlösschenschleuse – Die komfortablen Stege im Ober- und Unterwasser machen die Schleuse zu einem guten Tourenstart- und -endpunkt. Sie liegt direkt neben der Brücke der Waldschlösschenstraße über den Burg-Lübbener-Kanal.

SUP-VERMIETUNG

1 SUP IM SPREEWALD

Martin Fix, Naundorfer Str. 17
03096 Burg (Spreewald) OT Kolonie
Tel. (035603) 838 & 0172-370 80 75
www.sup-spree.de

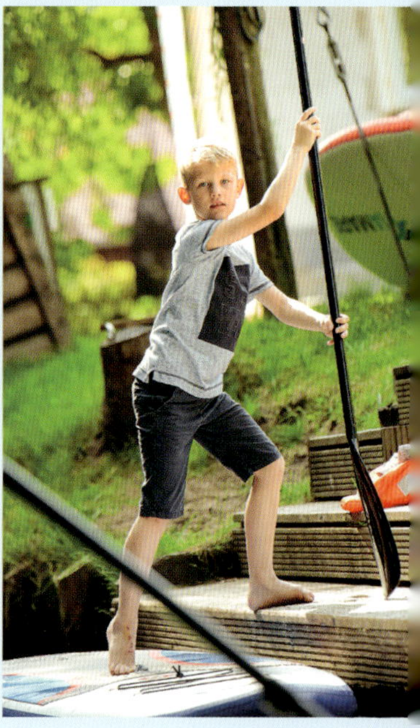

EINKEHR

1 LANDGASTHOF OCHSENECK

Waldschlößchenstr. 2
03096 Burg (Spreewald) OT Kauper
Tel. (035603) 606 67
www.ochseneck.de
Reservieren, wechselnde Ruhetage

KLASSIKER Regionale Spezialitäten der gutbürgerlichen Küche

2 SPEISENKAMMER BURG

Waldschlößchenstr. 48
03096 Burg (Spreewald) OT Kauper
Tel. (035603) 75 00 87
www.speisenkammer-burg.de
Reservieren! So-Di Ruhetag

KLASSIKER Eine weltoffene Spreewaldküche, ausschließlich nur ein Menü und hochpreisig!

3 ZUM ALTEN KUHSTALL

Kleine Bistroküche, uriges Ambiente
Am grünen Wald 4
03096 Burg (Spreewald) OT Kauper
Tel. (035603) 75 32 79
www.bistro-zum-alten-kuhstall.de
Di-Do ab 14, Fr-So 12-21 Uhr

KLASSIKER Traditionelle Scheunensuppe, Schmalzbrot mit hausgemachtem Schmalz

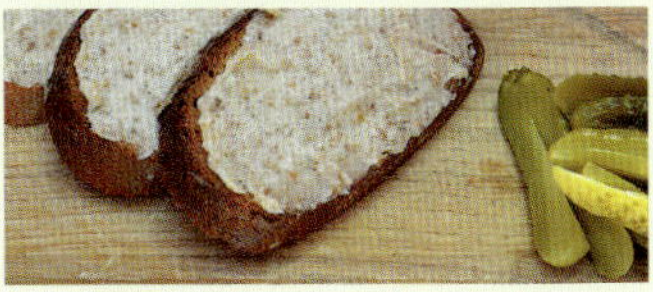

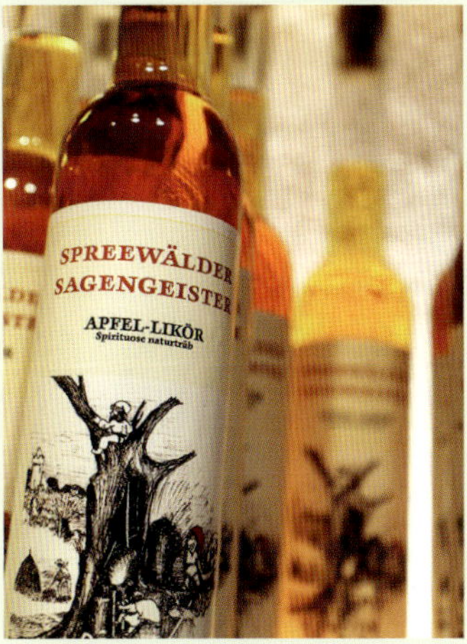

ÜBERNACHTUNG

1 PENSION ZUM SCHLANGENKÖNIG

Waldschlösschenstr. 14
03096 Burg (Spreewald) OT Kauper
Tel. (035603) 759 30
www.zum-schlangenkoenig.de

2 LANDGASTHOF ZUR WILDBAHN

auch WoMo-Stellplätze & kl. Zeltplatz
Wildbahnweg 20
03096 Burg (Spreewald) OT Kolonie
Tel. (035603) 293
www.zurwildbahn.de

3 SPREEWALD PENSION SPREEAUE

Ringchaussee 48
03096 Burg (Spreewald) OT Kauper
Tel. (035603) 572
www.spreeaue.de

1 VOM WALDSCHLÖSSCHEN ZU DEN AUSLÄUFERN DES HOCHWALDS

Die **WALDSCHLÖSSCHENSCHLEUSE** bringt alles mit, was man sich von einem geeigneten Tourenstartpunkt wünscht. Direkt nebenan liegt ein großer und sogar kostenloser Parkplatz, es steht ausreichend Platz zur Verfügung, um die Boards startklar zu machen und vor und hinter der Schleusenkammer gibt es komfortable Stege. Für den Start der Tour in Richtung Hochwald setzen wir im Unterwasser der **SCHLEUSE** in den **BURG-LÜBBENER-KANAL** ein.

Schon bald zweigt nach links der Rohrkanal (gesperrt) ab – wir paddeln aber auf dem **BURG-LÜBBENER-KANAL** weiter geradeaus. Der ist zwar begradigt, aber dennoch idyllisch grün und einsam. Das nach einer Kurve abzweigende Weidenfließ lassen wir rechts liegen und erreichen die **SCHLEUSE AM WEHR 53.** Nach deren **UMTRAGUNG** biegen wir gleich nach rechts auf den **LEIPER GRABEN** ab. Der bringt uns etwa 1,5 km nach Norden zur **POHLENZSCHÄNKE**, dem ältesten Wirtshaus im Spreewald *(siehe auch Seite 69)*.

Vorbei an dem für die Befahrung gesperrten Neuen Fließ erreichen wir am Ende des Leiper Graben die Kreuzung mit dem **GROSSEN FLIESS.** Hier biegen wir rechts ab und der breite Wasserlauf im Grünen bringt uns zum **WALDHOTEL EICHE**. *Dessen Vorgänger war der traditionsreiche* ***„Gasthof Eiche“*** *und kein geringerer als* ***Theodor Fontane*** *war hier 1859 zu Gast. Heute beherbergt der schlichte, rote Backsteinbau 62 Zimmer und Suiten sowie zwei Restaurants, die*

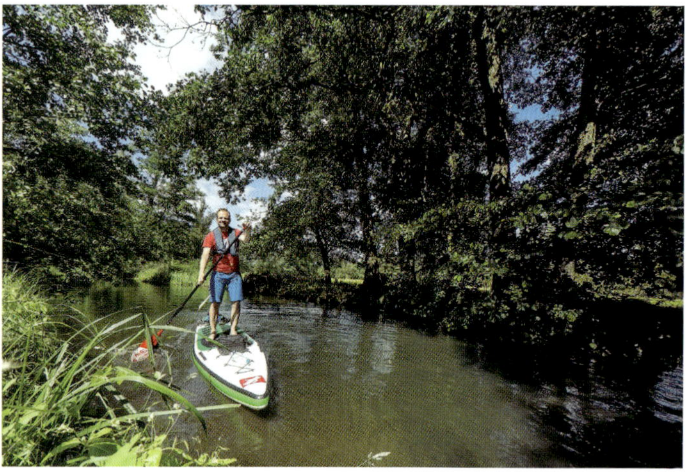

modern interpretierte Spreewaldküche aus regionalen und saisonalen Zutaten zubereiten. Am schönsten aber sitzt es sich ohne Zweifel im herrlichen Biergarten unter alten Eichen direkt am Fließ.

An der nächsten Gabelung auf dem Wasser halten wir uns rechts – die links abzweigenden Fließe sind ohnehin gesperrt – und erreichen so die **SCHLEUSE EICHE (UMTRAGEN)** mit einem Fischaufstieg an der Seite. Dahinter folgen wir weiter dem **GROSSEN FLIESS** geradeaus bis zur Kreuzung mit dem **WEIDENGRABEN**. Hier wenden wir uns scharf nach rechts und folgen diesem immer geradeaus, bis er uns am Ende direkt gegenüber vom **HAFEN WALDSCHLÖSSCHEN** wieder auf den **BURG-LÜBBENER-KANAL** entlässt. Nun sind es nur noch wenige Paddelschläge nach rechts zurück zur **WALDSCHLÖSSCHENSCHLEUSE** ●.

2 RAUS IN DEN GRÜNEN OSTEN VON BURG-KAUPER

Auch für die Erkundung der ruhigen Wald- und Wiesenlandschaft im Osten von **BURG-KAUPER** setzten wir die Boards unterhalb der **WALDSCHLÖSSCHENSCHLEUSE** ● ein und lassen uns von der ganz seichten Strömung auf dem **BURG-LÜBBENER-KANAL** in westliche Richtung mitnehmen.

Knapp einen Kilometer nach dem Start biegen wir in der Kurve, bevor das schnurgerade Kanalstück beginnt, rechts auf das **WEIDENFLIESS** ab. Das **WEHR WERBOA** am Ende ist schnell **UMTRAGEN** und das SUP-Board unter den Arm geklemmt brauchen wir nicht einmal die Bootsschleppe. An der Kreuzung direkt hinter dem Wehr paddeln wir geradeaus über den Weidengraben in den **MITTELKANAL**. Der präsentiert sich angenehm schmal und idyllisch grün und mäandert in leichten Kurven durch Wald und Wiesen.

Am Ende machen uns die Verkrautung und die erstaunlich starke Gegenströmung das Leben schwer, aber wir schaffen es dennoch unter der Straßenbrücke der Ringchaussee hindurch bis zur T-Kreuzung, wo wir uns rechts nach Süden halten. Bald wirbt die Gastwirtschaft **ZUM ALTEN KUHSTALL** 3 als Drehort des *Spreewaldkrimis* am linken Ufer um Gäste.

Wir folgen weiter geradeaus dem **BURG-LÜBBENER-KANAL** (auf der Karte abgekürzt: **B.-L.-KANAL**), der erneut die Ringchaussee kreuzt, und die ersten Ferienbungalows am rechten Ufer läuten den Endspurt zum **HAFEN** und nach einem Linksknick wenige Meter weiter zur **SCHLEUSE WALDSCHLÖSSCHEN** ● ein.

4 WILDBAHN-RUNDE IM SÜDEN VON BURG-KAUPER

Für die Fahrt von **BURG-KAUPER** Richtung Burg-Kolonie starten wir von der **WALDSCHLÖSSCHENSCHLEUSE** zum **HAFEN WALDSCHLÖSSCHEN**, vorbei am ehemaligen Gasthaus Waldschlösschen mit seiner Terrasse direkt am Ufer. An der folgenden Kreuzung fahren wir nach rechts unter der „Bank“ (Fußgängerbrücke) durch, von der uns ein paar Spaziergänger zuwinken, und paddeln vorsichtig an den Kähnen entlang, die am Ufer des **BURG-LÜBBENER-KANALS** (auf der Karte abgekürzt: **B.-L.-KANAL)** auf Gäste warten. Ein Kiosk mit Imbiss versorgt hungrige Gäste vor und oder nach der Tour mit Getränken und Leckereien. Nebenan, auf der Terrasse von **STEFFI'S HAFENSTÜBCHEN**, stärken sich Paddler und Kahntouristen bei Schnitzel mit Pommes und spreewaldtypischen Gerichten wie Grützwurst mit Sauerkraut und beobachten das Treiben auf dem Wasser.

Hinter der nächsten Fußgängerbrücke wenden wir uns nach rechts auf die **KLEINE SPREE.** An der Kreuzung des Nahkegrabens liegt das einladende Hofrestaurant der Pension **ZUM SCHLANGENKÖNIG** 1, wo man sich auf der gemütlichen Terrasse direkt am Wasser die hausgemachten Eierplinsen oder andere frisch zubereitete Spreewaldklassiker schmecken lassen kann.

An den Ufern ziehen die urigen, historischen Blockhäuser den Blick auf sich und es dauert nicht lange, bis mit dem Biergarten **KLEINER SPREEWALDHAFEN** die nächste Einkehrmöglichkeit erreicht ist. Im nebenliegendem, schilfgedeckten Haus befindet sich übrigens eine originalgetreu wiederaufgebaute „Wendische Holzstube“ mit dicken Holzbalken und offenem Kamin.

Die Bäume entlang der Ufer treten etwas zurück und vor der Brücke der Waldschlösschenstraße bietet die breite Treppe eine gute Gelegenheit für den Landgang und den Besuch des **LANDGASTHOFS OCHSENECK** 1. Nahtlos sind wir auf der **NEUEN SPREE** gelandet, die im weiteren Verlauf zum **OSTGRABEN** wird und nach der mit Blumen geschmückten Brücke des Erlkönigwegs, zieht am rechten Ufer zuerst das **GASTHAUS ERLKÖNIG** und kurz darauf der **LANDGASTHOF „ZUR WILDBAHN“** 2 vorüber. An der folgenden Gabelung halten wir uns rechts und kurz danach an der T- Kreuzung biegen wir rechts aufs **STAUENSFLIESS**. Wir folgen dem schmalen, grünen Kanal, fahren auf der **NEUEN WILDBAHN** wenige Meter nach Süden, um gleich darauf nach rechts wieder auf dem **STAUENSFLIESS** über die **SCHWARZE SCHLEUSE (UMTRAGEN)** auf die **GROSSE WILDBAHN** zu gelangen, auf der wir in nördliche Richtung den Rückweg nach **BURG-KAUPER** antreten. Nach gut 1,5 Kilometern liegt rechts die Schleuse Kongoa im Nahkegraben. Hier wenden wir uns nach links und biegen hinter dem **BOOTSHAUS REHNUS** erst rechts auf den **ROHRKANAL** und dann wieder rechts auf den **B.-L.-KANAL** ab, der uns zurück zur **WALDSCHLÖSSCHENSCHLEUSE** bringt.

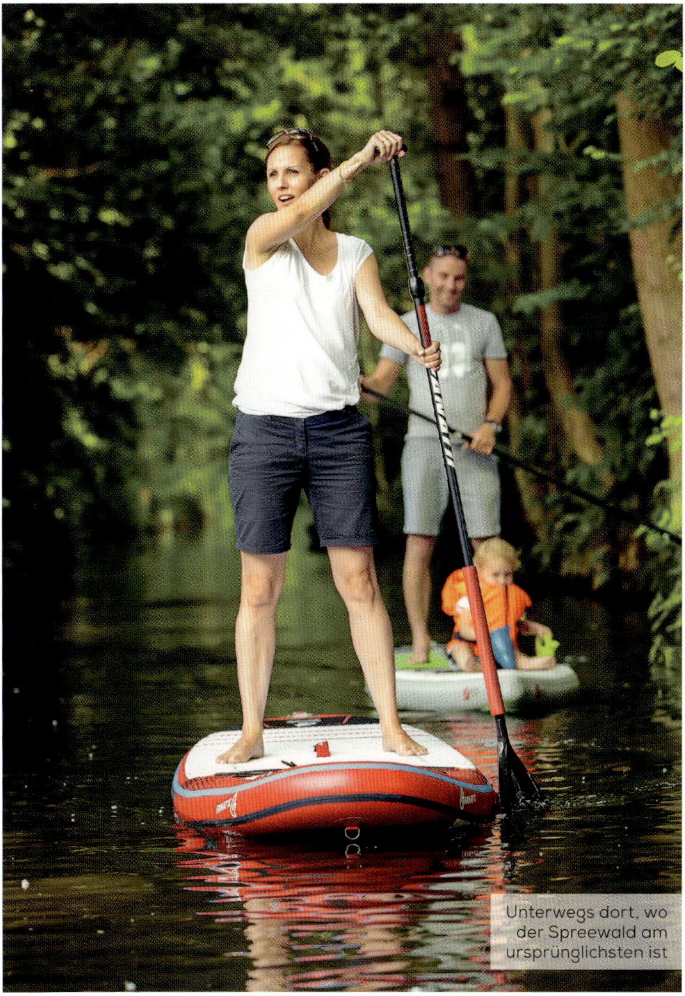

Unterwegs dort, wo der Spreewald am ursprünglichsten ist

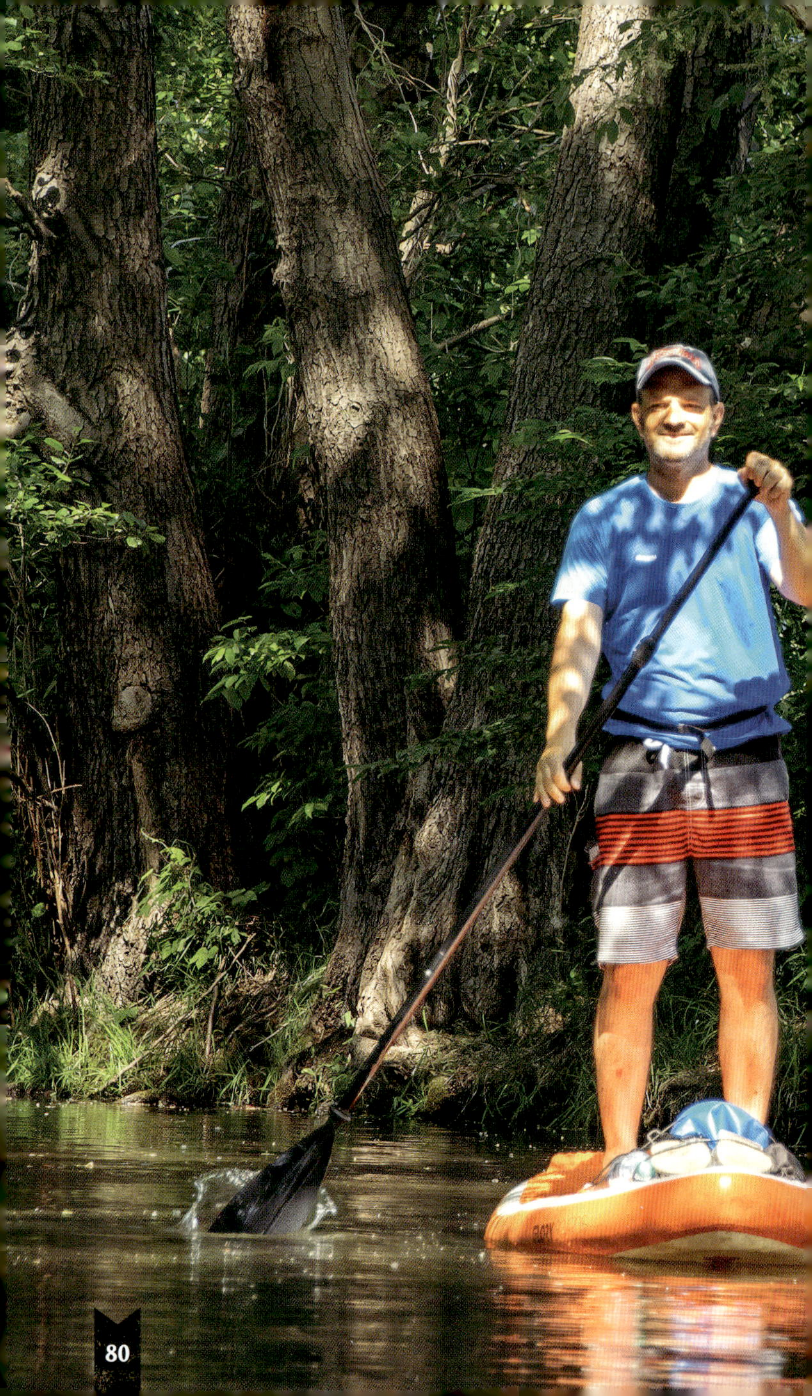

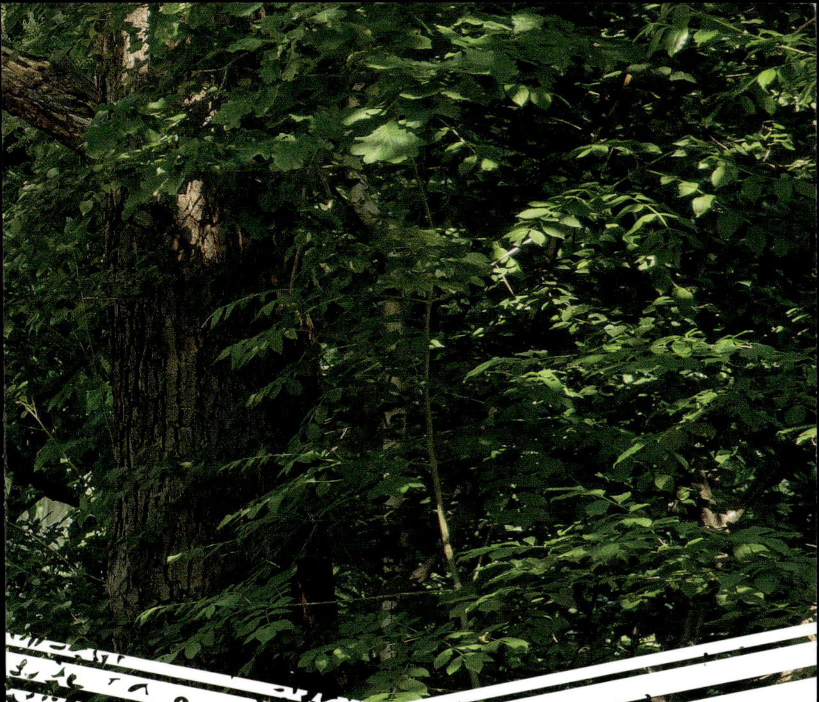

ZWISCHEN BURG-DORF & BURG-KOLONIE

ANSPRUCH ● (1 von 3)

EINKEHR 🍺🍺🍺

Spreewald at it's best – und das ganz ohne Trubel! Die Fließe waren einst Hauptverkehrsader zwischen den insgesamt weit verstreut liegenden drei Ortsteilen, heute ist es Balsam für die Seele ruhig und gemütlich an Feldern, Wiesen und spreewaldtypischen Gehöften vorbeizupaddeln.

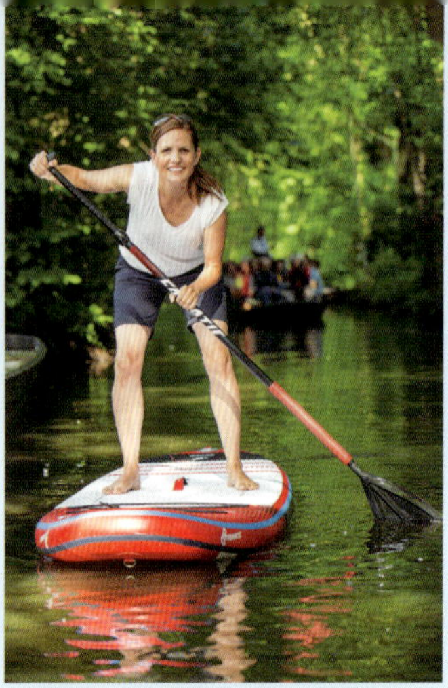

WIND & WELLEN

Die schmalen Fließe sind gut gegen Wind geschützt.

BEFAHRUNGSHINWEISE

Die **Schleusen** sind problemlos zu **umtragen.**

Eine nennenswerte **Strömung** ist nicht vorhanden.

ANFAHRT MIT DEM PKW

Autobahn A13 bis zum Autobahndreieck Spreewald und dort auf die A15 Richtung Cottbus wechseln. Diese an der Abfahrt 3 (Vetschau) verlassen, der Ausschilderung nach Burg durch den Ort Vetschau folgen und auf der L54 (Vetschauer Straße) nach Burg.

PARKEN

Kostenpfl. Parkplatz direkt hinter der Brücke über den Südumfluter am südlichen Ortsende von Burg *(Navi: Am Leineweber 21, 03096 Burg im Spreewald).* Wer die Parkgebühren sparen möchte, findet am nördlichen Ortsausgang jenseits der Hauptspree (ca. 20 Minuten Fußweg entlang der Hauptstraße durch den Ort) einen kostenlosen Parkplatz *(Navi: Mühlspreeweg, 03096 Burg im Spreewald).*

AN- & ABREISE MIT ÖPNV

Aus Berlin mit dem RE2 oder aus Dresden mit dem RE18 nach *Cottbus*. Vom *Hbf Cottbus* mit der Buslinie 47 in ca. 40 Minuten Fahrtzeit weiter nach Burg-Dorf (www.bahn.de).

BADEN

» **Spreewald-Therme** mit heilender Sole in unterschiedlichen Becken. Umfangreicher Sauna-, Bade-, Fitness- und Wellnessbereich. www.spreewald-therme.de

» Nördlich von Burg liegt der kleine, in den 1970er Jahren entstandene **Willischza See.** Der bis zu 2 Meter tiefe, von Birken umsäumte Badesee wird durch einen Zufluss ständig mit Frischwasser versorgt. Rund um den See finden sich mehrere schöne Badestellen mit Sandstränden und Liegewiesen. *(Navi: Willischzaweg 6, 03096 Burg im Spreewald).*

» Nach Reservierung kann man im **Bleiche Resort & Spa** ein Wohlfühlprogramm der besonderen Art genießen. Auf insgesamt 5.000 qm Fläche erwarten den Gast u. a. ein Schwimmbad, beheizter Außenpool, japanisches Luftsprudelbecken, Kelo-Sauna, Kräuterkammer, Kneipp-Becken, Saline-Sauna, Dampfbad. Der Genuss hat allerdings seinen Preis! www.bleiche.de

SEHENSWERTES IN BURG-DORF

- Die **Heimatstube** im Dreiseitenhof am **Burger Spreehafen** widmet sich mit zwei Dauer- und wechselnden Sonderausstellungen der Lebens- und Arbeitswelt im Spreewald.
- Im **Schaugarten** der **Spreewald Kräuterey** auf dem **Schlossberghof** wachsen die unterschiedlichsten Heil- und Küchenkräuter. Es werden regelmäßig Führungen und Workshops angeboten. Im **Hofladen** finden Sie neben Kräutern, viele schöne und leckere Dinge vom Biohof Auguste, regionalen Produzenten und den Lebenshilfe Werkstätten *(www.handinhand-gemacht.de)*. Auf dem Gelände steht mit dem **Annemarie-Schulz-Haus** auch ein historisches Burger Wohnstallhaus von 1726 (*www.igbauernhaus.de*).
- Vom 27 Meter hohen **Bismarckturm** auf dem **Schlossberg** nördlich von **Burg-Dorf,** einer ur- und frühchristlichen Befestigungsanlage, genießen Besucher einen einmaligen Ausblick. Bei gutem Wetter reicht die Sicht bis Lübbenau, Peitz und Straupitz. *www.burgimspreewald.de >Erleben*

TIPP EXTRA-TIPPS IN BURG-DORF

- Unweit des Reha-Zentrums begegnen dem Spaziergänger im **Kur- und Sagenpark** auf einer Fläche von etwa 60.000 qm verschiedene **Skulpturen aus der sorbisch-wendischen Sagenwelt.**
- Der **Barfußpark Burg** lädt mit 25 Stationen dazu ein, verschiedene Untergründe mit den Füßen zu erkunden.
- Die Tourist-Info bietet **geführte Ortswanderungen** zu unterschiedlichen **Themen** wie der Geschichte der Sorben und Wenden oder der Sagenwelt des Spreewalds an. *www.burgimspreewald.de >Bewegen >Wandern*
- Die **markierten Burger Wanderrouten** *(grüne, blaue, rote, und schwarze Tour)* sind zwischen zwei und fünfzehn Kilometer lang und eröffnen Wanderfreunden eine einfache Möglichkeit, die reizvolle Natur- und Kulturlandschaft des Spreewalds zu erkunden.

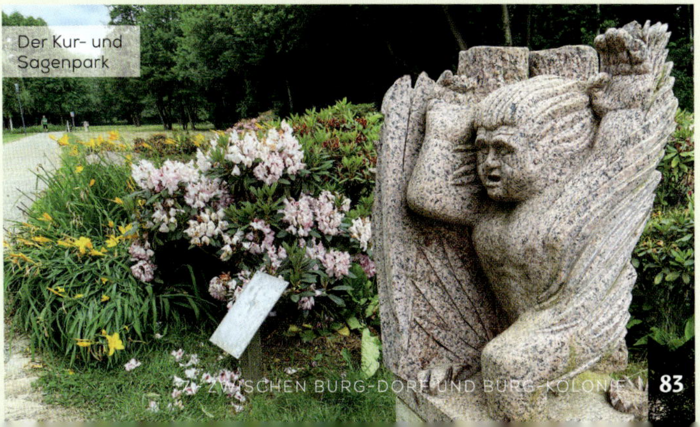

Der Kur- und Sagenpark

TOUREN

1 ZWISCHEN BURG-DORF & BURG-KOLONIE

Rundherum ruhige und absolut anfängerfreundliche SUP-Tour mit vielen urigen Einkehrmöglichkeiten.

| **LÄNGE** 10 km | **DAUER** 4-5 h

EIN- & AUSSTIEGE

Direkt gegenüber vom Parkplatz *Am Leineweber* kommt man neben der Straßenbrücke über den Südumfluter gut ins Wasser.

Alternativ kann man die Boards nach Rücksprache auch nebenan am Steg des *Bootshaus am Leineweber* einsetzen und wer auf dem *Camping "An den Spreewaldfließen"* übernachtet, kann natürlich direkt dort starten.

SUP-VERMIETUNG

1 SUP IM SPREEWALD

Martin Fix, Naundorfer Str. 17
03096 Burg (Spreewald) OT Kolonie
Tel. (035603) 838 & 0172-370 80 75
www.sup-spree.de

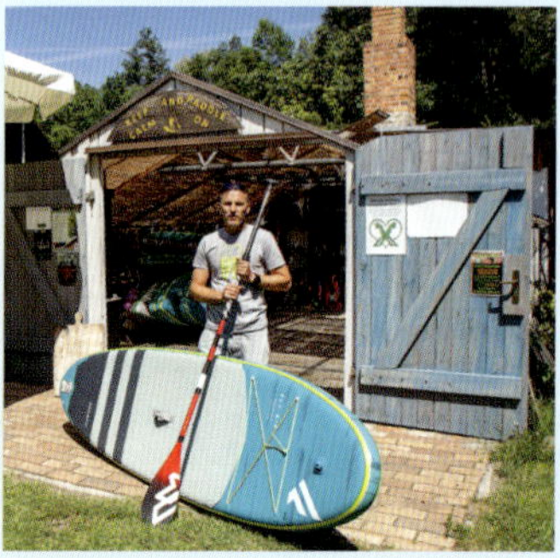

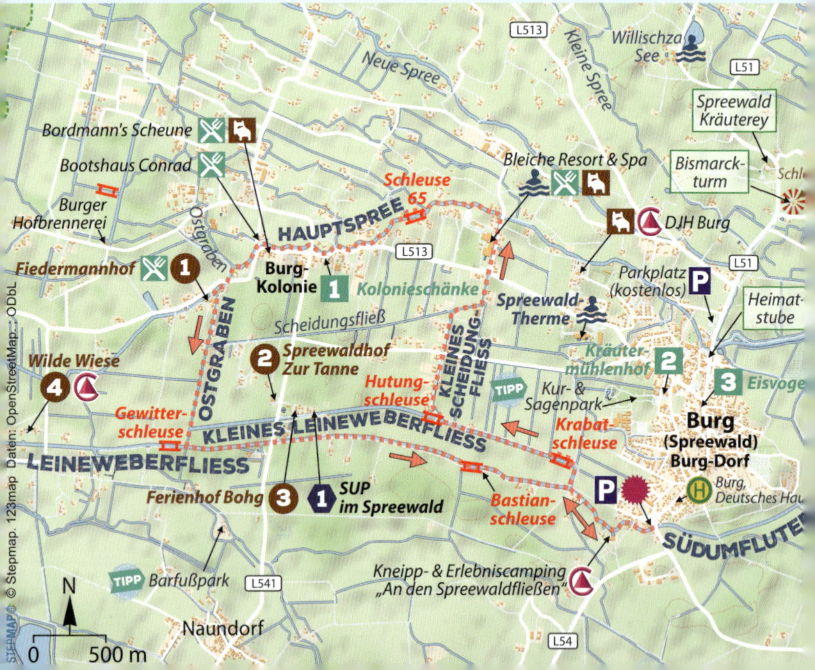

EINKEHR

1 BIO-HOTEL KOLONIESCHÄNKE

Gasthof & Biergarten, Hofladen
Ringchaussee 136
03096 Burg (Spreewald) OT Kolonie
Tel. (035603) 68 50
www.kolonieschaenke.de
saisonal wechselnde Öffnungszeiten

KLASSIKER Veganes Steckrübenragout mit Kreuzkümmel und Birne, mit Maronen gefüllte Kartoffelklöße und Grünkohlknusper

2 KRÄUTERMÜHLENHOF

Kurparkstr. 7 b-c
03096 Burg (Spreewald) OT Dorf
Tel. (35603) 614 42
www.kraeutermuehlenhof.de
Tgl. ab 12 Uhr

KLASSIKER Meerrettichschnitzel mit Kürbis-Kartoffelstampf

3 EISVOGEL - SPREEWÄLDER EIS-MANUFAKTUR

Hauptstr. 39, 03096 Burg OT Dorf
Tel. (035603) 75 91 02
www.eisvogel-burg.com
Tgl. 10-18 Uhr

KLASSIKER Eissorten wie Spreewaldgurke oder Quark mit Leinöl!

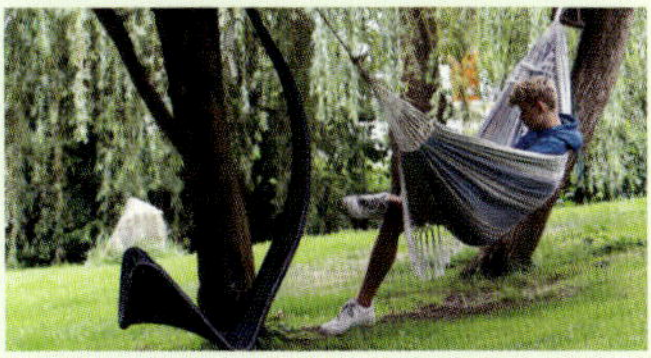

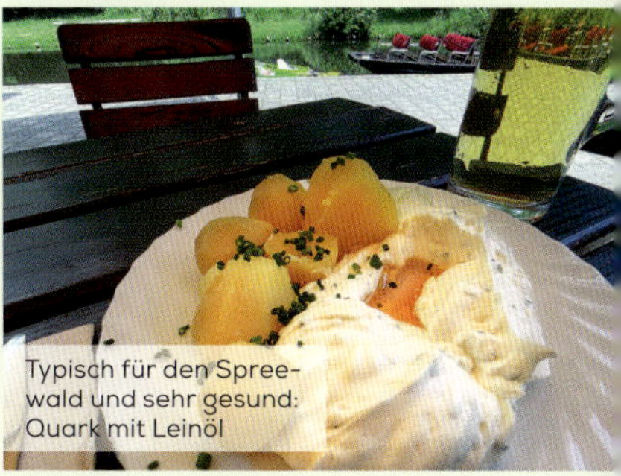

Typisch für den Spreewald und sehr gesund: Quark mit Leinöl

ÜBERNACHTUNG

1 FERIENHOF FIEDERMANNHOF

Erste Kolonie 13
03096 Burg (Spreewald) OT Kolonie
Tel. (035603) 759 60
www.fiedermannhof.de

2 SPREEWALDHOF ZUR TANNE

Mind. 2/4 Nächte, nahe SUP-Verm.
Naundorfer Str. 7
03096 Burg (Spreewald) OT Kolonie
Tel. (035603) 18 09 62
www.spreewaldhof.org

3 PENSION FERIENHOF BOHG

Mind. 2/4 Nächte, nahe SUP-Verm.
Naundorfer Str.14
03096 Burg (Spreewald) OT Kolonie
Tel. (035603) 840
www.spreewald-ferien.com

4 WILDE WIESE

Ein sehr sympathischer Zeltplatz
Erste Kolonie 42
03096 Burg (Spreewald) OT Kolonie
Tel. (035603) 75 65 15
www.wildewiese-spreewald.de

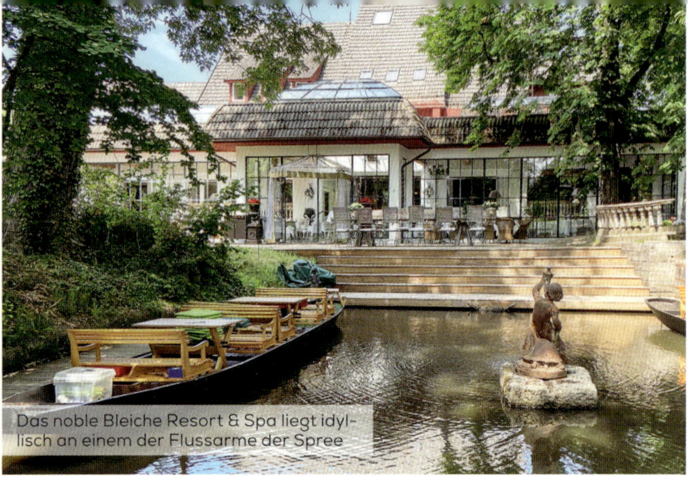

Das noble Bleiche Resort & Spa liegt idyllisch an einem der Flussarme der Spree

1 ZWISCHEN BURG-DORF UND BURG-KOLONIE

Die Spreewaldgemeinde **BURG** ist die größte Streusiedlung Deutschlands und bietet das vielleicht ursprünglichste Bild vom Spreewald. Die drei Ortsteile **BURG-DORF**, **BURG-KAUPER** und **BURG-KOLONIE** werden durch idyllische Fließe verbunden, auf denen wir durch dichten Wald, entlang von beweideten Wiesen und vorbei an lieblichen Streuobstwiesen, Heuschobern und reetgedeckten Blockbohlenhäusern paddeln. Nun ist es zwar nicht so, dass am kleinen **KAHNHAFEN** in **BURG-DORF** gar nichts los wäre, aber dennoch ist die Gegend längst nicht so überlaufen, wie der Hotspot Lehde.

Einen guten Startpunkt für eine ruhige SUP-Tour von **BURG-DORF** nach Burg-Kolonie finden wir keine 100 m vom Parkplatz *Am Leineweber* entfernt direkt neben der **STRASSENBRÜCKE** über den **SÜDUMFLUTER**. Eine kaum merkliche Strömung schiebt uns in westliche Richtung und wir passieren bald den freundlichen **KNEIPP- & ERLEBNISCAMPING „AN DEN SPREEWALDFLIESSEN“**. Direkt hinter der nächsten Straßenbrücke biegen wir nach rechts ab und paddeln unter der Fußgängerbrücke hindurch auf das **KLEINE LEINEWEBERFLIESS**. Nachdem die **KRABATSCHLEUSE** am rechten Ufer **UMTRAGEN** ist, erwartet uns das vergleichsweise breite, aber dennoch sehr grüne und idyllische **KLEINE LEINEWEBERFLIESS**. Unter der ein oder anderen Brücke hindurch geht es Richtung nächster Schleuse (Hutungschleuse), vor der wir aber rechts abbiegen auf das **KLEINE SCHEIDUNGSFLIESS**, dessen Ufer von gemütlichen Ferienhäusern gesäumt wird.

An der Kreuzung am Ende folgen wir dem **SCHEIDUNGSFLIESS** nach rechts und nachdem links das mondäne **BLEICHE RESORT & SPA** vorübergezogen ist, erreichen wir die **HAUPTSPREE**. Dieser folgen wir mit leichter Strömung nach links und **UMTRAGEN** die **SCHLEUSE 65** am rechten Ufer. Die *Liebesbrücke* markiert dann den Beginn eines Reigens an Einkehrmöglichkeiten. Hinter der nächsten Brücke lädt die **KOLONIESCHÄNKE** 1 mit einem idyllischen Gartenrestaurant unter alten Bäumen zur Rast ein. *Der romantische Vier-Seitenhof blickt auf eine jahrhundertelange Bewirtungstradition zurück. Es werden hauptsächlich regionale und biologisch erzeugte Zutaten verarbeitet und am Wochenende auch leckere Produkte im Hofladen verkauft.*

Wie der Name schon vermuten lässt, sind wir nun in **BURG-KOLONIE**. Hinter der nächsten Straßenbrücke folgt erst **BORDMANN'S SCHEUNE**, dann der Steg des **SCHAUHANDWERKSHOFS**. *Hier verkaufen Künstler und Handwerker in einem Stall-Wirtschaftsgebäude aus dem Jahre 1760 ihre Kreationen.* Vorbei am **BOOTSHAUS CONRAD**, wo mit einem Imbiss im Garten wieder eine Einkehr-Gelegenheit wartet, erreichen wir eine Gabelung, an der nach rechts das Stauen-Fließ in Richtung Burg-Kauper abzweigt. Wir aber paddeln noch ein Stückchen spreeabwärts und biegen dann vor dem **FIEDERMANNHOF** 1 nach links ab auf den **OSTGRABEN**.

Burg-Kolonie *ist ein Ansiedlungsprojekt des Preußenkönigs Friedrich des Großen, der Siedler aus Sachsen, Böhmen, Schlesien und Österreich in den Spreewald lockte, damit diese die sumpfigen Flächen nutzbar machten. Der* ***Fiedermannhof*** *wurde 1779 als eines der ersten Koloniegüter gegründet und wurde bis Ende des 20. Jahrhunderts ausschließlich landwirtschaftlich genutzt. Der spreewaldtypische Dreiseitenhof wurde 2002 als Hotel wieder eröffnet. Von der Geschichte zeugen noch die alte Scheune, eine Spreewaldtracht und historische Gerätschaften. Im Restaurant steht spreewaldtypische Küche nach traditionellen Rezepten auf der Speisekarte.*

Wir folgen dem schnurgeraden **OSTGRABEN** nach Süden, lassen das abzweigende Scheidungsfließ ebenso links liegen wie das Kleine Leineweberfließ, an dessen Ufer die SUP-Vermietung **STAND UP PADDLING** 1 von **MARTIN FIX** zu finden ist, und erreichen schließlich die Kreuzung mit dem Südumfluter.

Der Gewitterschleuse rechts kehren wir den Rücken und paddeln mit kaum wahrnehmbarer Gegenströmung auf dem **SÜDUMFLUTER** (auch **LEINEWEBERFLIESS**). Auch die **PORTAGE** an der **BASTIANSCHLEUSE** ist schnell erledigt. Wir nutzen den Rastplatz am Ufer für eine kurze Pause, bevor wir das letzte Stück in Angriff nehmen – vorbei am Abzweig Kleines Leineweberfließ sowie dem Camping zur **STRASSENBRÜCKE** über den **SÜDUMFLUTER**.

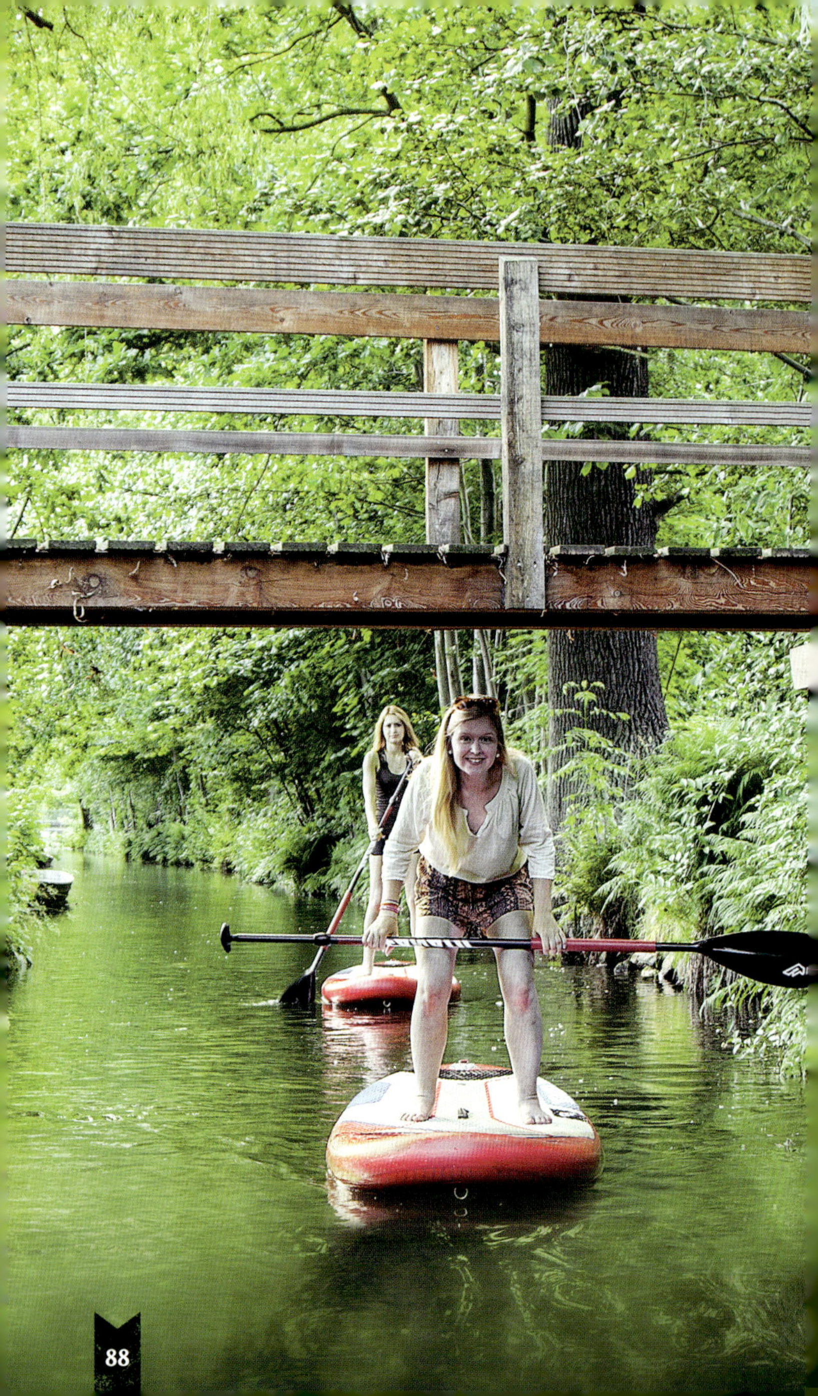

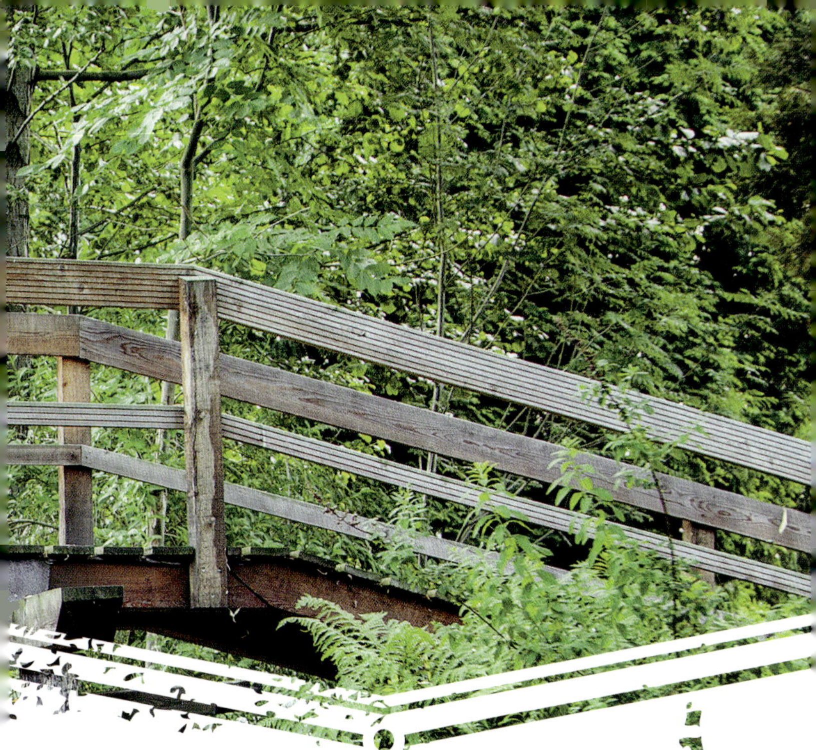

DURCH DAS HERZ DES SPREEWALDS

ANSPRUCH | EINKEHR

Auf dieser Tour in das folkloristische Herz des Spreewalds entdeckt man den mystischen Hochwald und bekommt wohl den eindrucksvollsten Blick in den Spreewald. Das hübsche Dorf Lehde zieht Besucher in Scharen an. Von diesem Bildbuchdorf geht es mit dem SUP zum Inseldorf Leipe und zurück zum kleinen Naturhafen im abgelegenen Boblitz.

WIND & WELLEN

Die Fließe sind durch den umliegenden Wald gut vor Wind geschützt.

BEFAHRUNGSHINWEISE

Die **Leiper Schleuse** ist einfach zu umtragen.

Je nach Tageszeit und Saison geht es auf den Lehder Fließen recht eng zu und man sollte immer ausreichend Abstand zu den zahlreichen Kähne halten, denn die **Kahnkapitäne haben immer Vorfahrt** (und nehmen sie sich im Zweifel auch!).

Für einige Lehder Fließe gilt zudem eine **Einbahnstraßen-Regelung,** andere sind komplett gesperrt. Die Regelungen gelten auch für Stand up-Paddler, daher ist den vor Ort aufgestellten Schildern unbedingt Beachtung zu schenken.

ANFAHRT MIT DEM PKW

A15 bis zur Ausfahrt 2 (Boblitz) – erste Ausfahrt nach dem Spreewalddreieck von A13/A15 in Richtung Cottbus). Weiter auf der Landesstraße L55 in Richtung Lübbenau/Boblitz. Nach gut einem Kilometer an der Kreuzung mit der Landesstraße 49 rechts ab in Richtung Cottbus. Nach rund 700 m, noch vor dem Ortsausgangsschild, links in die Boblitzer Lindenstraße einbiegen und gleich darauf an der nächsten Kreuzung rechts auf die Boblitzer Spreestraße.

PARKEN

Direkt vor dem kleinen Boblitzer Naturhafen teilt sich die Boblitzer Spreestraße auf und rund um den schmalen Platz zwischen den beiden Fahrbahnen stehen ausreichend Parkmöglichkeiten zur Verfügung *(GPS: 51.83986, 13.98557).*

AN - & ABREISE MIT ÖPNV

Mit einer Fahrtzeit von gut 1 h erreicht man den *Bf Lübbenau* ab *Berlin Hbf* mit dem RE 2 (Richtung Cottbus) oder ab *Berlin-Ostkreuz* mit der RB 24. Von dort fahren die Buslinien 604 oder 607 in fünf bis zehn Minuten nach *Boblitz*. Von der dortigen Haltestelle *Boblitz, L49* sind es noch 5 Min. Fußweg zum Naturhafen.

BADEN

» Das nahegelegene **Spreewelten Bad Lübbenau** lockt mit großem Sauna- & Wellnessbereich und bietet die Möglichkeit, getrennt durch eine Glasscheibe, mit Pinguinen zu schwimmen (*Alte Huttung 13, 03222 Lübbenau, Tel. (03542) 89 41 60, www.spreewelten.de*).

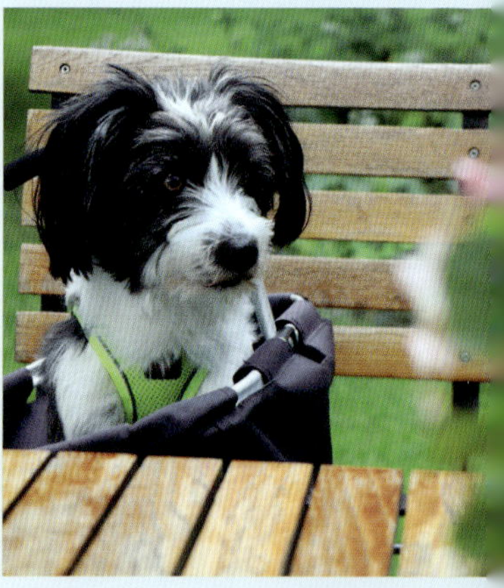

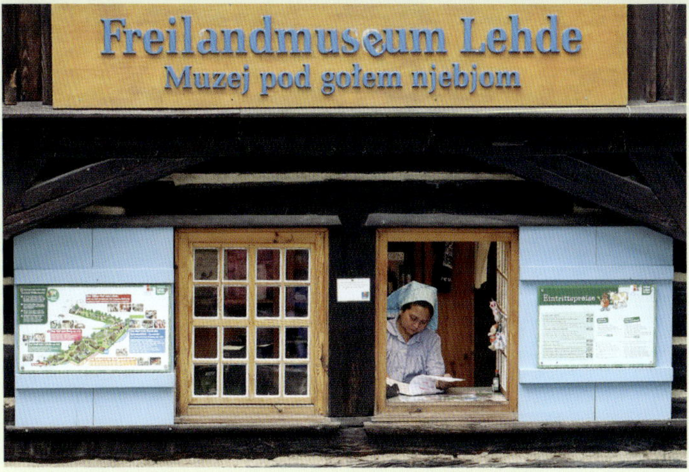

SEHENSWERTES

» Das **Freilandmuseum Lehde** umfasst drei traditionelle, altwendische Bauernhöfe in Blockbauweise aus den einzelnen Regionen des Spreewalds. Neben verschiedenen Trachten dokumentieren unterschiedliche Exponate, wie die Menschen im Spreewald in der Vergangenheit gewohnt, gelebt und gearbeitet haben. *www.museums-entdecker.de >Freilandmuseum Lehde*

» Gegenüber der Einmündung des Suez-Kanals ist im ältesten Gebäude **Lehdes** das **Bauernhaus- und Gurkenmuseum** untergebracht. Es vermittelt alles Wissenswerte über Gurkenanbau und -verarbeitung im Spreewald und natürlich lassen sich auch verschiedene Spreewälder Gurkensorten probieren.

» Die aufwändig und nahezu originalgetreu rekonstruierte **Slawenburg Raddusch** verschafft ein anschauliches Bild, wie die Menschen vor über 1.000 Jahren in der Niederlausitz gelebt haben. Zudem informiert eine moderne Ausstellung über etwa 12.000 Jahre Siedlungsgeschichte in der Region *(Apr-Okt tgl. 10-18, Nov-Mär tgl. 10-16 (Fr Ruhetag), Zur Slawenburg 1, 03226 Vetschau/Spreewald OT Raddusch, www.slawenburg-raddusch.de).*

TIPP EXTRA-TIPPS

» Der schöne **Spazierweg von Lehde nach Leipe** (ca. 6,5 km) ist Teil des Europawanderwegs E10 und bietet eine gute Möglichkeit, um die Region auch von Land aus kennenzulernen.

» In **Boblitz** ist die Firma **SpreewaldRabe** ansässig, die unter anderem auch **Spreewälder Gurken** verarbeitet. Im **Hofladen „Zur Kräuterhexe“** erhält man eine fachkundige Beratung zum umfangreichen Produktsortiment und kann die Köstlichkeiten natürlich auch gleich vor Ort probieren. Nach Voranmeldung sind Betriebsführungen möglich. *www.rabe-markt.com*

TOUREN

1 LEHDE-LEIPE

Diese ausgedehnte, abwechslungsreiche Runde führt vom ruhigen Boblitz in das touristische Herz des Spreewalds. Außerhalb der geschäftigen Spreewalddörfer Lehde und Leipe gibt es aber auch schöne, ruhige Abschnitte.

| **LÄNGE** 12,5 km | **DAUER** 5-6 h

EIN- & AUSSTIEG

Der Holzsteg im kleinen Naturhafen am Ende des Boblitzer Dorfgraben ermöglicht einen unkomplizierten Tourenstart *(GPS: 51.83996, 13.98602).*

SUP-VERMIETUNG

1 SPREEWALD KANUS
Schloßbezirk 20
03222 Lübbenau
Tel. 0176-877 912 18
www.spreewald-kanus.de

1 SUP IM SPREEWALD
Martin Fix, Naundorfer Str. 17
03096 Burg (Spreewald) OT Kolonie
Tel. (035603) 838 & 0172-370 80 75
www.sup-spree.de

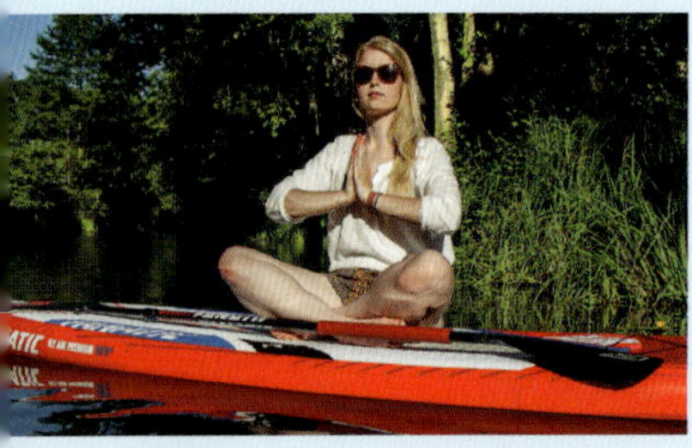

EINKEHR

1 GASTHAUS BLUDNIK

An der Giglitza 4a
03222 Lübbenau OT Lehde
Tel. (03542) 887 92 36
www.bludnik.de
Apr-Okt tgl. 11-17 Uhr

KLASSIKER
Original Lehdsche Hefeplinsen

2 BRENNERS BAUERNSCHÄNKE

Dorfstr. 3
03222 Lübbenau OT Lehde
Tel. (03542) 879 45 68
www.brenners-bauernschaenke.de
Tgl. 11.30-20, So -16 Uhr, Do Ruhetag

KLASSIKER Spreewald-Tapas oder Gebackener Wels auf Gurkensalat

3 QUARKKEULCHEN

Imbiss mit Biergarten
Dorfstr. 8
03222 Lübbenau OT Lehde
Tel. (03542) 40 40 66
Tgl. 9-18 Uhr, Di Ruhetag

KLASSIKER Frische, warme, saftige Quarkkeulchen – lecker

ÜBERNACHTUNG

1 PENSION SPREEWALDHOF LEIPE
Auch Wohnmobilstellplatz
Leiper Dorfstr. 2
03222 Lübbenau OT Leipe
Tel. (03542) 28 05
www.spreewaldhof-leipe.de

1 RUNDTOUR DURCH ZWEI TYPISCHE SPREEWALDDÖRFER

Wenn Lübben und Lübbenau die „Tore zum Spreewald“ sind, könnte man das beschauliche **BOBLITZ** gut als „Türchen zum Spreewald“ bezeichnen. Auch wenn der heutige Ortsteil keine fünf Kilometer südöstlich vom Großen Spreewaldhafen in Lübbenau entfernt liegt, könnte der Kontrast kaum größer sein.

Abgesehen von ein paar Fahrradfahrern verschlägt es kaum Touristen in das verschlafene Dörflein. Die örtlichen Kahnkapitäne haben das Business längst nach Lübbenau verlagert und so sind wir ganz allein auf weiter Flur, als wir auf dem schmalen Dorfplatz, um den herum sich ausreichend Parkmöglichkeiten finden, die SUPs aufpumpen.

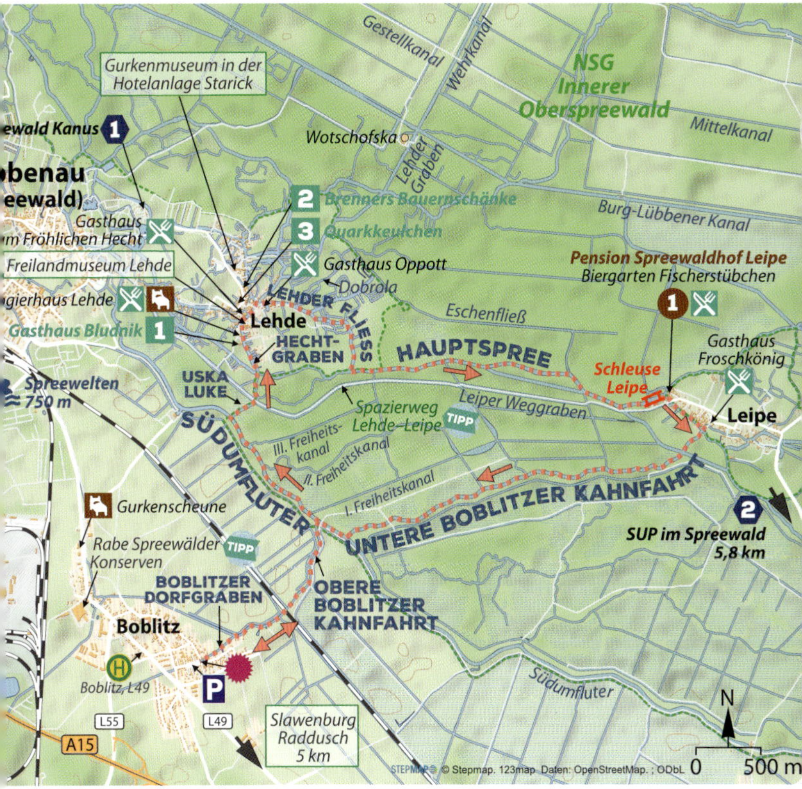

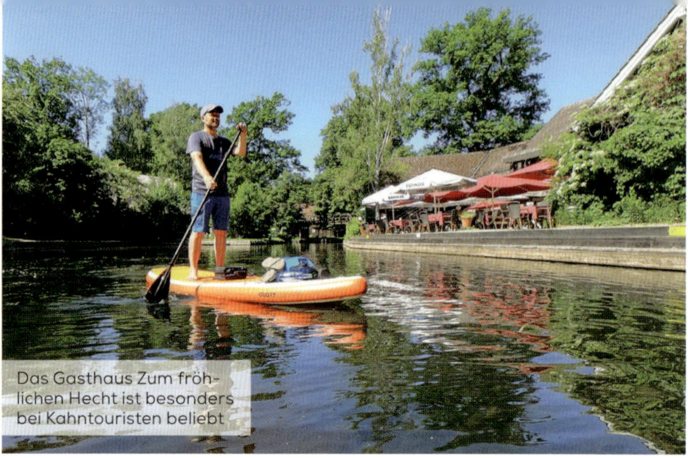

Das Gasthaus Zum fröhlichen Hecht ist besonders bei Kahntouristen beliebt

Direkt nebenan bietet der Steg am Ende des **BOBLITZER DORFGRABENS** einen einfachen **EINSTIEG**. Die ersten Paddelschläge auf dem praktisch strömungslosen Stichkanal führen uns vorbei an einigen Hinterhöfen und Vorgärten und schnell werden die Ufer grüner. Wir treffen auf die **OBERE BOBLITZER KAHNFAHRT**, deren Ufer mit Pfählen befestigt sind. Sie bringt uns weiter in nordöstliche Richtung und nachdem wir die Brücke der Bahnlinie hinter uns gelassen haben, wird der breite **SÜDUMFLUTER** erreicht. Hier drehen wir die Boardspitzen nach links in Richtung Lübbenau. Die Ufer sind grün und ganz gemächlich und praktisch ohne Strömung paddeln wir vorbei an den Einfahrten vom I., II. und III.-Freiheitskanal.

Erst am Abzweig der **USKA LUKE** lenken wir die Boards nach rechts und paddeln gen Norden auf **LEHDE** zu. Nachdem die Hauptspree überquert ist, setzen wir die Tour auf dem **HECHTGRABEN** fort und das Lehde-Ortschild am Ufer signalisiert, dass wird nun das mit Abstand bekannteste und beliebteste Spreewalddorf erreicht haben. Dementsprechend kann es je nach Tageszeit und Wochentag auf den folgenden Metern auf dem Wasser mehr oder weniger trubelig zugehen.

Zunächst passieren wir das **GASTHAUS BLUDNIK** 1 und anschließend das **LOGIERHAUS LEHDE**, bis wir das sehenswerte **FREILANDMUSEUM LEHDE** im touristischen Zentrum des Dorfes erreichen. Nach rechts geht es nun auf den **LEHDER GRABEN**, gegenüber liegt das bei den Kähnen besonders beliebte **GASTHAUS ZUM FRÖHLICHEN HECHT**, das allerdings auf Touristenscharen eingestellt ist. Wir folgen dem **LEHDER GRABEN** in Richtung Leipe und biegen hinter dem Bootshaus der Freiwilligen Feuerwehr mit dem Feuerlöschkahn nach rechts ab. Das **LEHDER FLIESS** (auch **QUODDA** genannt) bringt uns am **GASTHAUS OPPOT** vorbei und mit jedem Paddelschlag wird es ruhiger auf dem Wasser.

Wir lassen erst die für die Befahrung gesperrte Dobrola und ein Stückchen weiter die Moorige Tschummi links liegen und erreichen etwa 600 Meter weiter die **HAUPTSPREE**. Hier wenden wir uns nach links und folgen dem breiten Wasserlauf, die links und rechts abzweigenden Fließe ignorierend, für etwa 2,7 Kilometer. Die kaum vorhandene Gegenströmung bereitet keinerlei Probleme. Auch die **UMTRAGUNG** der **LEIPER SCHLEUSE** am rechten Ufer ist schnell bewältigt. Direkt hinter der Schleuse, wir folgen der **HAUPTSPREE** nach rechts, liegt die Leiper Insel mit dem hübschen Inseldorf. Gleich zu Beginn lädt der Biergarten des **SPREEWALDHOF LEIPE** zur gemütlichen Einkehr.

An der nächsten Kreuzung führt linker Hand ein kleines Fließ zum beliebten **GASTHAUS FROSCHKÖNIG**. Auf der großen Wiese am rechten Ufer kann an einem sonnigen Tag in der Hochsaison der Platz für die Ablage von Kanus schon einmal knapp werden, für SUP-Boards findet man aber immer eine Lücke.

Gut gestärkt gehen wir den Rückweg nach Boblitz an. Dafür paddeln wir die paar Paddelschläge zurück zur Hauptspree, überqueren diese und folgen der äußerst idyllischen **UNTEREN BOBLITZER KAHNFAHRT** nach Südwesten. Das Fließ zeigt sich genau in der richtigen Breite, ist weder zu schmal noch zu breit und die leichten Windungen lassen keine Langeweile aufkommen. Dazu noch eine minimale Unterstützung durch die ganz, ganz seichte Strömung – fertig ist das Paddel-Kleinod.

Am Ende erreichen wir den recht breiten **SÜDUMFLUTER**, dessen Bekanntschaft wir bereits am Beginn der Tour gemacht haben. Wir steuern die SUPs für ein paar Meter nach rechts, biegen aber gleich hinter der Brücke nach links auf die **OBERE BOBLITZER KAHNFAHRT** ab – zurück nach **BOBLITZ**.

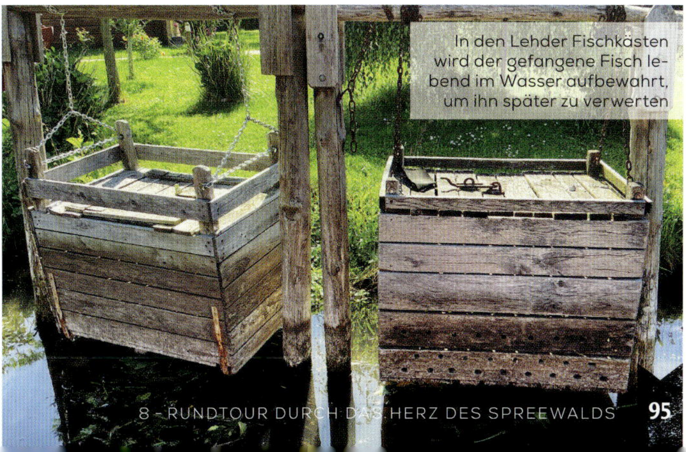

In den Lehder Fischkästen wird der gefangene Fisch lebend im Wasser aufbewahrt, um ihn später zu verwerten

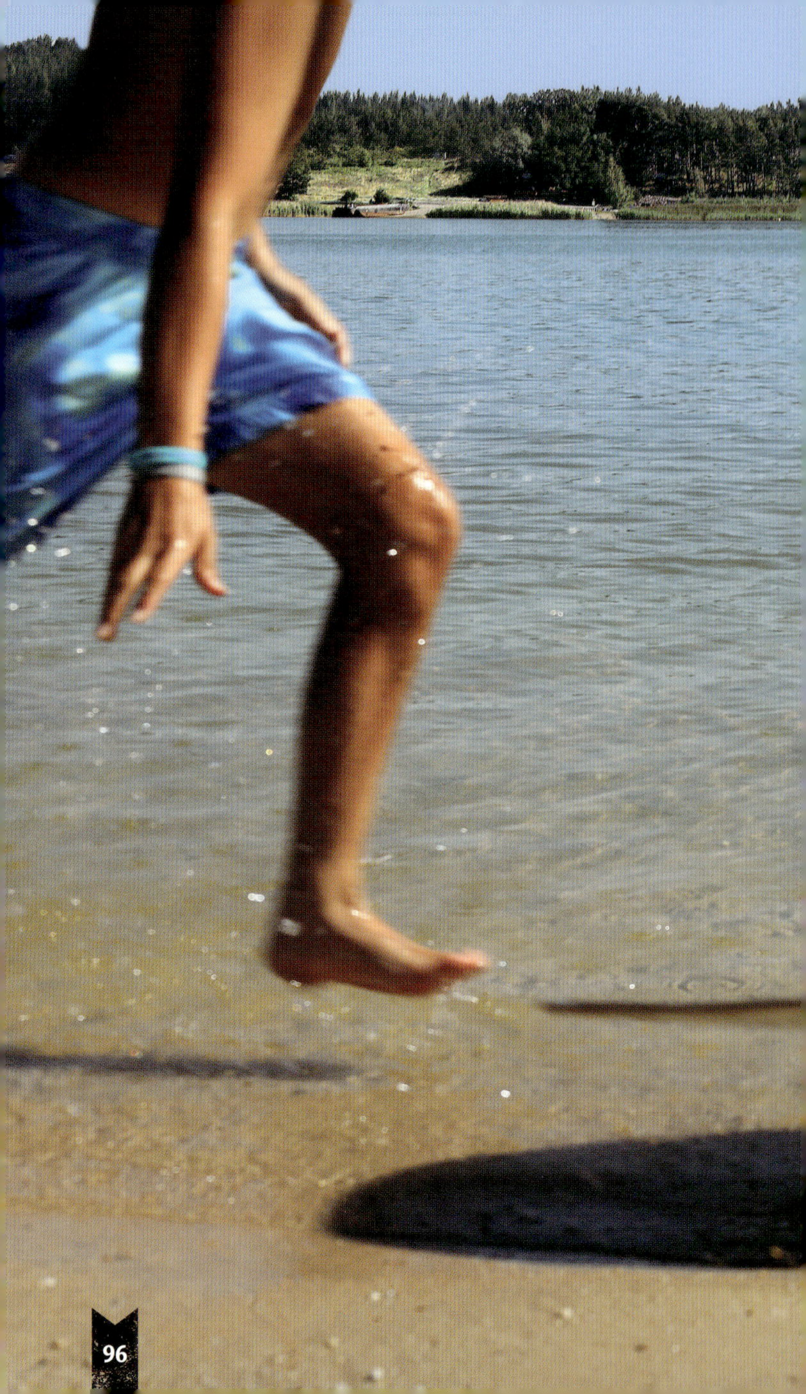

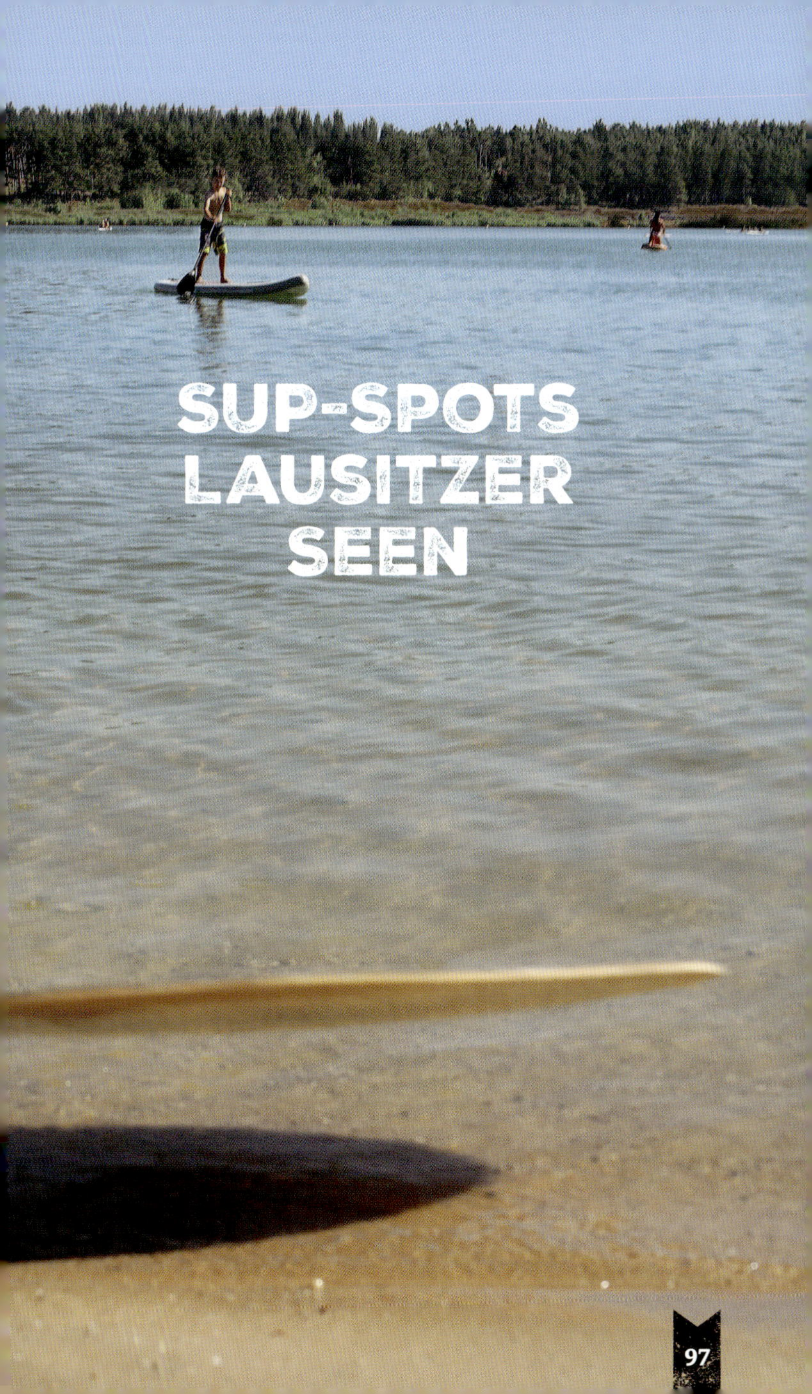

SUP-SPOTS LAUSITZER SEEN

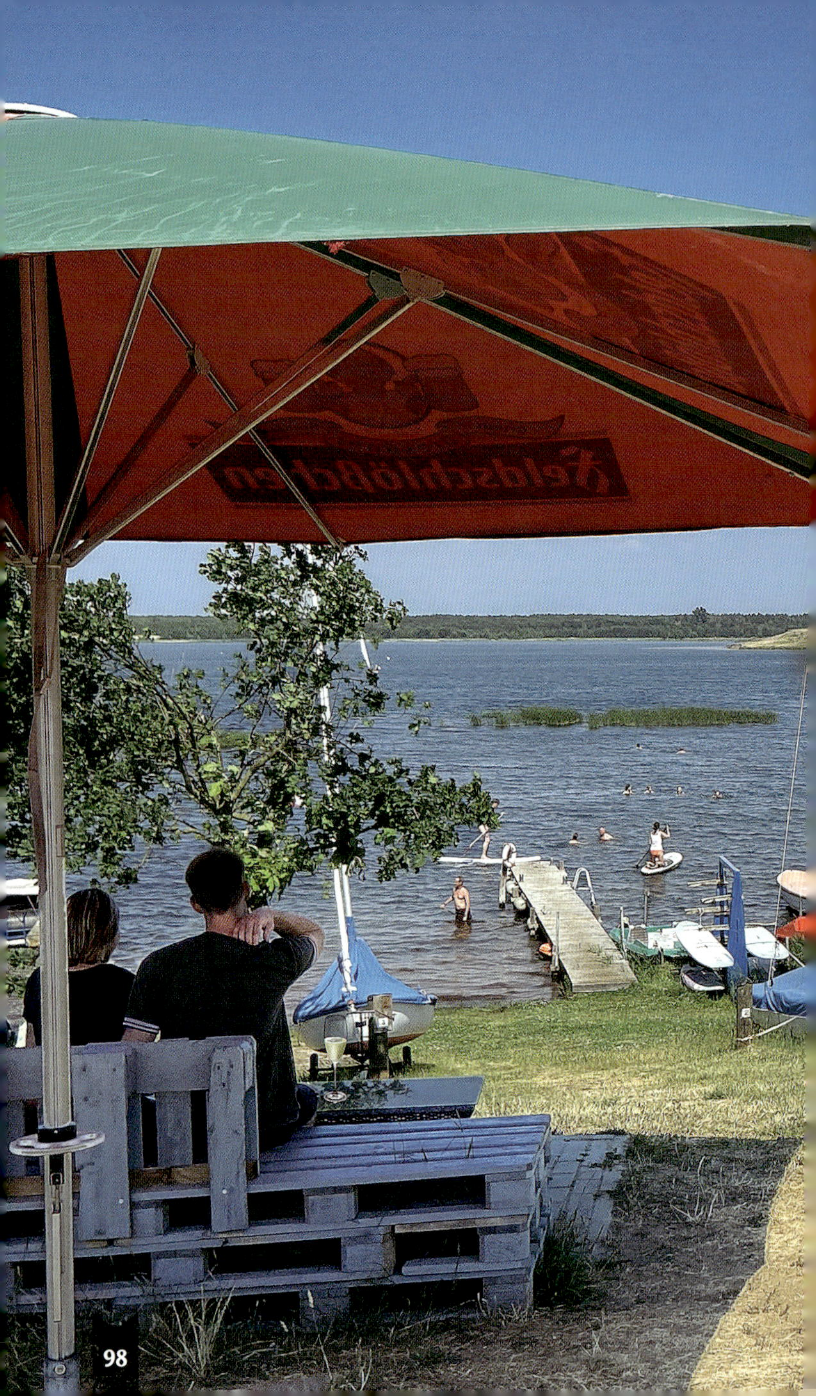

GRÄBENDORFER SEE

ANSPRUCH | EINKEHR

DAS WESTUFER DES GRÄBENDORFER SEES ENTDECKEN

| **LÄNGE** 7 km | **DAUER** 2-3 h | **EIN- & AUSSTIEGE** Badestelle am Campingplatz in Reddern oder Badestelle Laasow *(Navi: Am IBA Steg 1, 03226 Vetschau/Spreewald OT Laasow)* oder Badestelle Wüstenhain *(GPS: 51.713077, 14.110632).*

Kompakt TOUR

Der mit Spreewasser geflutete 457 Hektar große See gilt als Musterbeispiel für eine gelungene Bergbaufolgelandschaft. Im Sommer lädt der motorbootfreie See mit schönen Stränden und klarem Wasser zum Baden und Erholen ein. In den vielen natürlichen Buchten können wir, die Füße im weichen Sand, entspannte Stunden genießen oder mit dem Rad auf dem neun Kilometer langen asphaltierten Seerundweg unterwegs sein. Taucher finden sogar einen Unterwasser-Wald, beindruckende, vom Bergbau freigelegte Findlinge und ein Segelboot-Wrack.

Nachdem wir in **REDDERN** die Boards auf der Liegewiese am **CAMPINGPLATZ** aufgepumpt haben, steuern wir durch den schmalen Gürtel vorgelagerter Schilfinseln Richtung Südosten. Das flache Eiland am Ostufer ist bedeutendes **VOGELSCHUTZGEBIET** und Heimat seltener Vogelarten. In gebührendem Abstand zu den Sperrtonnen paddeln wir vor der Insel entlang und finden bei **CASEL** eine kleine **BADEBUCHT**. Ein kurzer Spaziergang bringt uns zum **UMWELT- UND BEGEGNUNGSZENTRUM „GRÄBENDORFER GARTEN"**, wo wir von der Dachterrasse per Fernrohr einen Blick auf die Insel werfen und den dort lebenden Ziegen zusehen, wie sie die Insel baum- und strauchfrei halten. Zurück auf dem Wasser wenden wir uns nun in nordwestliche Richtung und paddeln je nach Windrichtung entweder dicht am Ufer oder quer über den See entlang der gelben Tonnen nach **LAASOW** im Nordosten des Sees. Hier können wir direkt neben dem Steg mit den schwimmenden Ferienhäusern am Strand anladen und uns in der **BEACHBAR** für den Rückweg stärken.

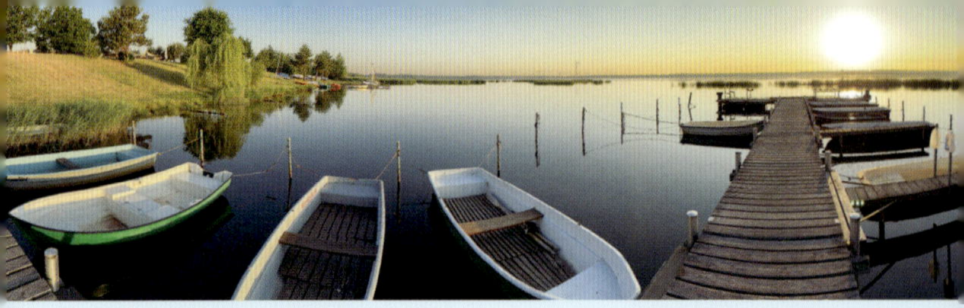

WIND & WELLEN

Der Gräbendorfer See liegt recht geschützt und ist daher nicht besonders windanfällig. Trotzdem sollte man ein Auge auf den Wetterbericht werfen, um keine bösen Überraschungen zu erleben.

BEFAHRUNGSREGELN

Die **wassertouristische Nutzung** des Gräbendorfer Sees ist **nur vom 01.04. bis 31.10. gestattet.**

Die **Insel am östlichen Ufer** ist Teil einer ca. 170 Hektar großen Fläche des Europäischen **Vogelschutzgebietes „Lausitzer Bergbaufolgelandschaft“.** Sie darf **ganzjährig nicht betreten werden.** Tonnen beachten.

ANFAHRT MIT DEM PKW

Auf der A15 die Abfahrt 3 (Vetschau) nehmen und auf der L49 parallel zur Autobahn weiter in Richtung Burg/Cottbus bis Eichow. An der Kreuzung mitten im Ort rechts ab Richtung Ogrosen/Briesen. Immer dem Straßenverlauf folgend, erreicht man Laasow am Nordwestufer des Gräbendorfer Sees. Gut 1 km hinter dem Ortsausgangsschild an der Einmündung links ab und der Ausschilderung zum Campingplatz folgen.

PARKEN

An der Badestelle in Reddern *(Navi: Inselblick)* stehen, wie an allen weiteren Badestellen rund um den See, ausreichend Parkplätze bereit.

ANREISE MIT ÖPNV

Mit dem RE2 von *Berlin Alexanderplatz* in 1:10 h nach *Vetschau/Spreewald.* Von dort verkehrt die Buslinie 609 in einer Fahrtzeit von 0:25 h nach *Laasow*. Von der Haltestelle *Laasow, Gasthaus* sind es dann noch etwa 900 m Fußweg bis zur SUP-Vermietung an der Badestelle.

BADEN

» Unbewachte **Badestellen** an den Uferbereichen in **Reedern, Casel, Laasow** und **Wüstenhain.**

SUP-VERMIETUNG

❶ CAMPINGPLATZ GRÄBENDORFER SEE

Inselblick 1
03229 Altdöbern OT Reddern
Tel. 0160-95 62 02 89
www.camping-graebendorfersee.de

❷ TAUCHBASIS FLOSSENFREUNDE LAASOW

Am IBA-Steg 1
03226 Vetschau OT Laasow
Tel. 01522-972 97 80
www.tauchen-graebendorfer-see.de

EXTRA-TIPPS

» Die **Flossenfreunde Laasow** betreiben neben der **SUP- und Kajakvermietung** auch eine Tauchbasis mit **Tauchschule** am **Gräbendorfer See.** Auch **Schnuppertauchkurse** für Anfänger sind im Angebot. *Mai-Sep Mo-Fr nach Anmeldung, Sa+So+Fei 10-18 Uhr, www.tauchen-graebendorfer-see.de*

» Mit einem Flyer der Tourist-Info gelangt man in **Calau** auf dem **Witze-Rundweg** an 25 prägnante Plätze der Innenstadt, wo Tafeln mit Infos zur Stadtgeschichte und echten "Kalauern" gespickt sind (auch online unter *www.calau.de >Tourismus >Calauer Witzerundweg*).

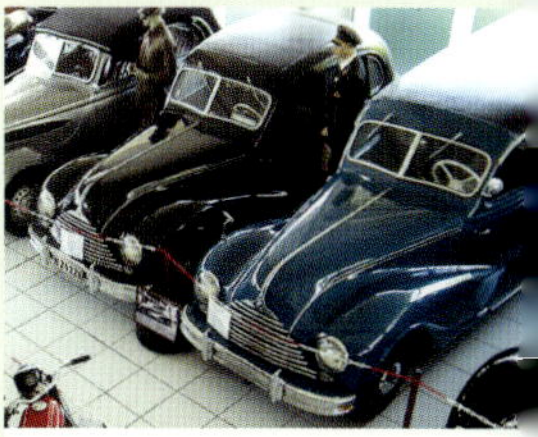

Mobile Welt des Ostens

» Neben vielen historischen Gebäuden der Stadt **Calau** sind sicher das **Heimatmuseum** und das **Museum Mobile Welt des Ostens** mit mehr als 150 historischen Fahrzeugen sehenswert. *www.calau.de*

» Die **Calauer Schweiz** ist Ziel für Genusswanderer & Radler. Hier kann man durch stille Kiefernwälder streifen, einen Panoramablick vom **Luckaitztaler Ziegelturm** über die Lausitz genießen und in düstere Täler eintauchen. *www.calau.de >Tourismus >Rad- und Wanderwege.*

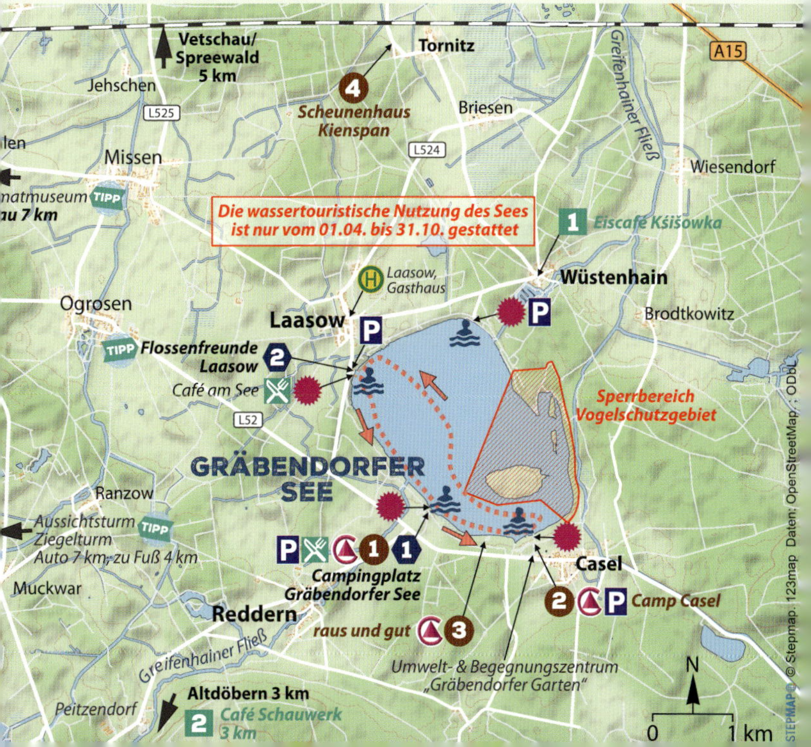

EINKEHR

1 EISCAFÉ KŚIŠOWKA
auch Pension & Ferienhof
Wüstenhainer Hauptstr. 7a
03226 Vetschau OT Wüstenhain
Tel. (035604) 64 64 20
www.ferieninwuestenhain.de
Mo 14-18, Mi-So 11-18 Uhr

KLASSIKER
Eindeutig das Softeis!

2 CAFÉ SCHAUWERK
Markt 2
03229 Altdöbern
Tel. (035434) 66 59 60
www.cafe-schauwerk.de
Di-Sa 6-18, So 7-18 Uhr

KLASSIKER
Die Torten sind ein Gedicht

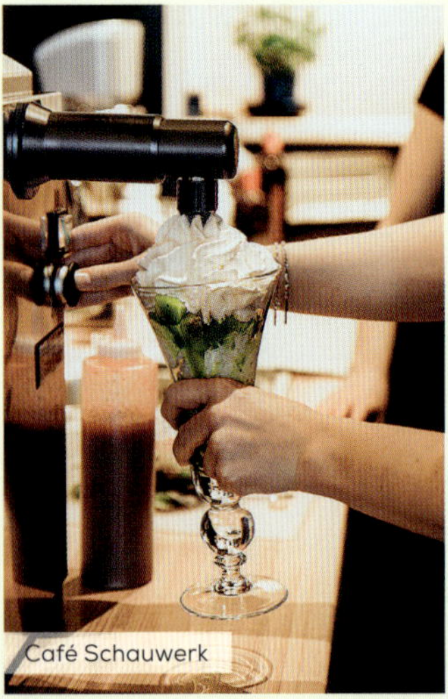
Café Schauwerk

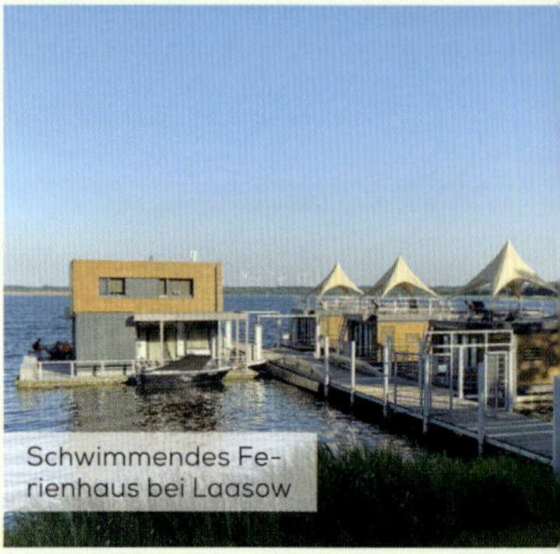
Schwimmendes Ferienhaus bei Laasow

ÜBERNACHTUNG

1 CAMPING GRÄBENDORFER SEE
Inselblick 1
03229 Altdöbern OT Reddern
Tel. 0160-95 62 02 89
www.camping-graebendorfersee.de

2 CAMP CASEL
Caravan-Stellplatz und Mobilheime
Am See 2/Calauer Straße
03116 Drebkau OT Casel
Tel. 0171-282 07 35
www.camp-casel.de

3 RAUS UND GUT
Glampingzelte und Lodges
Am See 4, 03116 Drebkau OT Casel
Tel. (040) 607 74 49 44
www.raus.travel

4 SCHEUNENHAUS KIENSPAN
Tornitzer Lindenstraße 26
03226 Vetschau OT Tornitz
Tel. (035436) 42 40
www.scheunenhaus-kienspan.de

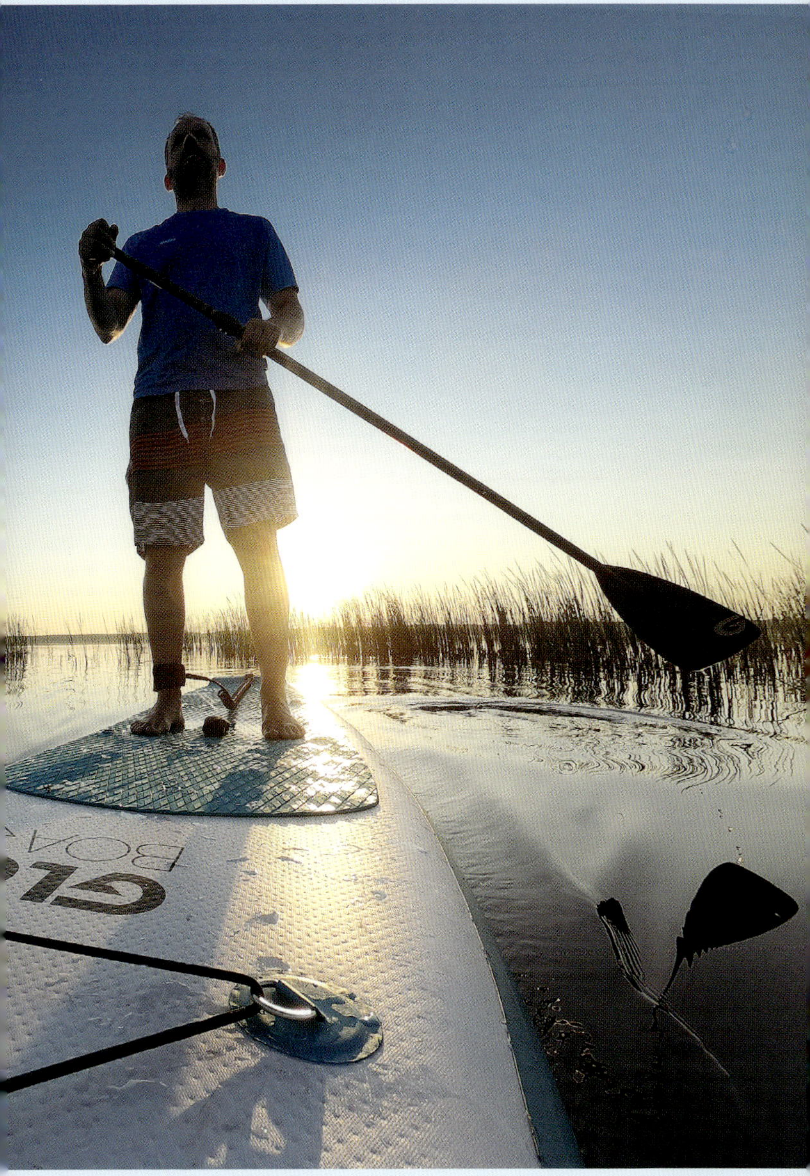

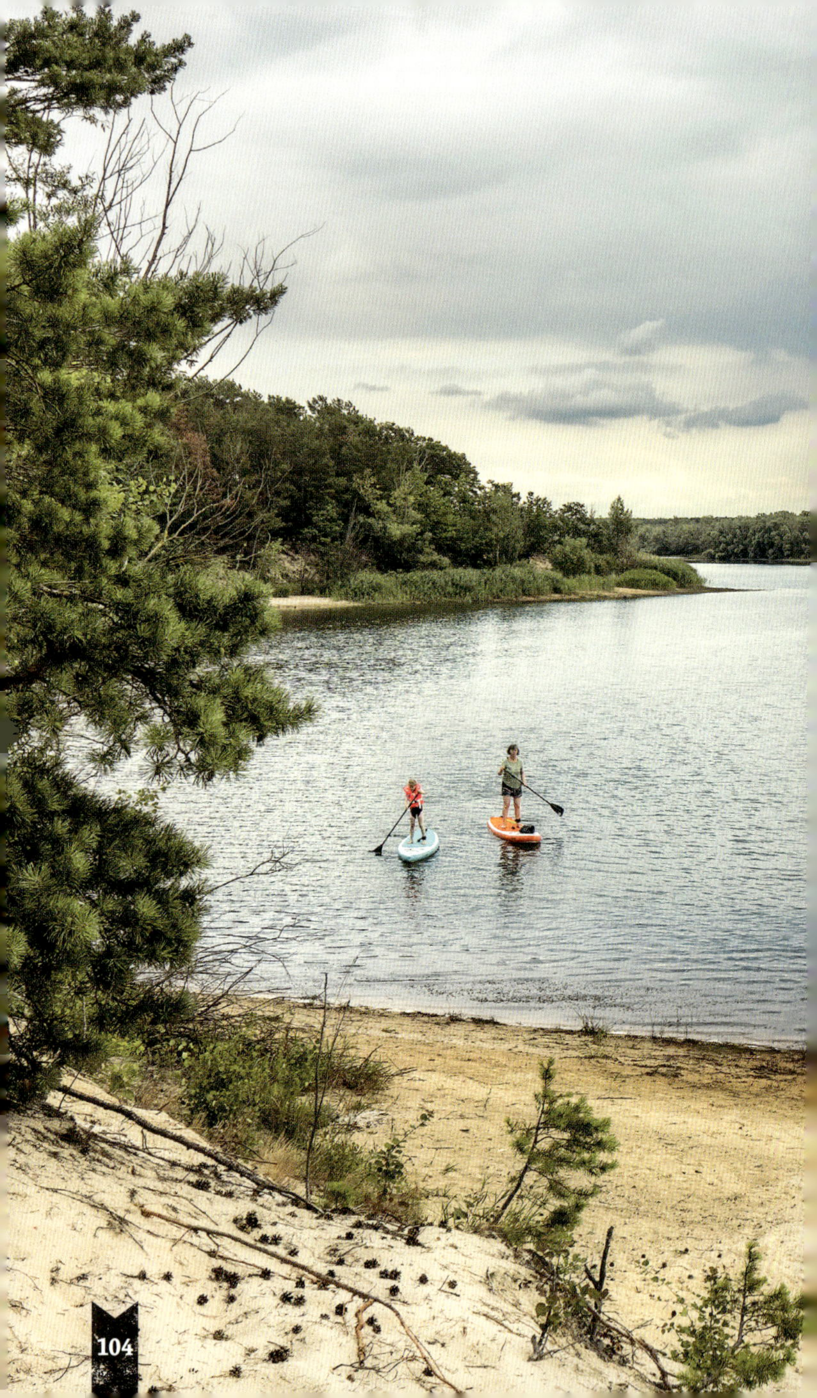

TALSPERRE SPREMBERG

ANSPRUCH	EINKEHR
1–2	🍺

ROUTE 1: KLEINE RUNDE ENTLANG DER STAUMAUER

| **LÄNGE** 5,5 km | **DAUER** 2-3 h | **EIN- & AUSSTIEG** Badestrand Klein Döbbern

Auf der kurzweiligen Nordschleife lernt man die mächtige, weiße Staumauer auf ihrer gesamten Länge kennen.

ROUTE 2: AUSFLUG IN DEN SÜDEN

| **LÄNGE** 9,5 km | **DAUER** 3-5 h | **EIN- & AUSSTIEG** Badestrand Bagenz

Die Tour in den südlichen Abschnitt der Talsperre Spremberg begeistert mit zahlreichen kleinen Inseln und ruhigen Buchten.

Kompakt TOUR

Die Talsperre südlich von Cottbus ist nicht wie die anderen Lausitzer Seen aus einer gefluteten Braunkohlegrube hervorgegangen. Die Spree wurde 1958 bis 1965 zwischen Spremberg und Cottbus mit Hilfe einer über 2 km langen Staumauer aufgestaut. Sie ist die einzige ihrer Art in Brandenburg und zählt mit einem Fassungsvermögen von fast 43 Millionen Kubikmetern zu den größten Talsperren Deutschlands und wird durch zahlreiche Buchten und einige Inseln untergliedert.

Heute ist die wasserreiche Landschaft inmitten der Kiefernwälder Heimat zahlreicher Vogelarten, darunter Fischadler und Schwarzstorch. Auch bei Erholungssuchenden ist die Gegend um den 5 km langen und bis zu 2 km breiten Stausee sehr beliebt. In den Dörfern **BAGENZ** am Ostufer sowie **KLEIN DÖBBERN** am Westufer, bieten die schönen **BADESTRÄNDE** willkommene Gelegenheiten zur Abkühlung und gute Einsetzstellen, um mit dem SUP in See zu stechen. Wem es hier gefällt, der findet auf beiden Seeseiten auch idyllische **CAMPINGMÖGLICHKEITEN** 1 2 und zahlreiche Radwege laden zu Entdeckungstouren an Land ein. Besonders beliebt ist der gut ausgebaute Rad- & Wanderweg um den See, der sich immer dicht ans Ufer hält und sogar mit Inlineskates gut zu befahren ist.

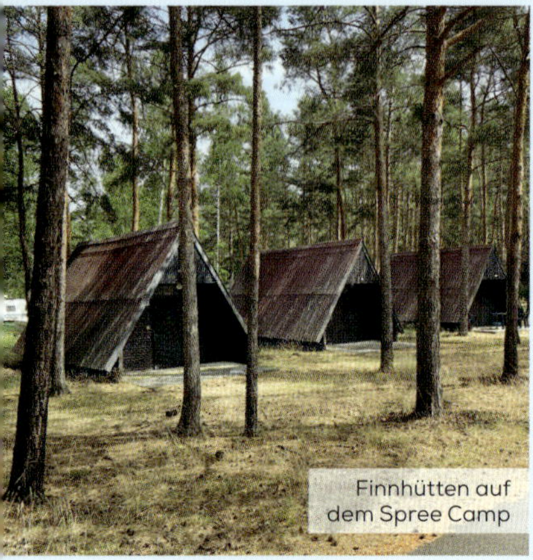

Finnhütten auf dem Spree Camp

WIND & WELLEN

Durch die stark bewaldeten Ufer ist die Wasserfläche der Talsperre Spremberg gut gegen Winde aus westlicher und südlicher Richtung abgeschirmt. Größerer Wellengang entsteht lediglich, wenn der Wind direkt aus Nord oder Süd weht.

BEFAHRUNGSREGELN

Die **wassertouristische Nutzung** der Talsperre Spremberg **ist nur vom 01.04. bis 15.10. gestattet.**

ANFAHRT MIT DEM PKW

Autobahn A15 bis Ausfahrt 5 (Cottbus-Süd) und weiter auf der Bundestraße B97 Richtung Spremberg.

In Groß Oßnig zweigt eine Straße links nach Neuhausen ab, über die man **Bagenz** am Ostufer erreicht.

Nach **Klein Döbbern** weiter auf der B97 und etwa 3 km hinter Groß Oßnig links ab und der Beschilderung zum Campingplatz folgen.

PARKEN

Route 1 – Großer Parkplatz am Badestrand Klein Döbbern – im Sommer kostenpfl. *(GPS: 51.647331, 14.381971).*

Route 2 – Großer kostenpfl. Parkpl. am Badestrand Bagenz *(Navi: Stauseestr. 3, 03058 Neuhausen/Spree).*

AN- & ABREISE MIT ÖPNV

Der stündlich verkehrende RB65 (Zittau–Cottbus) hält in *Bagenz*. Vom Bahnhof sind es noch 2 km Fußweg zum Badestrand beim Spree Camp.

BADEN

» Je ein großer **Sandstrand** (auch FKK-Bereiche und Hundestrände) finden sich sowohl am **Ostufer in Bagenz** wie auch am **Westufer in Klein Döbbern.**

Das Baden erfolgt auf eigene Gefahr, eine Badeaufsicht gibt es nicht.

SUP-VERMIETUNG

1 SUP COTTBUS / SUP.EXPERIENCE
am Spree Camp Bagenz
Mo-Fr 16-20, Sa+So 11-20 Uhr (wetterabhängig), Tel. 01590-148 70 06
www.sup-cottbus.de

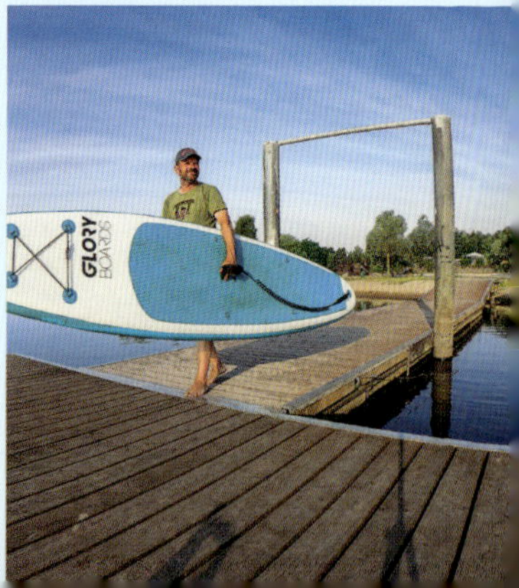

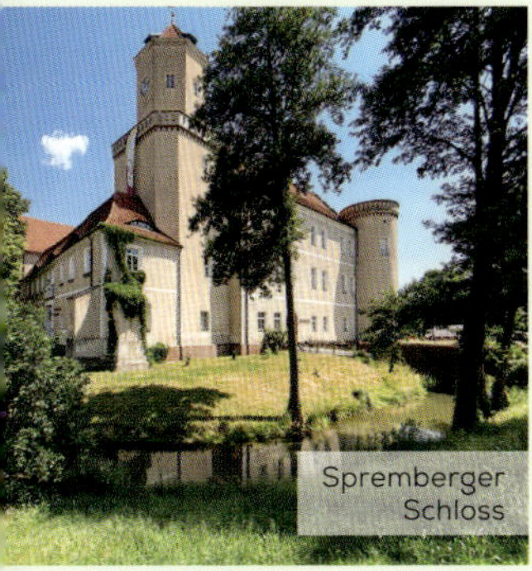
Spremberger Schloss

SEHENSWERTES

- Die **Stadt Spremberg** mit ihrer über 700-jährigen Geschichte und historischen Bauten wie der Kreuzkirche und dem Schloss gilt als „Perle der Lausitz“ und lädt zu einem Stadtrundgang ein.
- Das **Niederlausitzer Heidemuseum** im **Schloss Spremberg** widmet sich der Regionalgeschichte und zeigt eine Dauerausstellung zum Werk des in Spremberg geborenen Schriftstellers Erwin Strittmatter. www.heidemuseum.de
- Das **Kraftwerk „Schwarze Pumpe“** im Spremberger Ortsteil **Schwarze Pumpe** war das erste neugebaute Braunkohlekraftwerk nach der Wende und verstromt die in den nahegelegenen Tagebauen Welzow-Süd, Nochten und Reichwalde abgebaute Braunkohle. Mehr über die Funktionsweise des Kraftwerks und die Kohleverstromung erfährt man im frei zugänglichen **multimedialen Info-Zentrum** *(Mo-Fr 8-18, Sa 10-16 Uhr, An der alten Ziegelei, 03130 Spremberg OT Schwarze Pumpe)*. **Besichtigungen/Führungen** *(Sa 10 Uhr)* bietet das **„excursio“** an.
- Das **Besucherzentrum „excursio“** im ehemaligen Bahnhof von **Welzow** informiert über Landschaft im Wandel, Tagebau Welzow-Süd, die ENERGIE-Route der Lausitzer Industriekultur und das Lausitzer Seenland *(Apr-Okt Di-Fr 10-17, Sa 10-16, Nov-Mär Di+Do 10-15, Heinrich-Heine-Str. 2, 03119 Welzow, Tel. (035751) 27 50 50, www2.bergbautourismus.de)*.

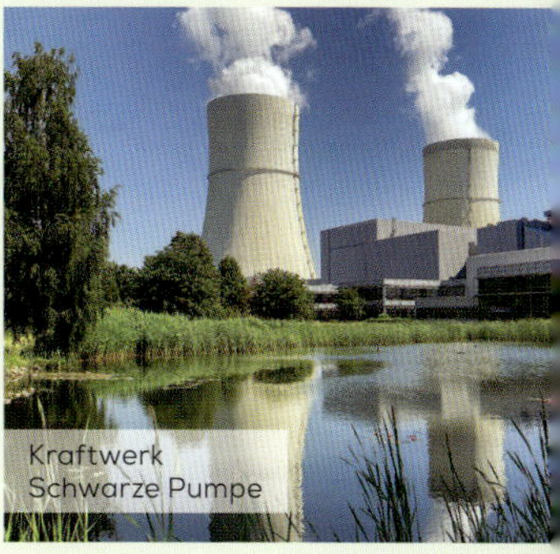
Kraftwerk Schwarze Pumpe

EXTRA-TIPPS

- Der 19 Kilometer lange **Seerundweg** lädt zum Radfahren und Skaten ein.
- Das große **Drachenbootrennen** und das **Feuerwerk „Stausee in Flammen“** sind die Highlights der alljährlich im Juni stattfindenden **Wasserfestspiele Neuhausen/Spree**. www.wasserfestspiele-neuhausen.de
- **WanderLamas:** Die Umgebung mit der besonderen Ruhe von **Lamas und Alpakas** entdecken und mit ihnen in gemächlichem Tempo durch die schöne Waldlandschaft am Spremberger Stausee wandern. Der Hof ist 3 Minuten vom **Bahnhof Bagenz** entfernt. www.wanderlamas.jimdofree.com

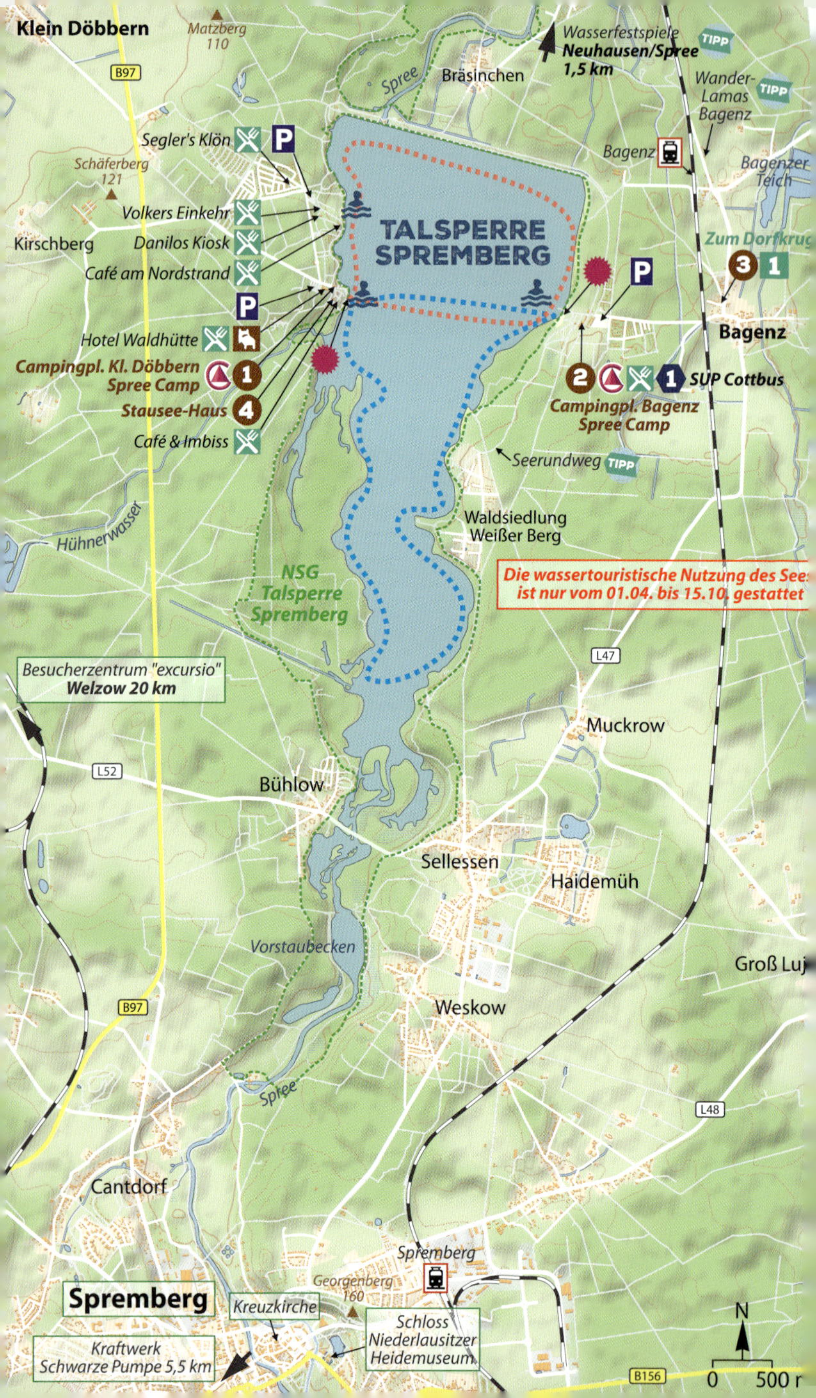

Klein Döbbern
Matzberg 110
B97
Spree
Bräsinchen
Wasserfestspiele Neuhausen/Spree 1,5 km
TIPP
Wander-Lamas Bagenz
TIPP
Segler's Klön
P
Schäferberg 121
Bagenz
Bagenzer Teich
Volkers Einkehr
Kirschberg
Danilos Kiosk
TALSPERRE SPREMBERG
Zum Dorfkrug
3
1
Café am Nordstrand
P
P
Bagenz
Hotel Waldhütte
Campingpl. Kl. Döbbern Spree Camp
1
2
1
SUP Cottbus
Stausee-Haus
4
Campingpl. Bagenz Spree Camp
Café & Imbiss
Seerundweg
TIPP
Waldsiedlung Weißer Berg
Hühnerwasser
Die wassertouristische Nutzung des Sees ist nur vom 01.04. bis 15.10. gestattet
NSG Talsperre Spremberg
Besucherzentrum "excursio" Welzow 20 km
L47
Muckrow
L52
Bühlow
Sellessen
Haidemüh
Vorstaubecken
B97
Weskow
L48
Spree
Cantdorf
Spremberg
Georgenberg 160
Spremberg
Kreuzkirche
Schloss Niederlausitzer Heidemuseum
N
Kraftwerk Schwarze Pumpe 5,5 km
B156
0
500 m

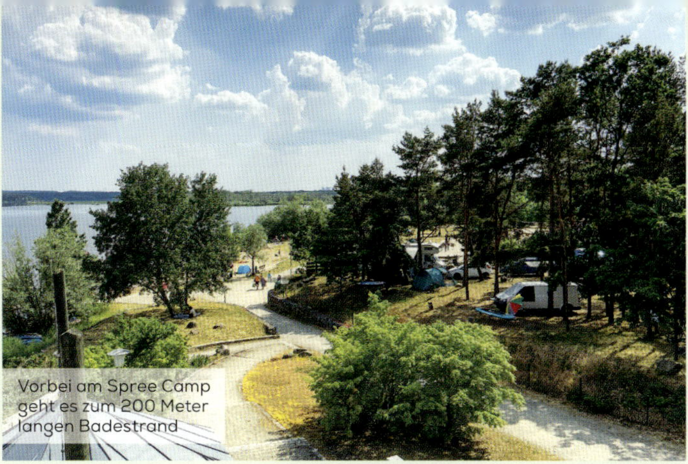

Vorbei am Spree Camp geht es zum 200 Meter langen Badestrand

EINKEHR

1 GASTHAUS ZUM DORFKRUG

ca. 1,5 km vom See im Ort Bagenz
Bahnweg 8
03058 Neuhausen/Spree OT Bagenz
Tel. (035697) 222
www.dorfkrug-bagenz.de
Do 17-20, Fr+Sa 11.30-14 u. 17-22, So/Fei 11-15 Uhr, Mo-Mi Ruhetag

KLASSIKER Leckere Hausmannskost zu angemessenen Preisen

KULTURELLE LECKERBISSEN Auftritte von Kabarettisten oder Comedians

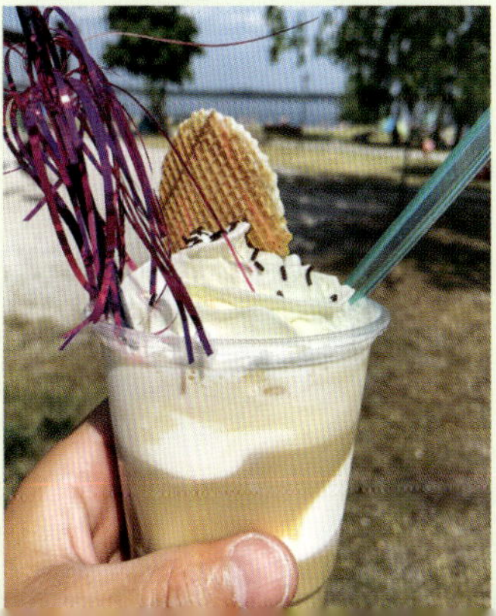

ÜBERNACHTUNG

1 CAMPINGPLATZ KL. DÖBBERN, SPREE CAMP
Auch Finnhütten, Bungalows & FeWo
Alte Poststr. 4, 03058 Neuhausen/Spree OT Klein Döbbern
Tel. (035608) 244
www.spreecamp.de

2 CAMPINGPLATZ BAGENZ, SPREE CAMP
Auch Finnhütten & Bungalows
Stauseestr. 3
03058 Neuhausen/Spree OT Bagenz
Tel. (035697) 235
www.spreecamp.de

3 PENSION „ZUM DORFKRUG“
siehe Einkehrtipp 1

4 STAUSEE-HAUS
für längeren Aufenthalt, Seezugang
Alte Poststr. 3, 03058 Neuhausen/Spree OT Klein Döbbern
Tel. (0355) 58 15 55
www.stausee-haus.de

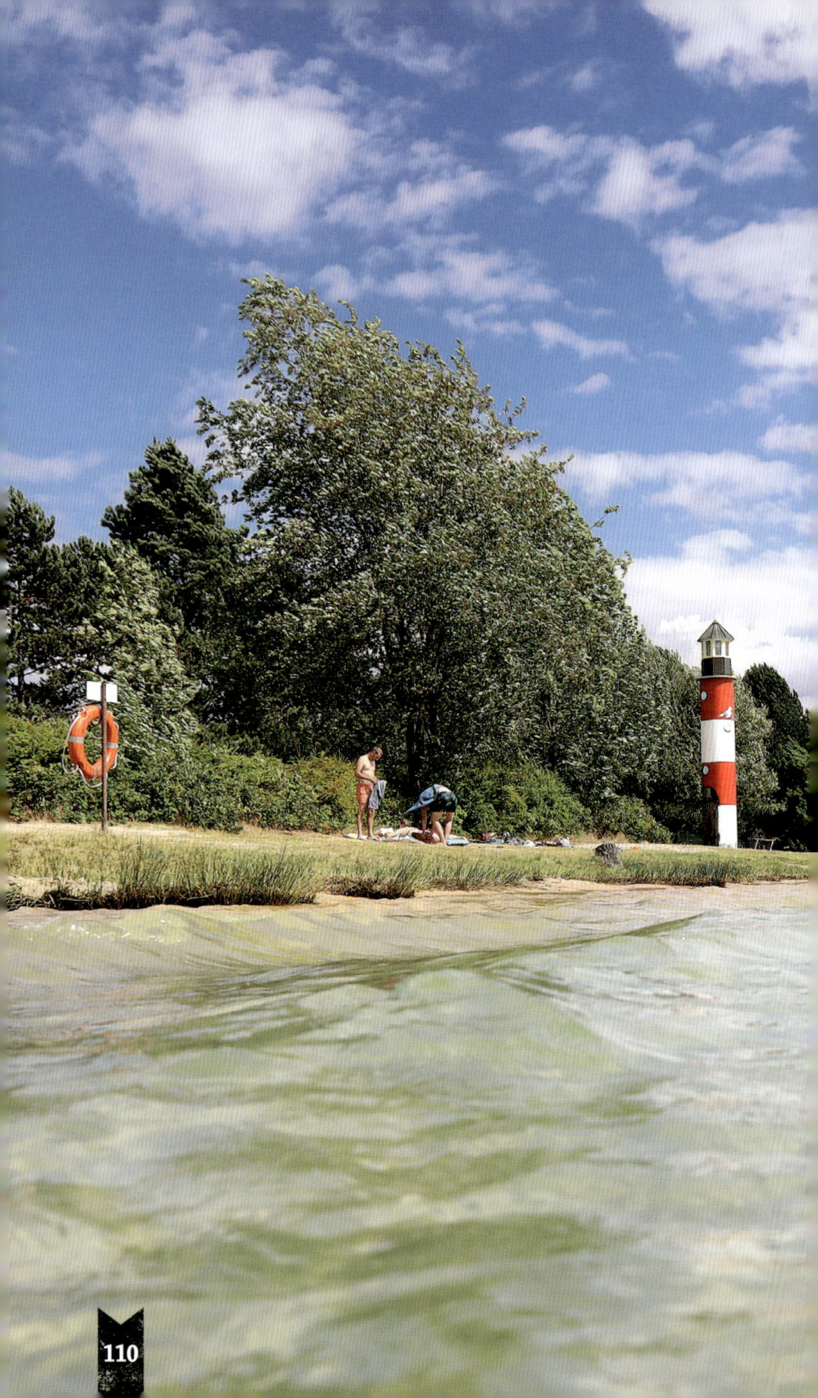

HALBENDORFER SEE

ANSPRUCH | EINKEHR

RUND UM DEN HALBENDORFER SEE

| **LÄNGE** 4 km | **DAUER** 1,5 h | **EIN- & AUSSTIEGE** Neben der Wasserski- & Wakeboardanlage im Norden oder bei Trebendorf im Süden (kostenl. Parkplatz)

Kompakt TOUR

Der rund 2 km lange und 500 Meter breite See ist einer der schönsten der Lausitz und weiß mit klarem Wasser, feinen Sandstränden und sattgrünen Wiesen zu begeistern. Entstanden aus einem Restloch des Tagebaus Trebendorfer Felder endete die Braunkohleförderung 1969 und bereits 1982 konnten die ersten Badegäste begrüßt werden.

Die Wasserski- und Wakeboardanlage von **WAKE AND BEACH** 1 1 beim Ort **SCHLEIFE** war die erste ihrer Art in der Lausitz und hat sich schnell zu einem beliebten Treffpunkt für Wasserportbegeisterte aus Nah und Fern entwickelt. Neben den beiden Liften für Anfänger und Profis gibt es im Sommer einen großen **AQUAPARK**. Die auf dem Wasser schwimmende Hüpfburg mit diversen über Laufstege und Rutschen verbundene Hindernisse ist eine riesige Gaudi für Groß und Klein. Nach der Tour laden die gemütlichen Loungemöbel auf der See- und Dachterrasse zum Verweilen und Cocktail-Schlürfen oder Essen ein – und wer gar nicht wieder weg möchte, kann bei **WAKE AND BEACH** 3 im Hostel, Baumhaus oder Strandhäuschen übernachten.

Wer mit eigenem SUP unterwegs ist, nutzt am besten den kostenlosen Parkplatz am Südwestufer (**TREBENDORF**). Von dort führt auf der gegenüberliegenden Straßenseite ein Trampelpfad bis zu einer seichten **BUCHT**, in der sich hervorragend im ruhigen südlichen Teil des Sees zur kurzweiligen Seeumrundung starten lässt.

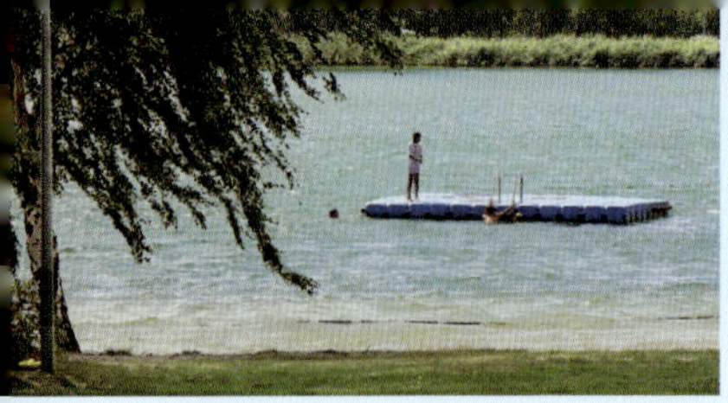

WIND & WELLEN

Durch die bewaldeten Ufer und die geringe Breite ist der Halbendorfer See nicht besonders windanfällig.

Größere Wellen türmen sich lediglich auf, wenn der Wind kräftiger und beständig aus Nordwest / Südost weht.

BEFAHRUNGSREGEL

Die **wassertouristische Nutzung** des Halbendorfer Sees ist **nur vom 01.04. bis 31.10. gestattet.**

BEFAHRUNGSHINWEIS

An einzelnen Wochenenden werden auf dem See **Motorbootrennen** ausgetragen. Die PS-Geschosse donnern mit bis zu 170 km/h übers Wasser.

ANFAHRT MIT DEM PKW

Autobahn A13 bis Ausfahrt 14 (Großräschen). Weiter auf den Bundesstraßen B96 und B156 über Spremberg nach Schleife und der Ausschilderung zum See folgen.

PARKEN

An beiden Badestränden bzw. Campingplätzen sowie an der Wasserski- und Wakeboardanlage sind zahlreiche kostenpfl. Parkplätze vorhanden.

Einen kostenlosen Parkplatz findet man unmittelbar am südöstlichen Zipfel des Sees *(Am See 16, 02959 Trebendorf, bzw. GPS: 51.53138, 14.58005).*

ANFAHRT ÖPNV

Mit RE 2 nach *Cottbus*, dort mit RB 65 (Cottbus–Zittau) bis *Bf Schleife* oder *Weißwasser (OL)*, jeweils weiter mit Bus 78 *(www.ov-oberlausitz.de)* bis Haltestelle *Halbendorf (b WSW) Mitte* (1,7 km Fußweg zu Wake and Beach), *Schleife Kirche* (1,6 km zu Wake and Beach), Samstag 2x auch *Halbendorf (b WSW) Badesee* (800 m zu Wake & Beach).

BADEN

Der Eintritt zu den Badestränden inklusive Riesenwasserrutsche neben der Wasserskianlage am Nordufer ist bei schönem Wetter kostenpflichtig. Die Badestrände werden von Mitte Mai bis Mitte September an den Wochenenden (in den sächsischen Sommerferien täglich) bewacht.

» Textil-Strand am **Nordostufer**.

» FKK-Strand am **Westufer**.

SUP-VERMIETUNG

1 WAKE & BEACH HALBENDORF
Am See 1, 02959 Schleife
Tel. (035773) 91 00 50
www.wakeboard-halbendorf.de

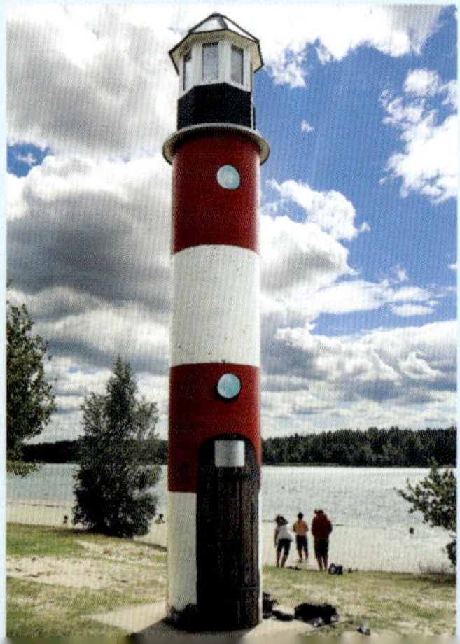

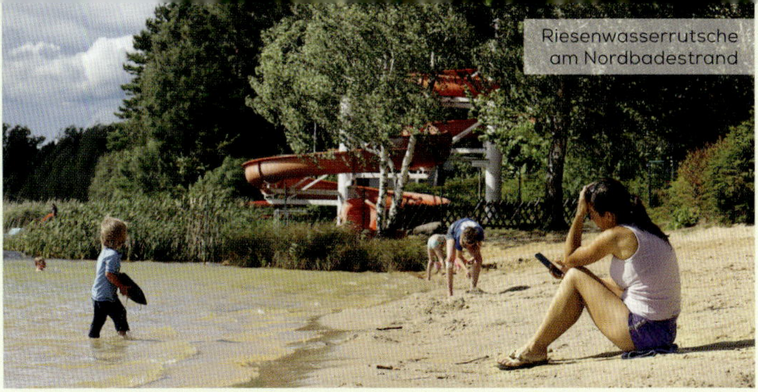

SEHENSWERTES

» Knapp 10 km südlich des Halbendorfer Sees informiert das **Kommunikations- und Naturschutzzentrum Weißwasser** über die Braunkohleförderung und den Naturschutz in der Bergbaufolgelandschaft. Von der 30 Meter hohen Plattform des **„Turm am Schweren Berg"** bietet sich ein eindrucksvoller **Ausblick** auf die Rekultivierungsbereiche des Tagebau Nochten bis hin zum Kraftwerk Boxberg. Auch Exkursionen in den aktiven Tagebau werden angeboten *(16. Mär-15. Okt tgl. 9-17, 16. Okt- 15. Mär Mi-So 10-16, Schwerer Berg 2, 02943 Weißwasser/Oberlausitz, Tel. (03576) 21 15 74).*

» Die **Waldeisenbahn** bringt Touristen von **Weißwasser (Oberlausitz)** ins **UNESCO Welterbe Muskauer Park** in **Bad Muskau**. Eine zweite Strecke führt in den etwa 200 ha großen **Rhododendronpark Kromlau** mit der bekannten **Rakotzbrücke**. Eisenbahnromantik pur gibt es zu besonderen Anlässen sowie an jedem ersten Wochenende im Monat während der Saison von April bis Oktober, wenn die historischen Personenzüge von Dampflokomotiven gezogen werden. *www.waldeisenbahn.de*

TIPP EXTRA-TIPPS AM HALBENDORFER SEE

» Mit **Wasserski** und **Wakebord** flott übers Wasser gleiten kann man auf der Anlage von **Wake and Beach** im nördlichen Bereich des Sees. Im Normalbetrieb wird die 730 m lange 5-Mast-Anlage mit einer Geschwindigkeit von 30 km/h gefahren. Zum Erlernen der Grundlagen und für erste Startversuche steht auch ein kürzeres 2-Mastsystem bereit. *www.wakeboard-halbendorf.de*

» Gleich nebenan sorgt ein **Aquapark** auf einer Fläche von rund 1.000 Quadratmetern mit **Hüpfburg, Rutschen** und **Kletterwänden** für eine Herausforderung der anderen Art auf dem Wasser.

» Großen Spaß für kleine Wasserratten verspricht die **Riesenwasserrutsche** am **Nordbadestrand** am Nordostufer.

» Der 5,6 km lange, durchgehend asphaltierter **Seerundweg** lädt zum Radfahren und Skaten ein (Inline-Skates vermietet Wake and Beach).

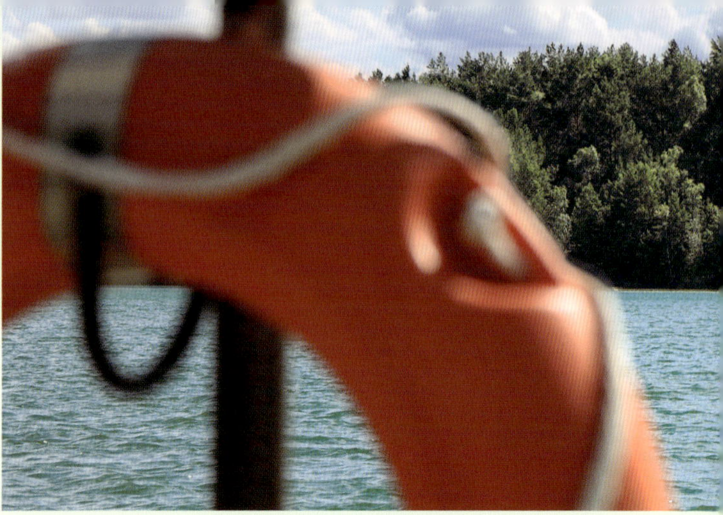

EINKEHR

1 RESTAURANT WAKE AND BEACH

an der Wasserski- & Wakeboardanlage
Am See 1, 02959 Schleife
Tel. (035773) 91 00 50
www.wakeboard-halbendorf.de
nachmittags geöffnet

KLASSIKER
Hausgemachte Burger aus regionalen Zutaten

2 SCHENKE ZUR AMEISE

Kleiner Geheimtipp am Nordostfer
Dorfstraße 46
02953 Groß Düben OT Halbendorf
Tel. (033931) 395 86
Mi-So 12-22 Uhr

KLASSIKER
Leckerer Imbiss – schmeckt wie bei Oma aus der DDR

ÜBERNACHTUNG

1 NEPTUNCAMP

Strandcamp (Textil) am Nordufer
(auch Bungalows und Mobilheime)
FKK-Camp am Westufer
Dorfstraße 45a
02953 Groß Düben OT Halbendorf
Tel. (035773) 764 13
www.neptuncamp.de

2 PAULO'S PENSION & LANDGASTHOF

Edelstr. 53 a
02953 Groß Düben OT Halbendorf
Tel. (035773) 708 19
www.landgasthof-paulo.de

3 UNTERKÜNFTE BEI WAKE AND BEACH HALBENDORF

Hostel, Strand-, Tiny- und Baumhaus
Am See 1, 02959 Schleife
Tel. (035773) 91 00 50 & 0177-230 84 18
www.wakeboard-halbendorf.de

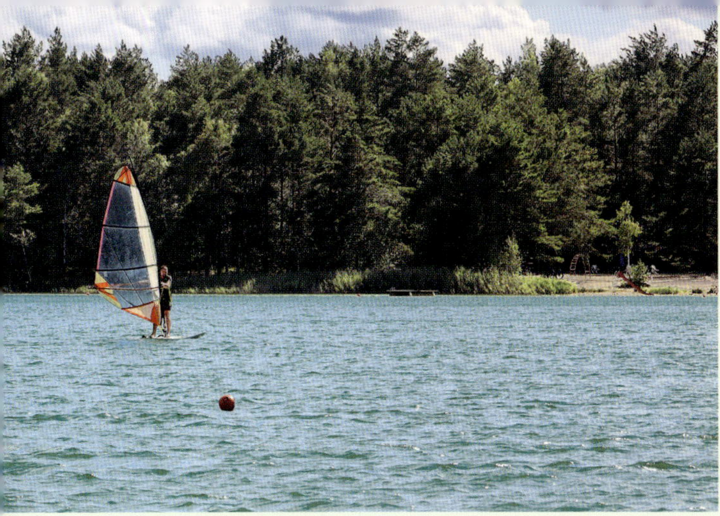

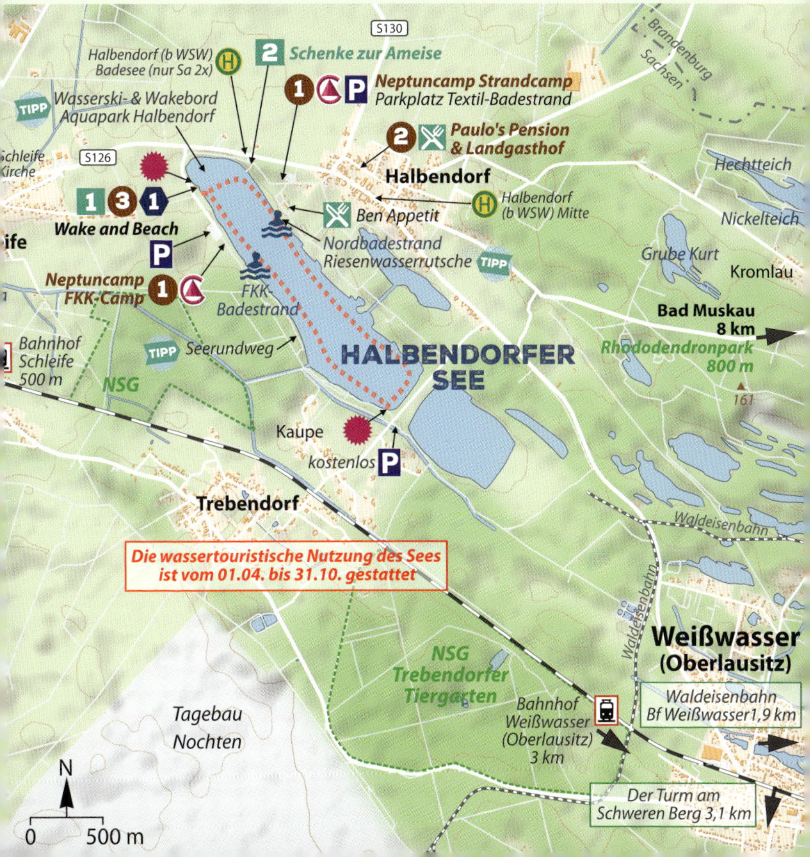

S130
Halbendorf (b WSW)
Badesee (nur Sa 2x)
2 Schenke zur Ameise
1 Neptuncamp Strandcamp
Parkplatz Textil-Badestrand
Brandenburg
Sachsen
Wasserski- & Wakebord
Aquapark Halbendorf
2 Paulo's Pension
& Landgasthof
S126
Halbendorf
Hechtteich
1 3 1
Wake and Beach
Ben Appetit
Halbendorf
(b WSW) Mitte
Nickelteich
Nordbadestrand
Riesenwasserrutsche
Grube Kurt
Kromlau
Neptuncamp
FKK-Camp
FKK-
Badestrand
Bad Muskau
8 km
Bahnhof
Schleife
500 m
Seerundweg
HALBENDORFER
SEE
Rhododendronpark
800 m
NSG
161
Kaupe
kostenlos
Trebendorf
Waldeisenbahn
Die wassertouristische Nutzung des Sees
ist vom 01.04. bis 31.10. gestattet
Waldeisenbahn
Weißwasser
(Oberlausitz)
NSG
Trebendorfer
Tiergarten
Bahnhof
Weißwasser
(Oberlausitz)
3 km
Waldeisenbahn
Bf Weißwasser 1,9 km
Tagebau
Nochten
Der Turm am
Schweren Berg 3,1 km
N
0
500 m

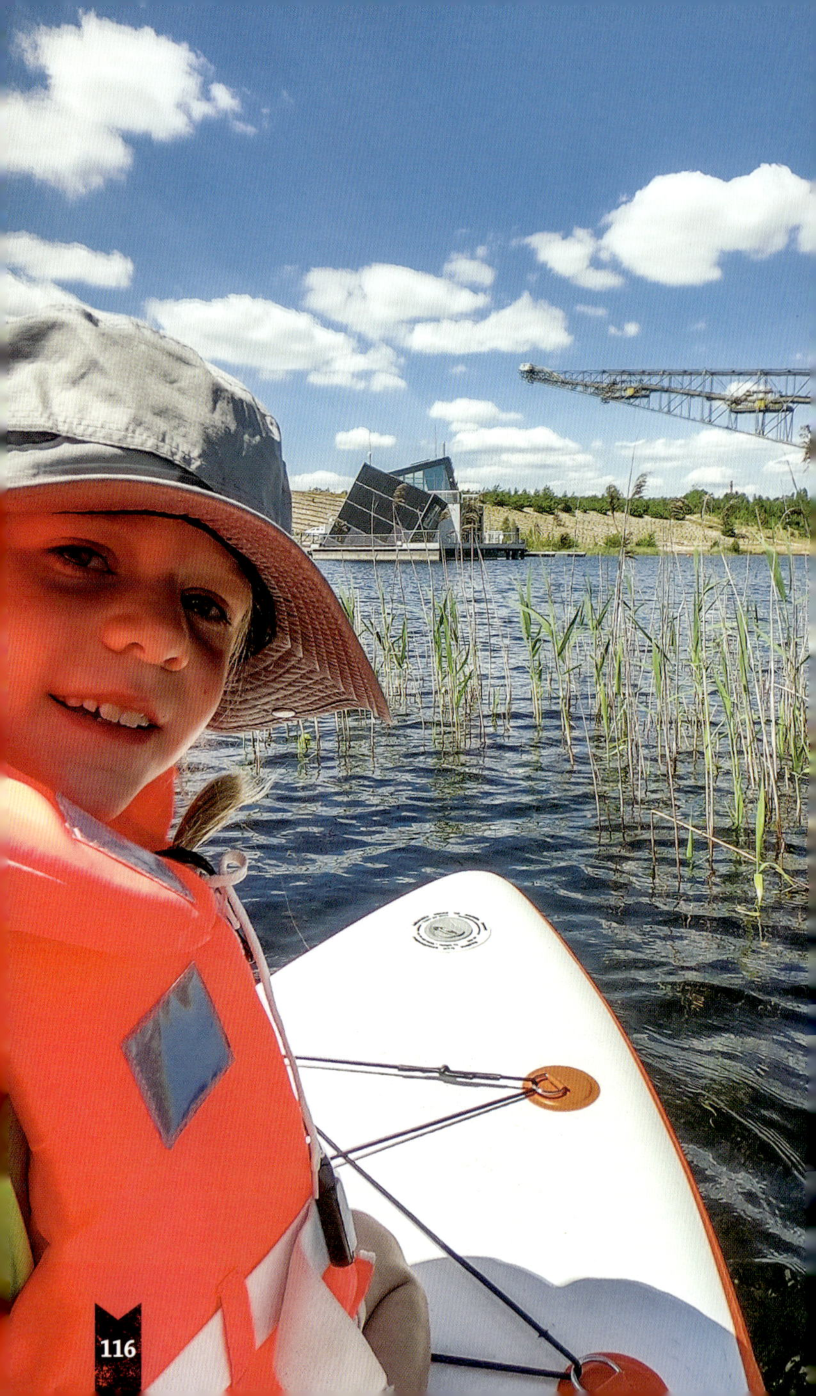

BERGHEIDER SEE

ANSPRUCH | EINKEHR

EINMAL RUND UM DEN SEE

| **LÄNGE** 6 km | **DAUER** 2-3 h | **EIN- & AUSSTIEG** Badestrand am Nordufer

Kompakt TOUR

Für ein Paddelerlebnis sorgt an diesem See vor allem die einmalige Kulisse, denn über das Nordufer erhebt sich die gigantische Abraumförderbrücke F60 und macht die unwirtliche Mondlandschaft an den Ufern mehr als wett. Schon die nüchternen Zahlen sind beeindruckend: 80 Meter hoch, 200 Meter breit und über einen halben Kilometer lang ist der Koloss aus über 11.000 Tonnen Stahl. Der „liegende Eiffelturm", wie der Volksmund das ehemalige Industriemonstrum liebevoll nennt, ist für Touristen geöffnet und bei guter Sicht reicht der Blick von oben bis in die Sächsische Schweiz. Mutige können sich sogar abseilen.

Am 500 Meter langen und bis zu 200 Meter breiten **STRAND** am flachen Nordufer des Sees können wir die Boards gut ins Wasser schieben.

Das schwimmende, prismenförmige Haus im kleinen Hafenbecken rechterhand dient keiner touristischen Nutzung, sondern ist ein Forschungsprojekt unter Regie des Dresdner Fraunhofer Instituts, um die Möglichkeiten der autarken Strom- und Wärmeversorgung von Gebäuden zu untersuchen. Nebenan liegt das solarbetriebene Konferenzschiff „Aqua Forum", auf dem Seminare und Tagungen veranstaltet werden können.

Je weiter man sich vom **BADESTRAND** bei **LICHTERFELD** am Fuße der **ABRAUMFÖRDERBRÜCKE F60** entfernt, desto ruhiger wird es. Am Südufer warnen Verbotsschilder unmißverständlich vor dem Anlegen. Auf dem Rückweg entlang des Ostufers erinnern die beiden kleinen Inseln dicht am Ufer an das Dorf Bergheide, das 1998 abgebaggert wurde und somit an die Vergangenheit des Sees als ehemalige Braunkohlegrube. Die nun folgende und bis zu 15 Meter hohe Steilböschung im weiteren Verlauf ist ein riesiges Bodenprofil, in dem man deutlich Bodenschichtungen und Kohleablagerungen erkennen kann.

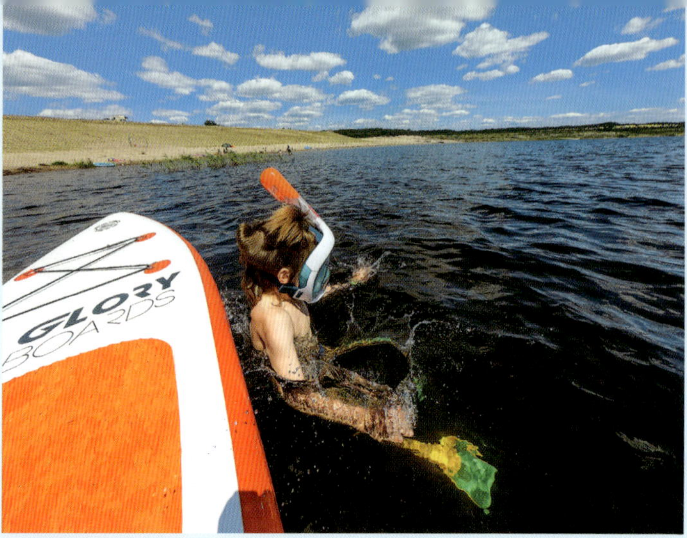

WIND & WELLEN

Der Bergheider See ist nicht übermäßig windanfällig und angesichts der vorherrschenden Windrichtung aus West/Südwest hat man den Wind für den Rückweg zum Besucherbergwerk F60 in der Regel auf seiner Seite.

BEFAHRUNGSREGELN

Die **wassertouristische Nutzung** des Bergheider Sees ist **nur vom 27.04. bis 31.10. gestattet.**

Das **Südufer** ist vom LMBV als geo**technischer Sperrbereich** ausgewiesen und **darf aus Sicherheitsgründen nicht betreten werden.**

ANFAHRT MIT DEM PKW

A13 bis Ausfahrt 13 (Bronkow) und weiter auf der L61/Saadower Hauptstraße bis nach Lichterfeld-Schacksdorf. Am Eingang zur F 60 vorbeifahren und rechts ab zum großen Parkplatz oberhalb des Badestrandes am Nordufer des Bergheider Sees.

PARKEN

Der große Parkplatz oberhalb des Sees ist kostenpflichtig. Die Bezahlung erfolgt am Parkautomat mit Münzen oder Kreditkarte.

ANREISE MIT ÖPNV

Ab *Berlin Hbf* mit dem Zug über Cottbus oder Calau bis *Bf Finsterwalde*. Dort Mo-Fr weiter mit Bus 558 bis Haltestelle *Lichterfeld Besucherbergwerk F60* (verkehrt als Rufbus bzw. Bedarfshalt: immer bis 90 Min vor Fahrtbeginn Mo-Fr 5:30-18:30 anmelden, Tel. 03531-65 00 10).

Am Wochenende evtl. weiter mit dem Taxi (z.B. www.taxi-finsterwalde.de).

BADEN

Baden auf eigene Gefahr erlaubt, es gibt aber keine Wasserwacht mit Rettungsschwimmern vor Ort.

SUP-VERMIETUNG

keine

EXTRA-TIPPS

» Die **ehemalige Abraumförderbrücke F60** in **Lichterfeld** ist die im wahrsten Sinne des Wortes alles überragende Sehenswürdigkeit und ein imposantes Stück Industriegeschichte. Während den **90-minütigen Führungen** erhält man einen kurzweiligen Einblick in die Ingenieurskunst der DDR und den Braunkohlebergbau im Lausitzer Revier. Von der **Besucherplattform** in fast 75 Meter Höhe hat man den gesamten Bergheider See und seine Umgebung im Blick. *www.f60.de*

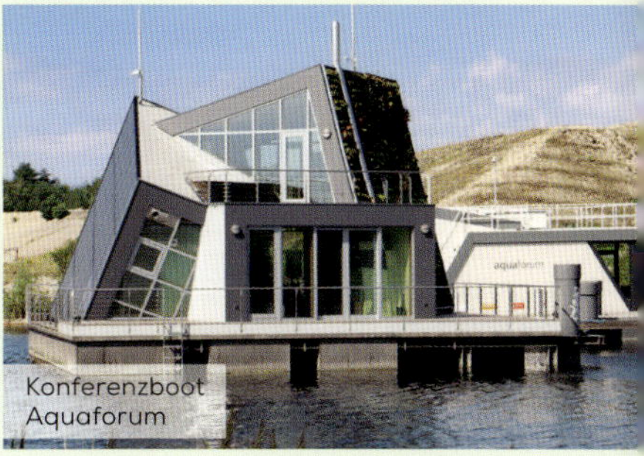

Konferenzboot Aquaforum

» Im **Naturparadies Grünhaus** ist die Bergbaufolgelandschaft der natürlichen Abfolge überlassen, so dass hier viele seltene Tier- und Pflanzenarten wie Rohrweihe, Sandwespe und Wiedehopf auf knapp 2.200 ha Lebensbedingungen vorfinden, die anderswo rar geworden sind. Das Gebiet lässt sich auf ausgewiesenen **Wanderwegen** auf eigene Faust erkunden oder man kann sich einer **geführten Wanderung** anschließen, die das NABU-Projektbüro regelmäßig anbietet *www.naturerbe.nabu.de >Unsere Naturparadiese >Brandenburg >Das Naturparadies Grünhaus*

» Die geführten **Quad- und Jeep-Touren** der Offroad-Agentur führen auf Sandpisten, Schotterstrecken und durch Schlammpassagen im ehemaligen Tagebau und am Bergheider See entlang. Auch ganztägige Fahrertrainings mit dem Jeep sind möglich. *www.offroad-agentur.de*

» Noch bis 2026 findet am See vor der Kulisse der gewaltigen Abraumförderbrücke F60 im Juli das **Feel Festival** statt. Indie, Pop und Electronic werden dann für vier Tage rund 15.000 Zuschauer neben der Musik mit einem vielschichtigen Rahmenprogramm begeistern. *www.feel-festival.de*

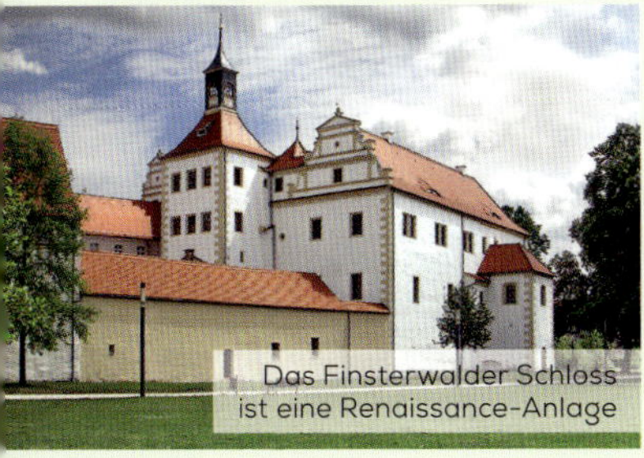

Das Finsterwalder Schloss ist eine Renaissance-Anlage

» Die nur acht Kilometer entfernte Kleinstadt **Finsterwalde** hat eine **nahezu vollständig sanierte Innenstadt** in der sich Renaissance, Barock, Gründerzeit und Jugendstil mit modernen Bauten verbinden. Der berühmte **Architekt Max Taut** hat in Finsterwalde architektonische Spuren des Neuen Bauens hinterlassen.

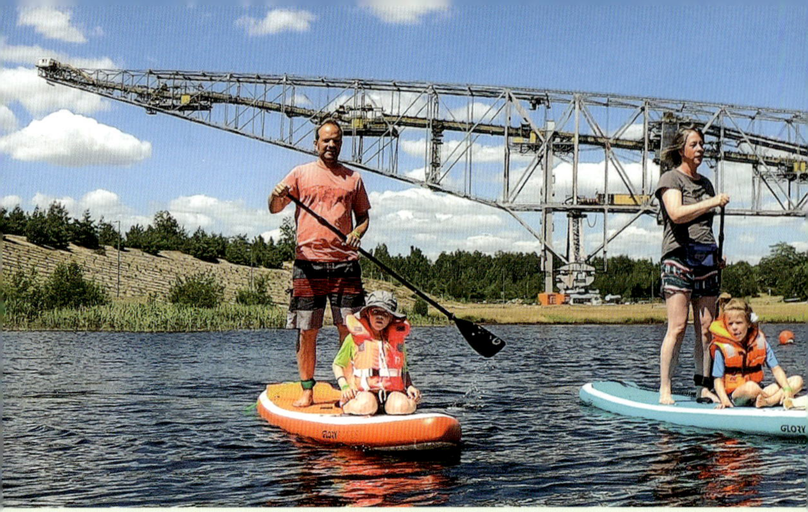

EINKEHR

1 GASTSTÄTTE GRIEBNER

ca. 5 km vom Bergheider See entfernt
Dorfstr. 2
03238 Sallgast OT Klingmühl
Tel. (03531) 618 87
www.griebner-klingmuehl.de
Do,Fr 12-20, Sa,So,Fei 11-20 Uhr

KLASSIKER Klingmühler Schaschlyk – wird seit den 1960er Jahren nach altem Familienrezept zubereitet. Ostalgie pur!

2 SCHLOSSPARKHOTEL SALLGAST

ca. 10 km vom Bergheider See entfernt
Parkstr. 4, 03238 Sallgast
Tel. (035329) 599 60
www.schlossparkhotel-sallgast.de
Di-Fr ab 17, Sa 11-21, So 11-16 Uhr

KLASSIKER Saisonal abgestimmte Speisen auf hohem Niveau

3 GASTHAUS STUCKATZ

ca. 10 km vom Bergheider See entfernt
Hauptstr. 29
03238 Sallgast OT Dollenchen
Tel. (035329) 364
www.gasthaus-stuckatz.de

KLASSIKER Schnitzel vom Duroc-Schwein mit hausgemachtem Paprikaletscho, Spitzkohlsalat und Dijon-Senf-Schmand.
Auch leckere vegetarische Gerichte!

ÜBERNACHTUNG

1 FERIENWOHNUNGEN BLICKPUNKT F 60

auch für nur 1 Nacht
Südstr. 2, 03238 Lichterfeld
Tel. 0176-36 69 29 31
www.blickpunktf60.de

2 GASTHAUS STUCKATZ

siehe Einkehrtipp 3

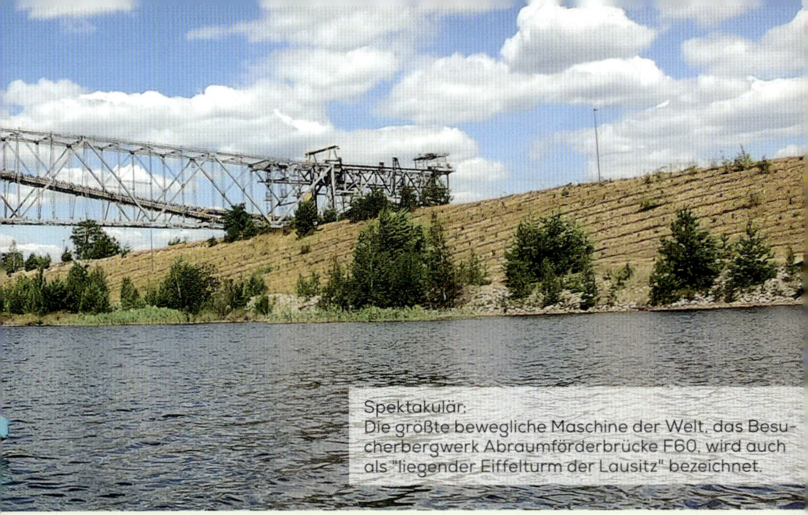

Spektakulär:
Die größte bewegliche Maschine der Welt, das Besucherbergwerk Abraumförderbrücke F60, wird auch als "liegender Eiffelturm der Lausitz" bezeichnet.

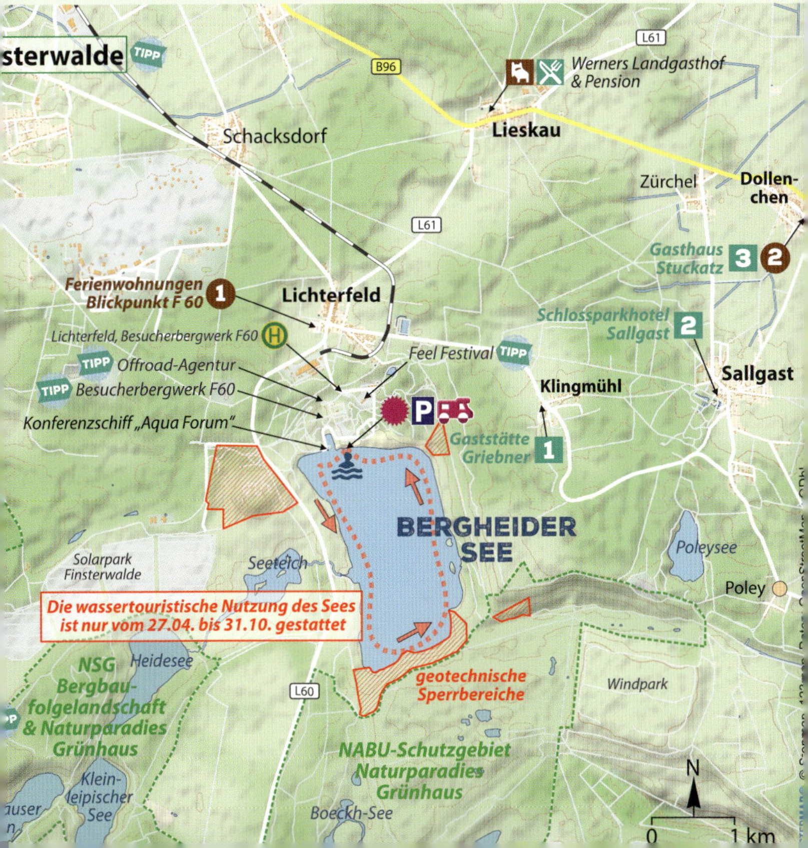

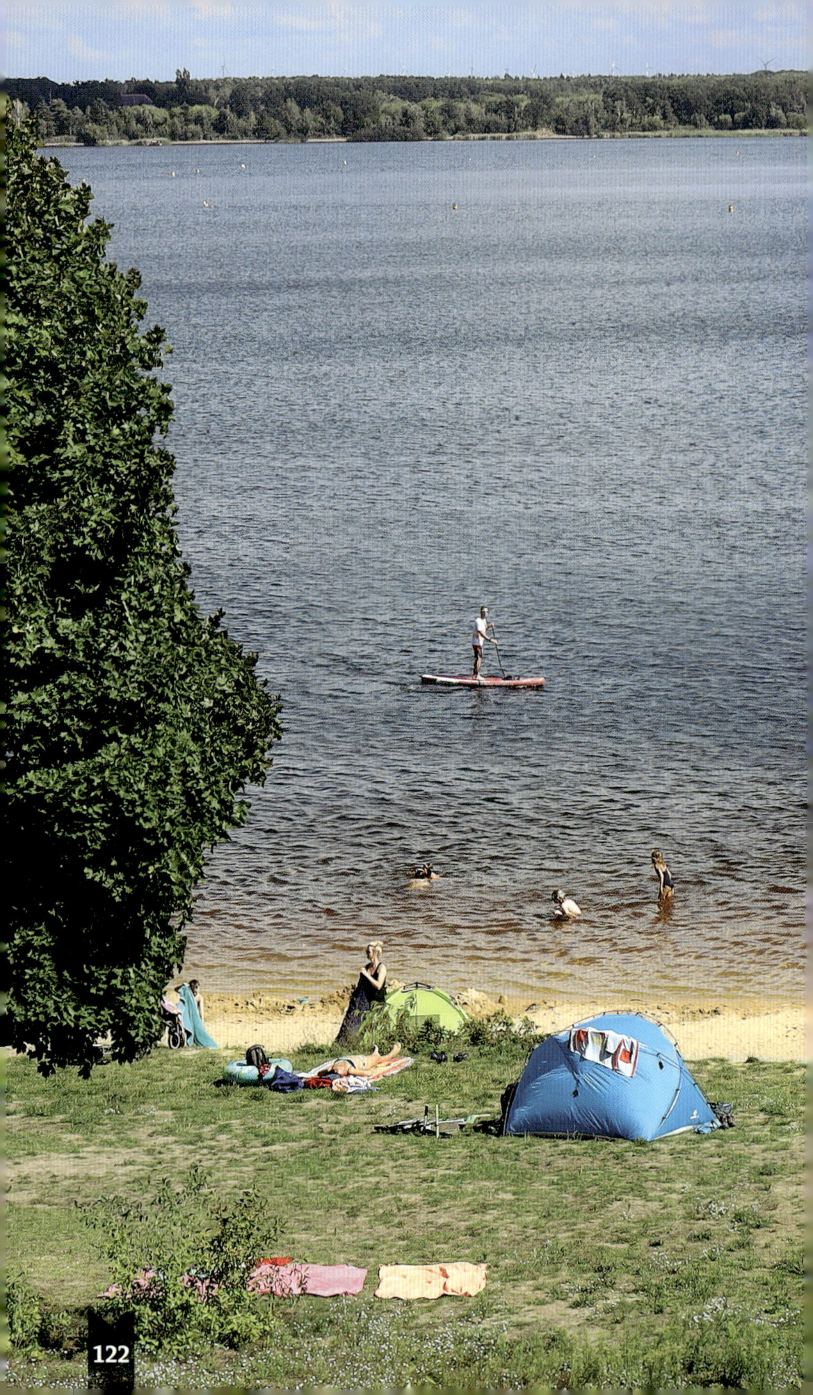

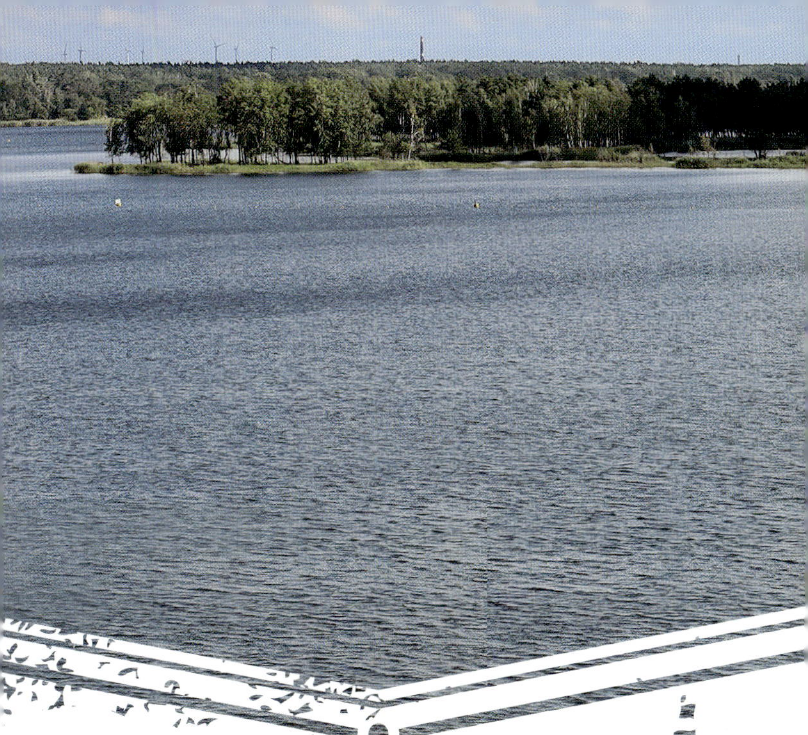

SENFTENBERGER SEE

ANSPRUCH

EINKEHR

7 Kilometer gepflegte Sandstrände und grüne Liegewiesen – die 1.300 ha große Wasserfläche hat sich zu einem echten Paradies für Wasserratten, Badeurlauber und natürlich SUPer entwickelt. Der See ist die „Mutter und das Herz“ des Lausitzer Seenlands und enstand bereits 1972 durch die Flutung des ehemaligen Braunkohletagebaus Niemtsch.

WIND & WELLEN

Die weite, offene Wasserfläche macht den Senftenberger See recht windanfällig. Je nach Erfahrung, Windstärke & -richtung sollte man daher in Ufernähe bleiben / rechtzeitig umdrehen.

BEFAHRUNGSREGELN

Die **wassertouristische Nutzung** des Sees ist **nur vom 1.4.-31.10. gestattet.**

Die rund 250 Hektar große **Insel im südwestlichen Teil des Sees** steht unter **Naturschutz** und **darf ganzjährig nicht betreten werden.**

Unbedingt die **gelben Sperrtonnen beachten,** eine **Befahrung der Uferbereiche** wie auch der **Verbindung vom Hafencamp zum Südsee ist für Boote aller Art verboten.**

SCHWIERIGKEITEN

Der Senftenberger See ist seit 2007 als schiffbares Gewässer eingestuft und in der Hochsaison sind **zahlreiche Motorboote** unterwegs, die bis zu 15 km/h schnell fahren dürfen. Gerade weniger versierte SUPer sollten sich vor den durch die Boote verursachten Wellen in Acht nehmen.

ANFAHRT MIT DEM PKW

Autobahn A13 Berlin–Dresden bis zur Abfahrt 17 (Ruhland) und weiter auf der B169 bis Senftenberg.

PARKEN

Großer, kostenpflichtiger Parkplatz direkt neben der B96 am Seestrand Großkoschen (Tagesticket 5 €, *Navi: Am Mühlgraben, 01968 Senftenberg).* Auch an allen anderen Badestränden rund um den Senftenberger See stehen ausreichend gebührenpflichtige Parkplätze zur Verfügung.

ANREISE MIT ÖPNV

Mit der RB24 gelangt man vom *Flughafen BER* in weniger als 2:30 h nach *Senftenberg*. Nur knapp 80 Min. von Dresden mit der RE18. Der *Bahnhof Senftenberg* liegt rund 25 Gehminuten vom Seeufer entfernt. Zu den Stränden in Buchwalde und Großkoschen gelangt man unkompliziert mit den Buslinien 619 (Richtung Hoyerswerda) oder 620 (Richtung Hohenbocka).

BADEN

Rund um den Senftenberger See finden sich zahlreiche Badestellen. Die schönsten und längsten Strände:

- Badestrand **Großkoschen, 600 m** *(Am Mühlengaben 1, 01968 Senftenberg OT Großkoschen).*
- Seestrand **Niemtsch, 350 m** mit großer Wiesenfläche *(Seestraße, 01968 Senftenberg OT Niemtsch).*
- Seestrand **Buchwalde, 600 m** mit kostenpflichtiger Wasserrutsche, großer FKK-Bereich, WoMo-Stellplatz *(Buchwalder Straße 52, 01968 Senftenberg OT Buchwalde).*
- Am **Südsee** mehrere Badebuchten auf insgesamt 1.800 m Länge *(An der Südsee, 01968 Senftenberg).*

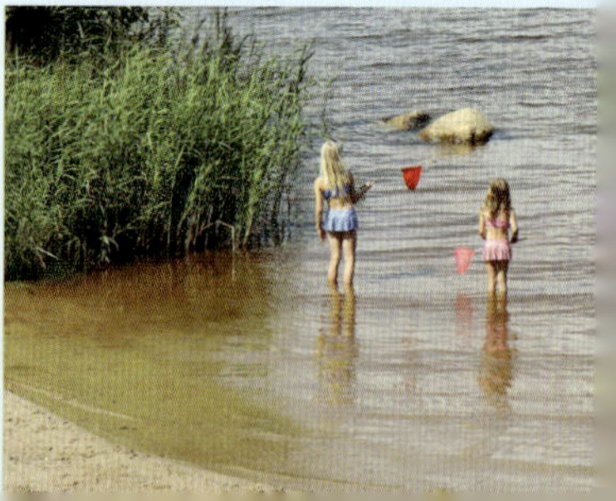

SEHENSWERTES IN SENFTENBERG

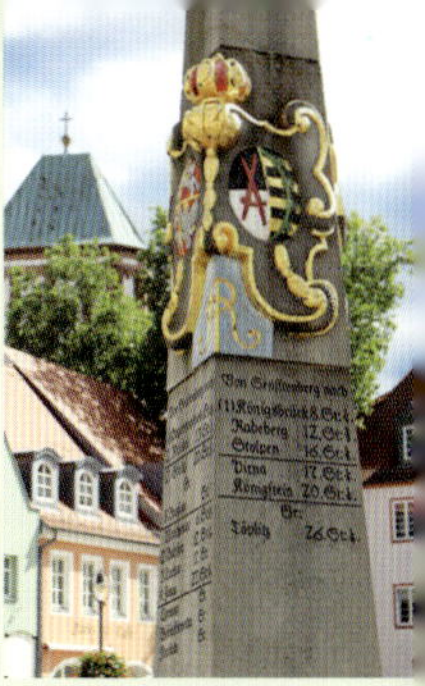

- **Schloss & Festung Senftenberg** wurden im 16. Jh. zur Sicherung der sächsischen Grenze auf den Fundamenten einer mittelalterlichen Burg angelegt. Heute beherbergt die beeindruckende Renaissanceanlage ein **Museum zur Geschichte der Region** samt **Schaubergwerk u**nd die **„Kunstsammlung Lausitz"** mit über 2.500 Werken von rund 130 Künstlern aus der Lausitz. *www.museums-entdecker.de*
- Der kleine, aber feine **Tierpark Senftenberg** liegt unweit des Schlosses direkt an der Schwarzen Elster und ist Heimat für rund 350 Tiere aus etwa 65 Arten. Neben heimischen Wild- und Haustieren gibt es auch exotischere Tiere wie Erdmännchen, Alpakas oder Rotgesichtsmakaken zu sehen. *www.tierpark-senftenberg.de*
- Die **Gartenstadt Marga** im Senftenberger Ortsteil **Brieske** entstand nach Entwürfen des Dresdner Architekten Georg Heinsius von Mayenburg als Wohnsiedlung für die Arbeiter der Ilse Bergbau AG zu Beginn des 20. Jahrhunderts. Die hübsche Siedlung mit insgesamt 78 Häusern im späten Jugenstil, auf einem spiralförmigen Grundriss angeordnet, ist die älteste Gartenstadt Deutschlands.
- **scharfes GELB** - Der Likör aus Senftenberg, Shop (Mo-Fr 9-17, Likör, Nudeln uvm.) oder Manufakturbesuch inkl. Verkostung, www.scharfesgelb.com

---

TIPP EXTRA-TIPPS AM SENFTENBERGER SEE

- Zur **Umrundung des Senftenbergers Sees per Rad** lädt der etwa **18 Kilometer** lange und weitgehend autofreie **Seerundweg** ein. Wegweiser-Nr.: 10.
- Zwischen Hafencamp und dem Südsee bietet der **Schiefe Turm** von der Aussichtsplattform in über 30 Metern Höhe Gelegenheit zu einem Blick auf den Inselkomplex am Südufer, bei gutem Wetter bis zu den Kamenzer Bergen. Mit 10 Grad Neigungswinkel ist er noch schiefer als sein Pendant in Pisa.
- Während der Sommermonate fordert der kostenpflichtige 3.250 m² große **Wasserpark Großkoschen** direkt vor dem Badestrand große und kleine Wasserratten mit Trampolinen, Sprungtürmen, Rutschen und Wackelbrücken zum **Parkourlauf übers Wasser** auf.
- Von Ende Mai bis Anfang September wird das eindrucksvolle **Amphitheater am Badestrand Großkoschen** mit 600 Sitzplätzen von der Neuen Bühne Senftenberg als Spielstätte genutzt und unterhält Einheimische wie Touristen mit einem vielfältigen Programm. *www.theater-senftenberg.de*
- **Saunaflöße** am Stadthafen in **Senftenberg.** Auf einem schwimmenden Floß saunieren, Blick übers Wasser und zur Abkühlung in den See springen! Nicht ganz billig, für 3, 4 oder 5 Stunden buchbar: www.treib-haus.com

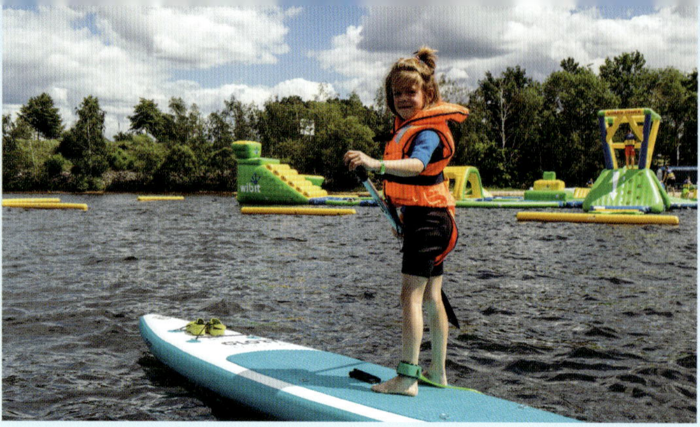

TOUREN

1 VON GROSSKOSCHEN ZUM STADTHAFEN

Vom Badestrand Großkoschen mit ausreichend Abstand zum Insel-Ufer nach Westen zum Stadthafen Senftenberg. Entlang des nördlichen Seeufers zurück.

| **LÄNGE** 10 km | **DAUER** 4-5 h

2 ABSTECHER ZUM HAFENCAMP & IN DEN KOSCHENER KANAL

Vom Badestrand Großkoschen zunächst am Ostufer zum Hafencamp und zurück. Dann auf dem Koschener Kanal bis zur Schleuse und retour.

| **LÄNGE** 6 km | **DAUER** 3-4 h

3 NACH NIEMTSCH AM SÜDWESTUFER

Von Senftenberg in südwestliche Richtung bis zum Badestrand in Niemtsch und im Bogen zurück.

| **LÄNGE** 4,5 km | **DAUER** 2-3 h

4 SPRITZTOUR AUF DEM SÜDSEE

Kurzweilige Runde auf dem für Motorboote gesperrten Südsee im Süden des Senftenberger Sees.

| **LÄNGE** 3 km | **DAUER** 1-2 h

EIN- & AUSSTIEGE

Einstieg 1: Man muss nur die Straße überqueren, um vom Großparkplatz zum Großkoschener Strand zu gelangen *(GPS: 51.49808, 14.05984).*

Einstieg 2: Empfehlenswert bei Anreise mit dem Zug: Badestrand neben dem Stadthafen in Senftenberg *(Am Stadthafen 1, 01968 Senftenberg).*

Einstieg 3: Badestrand in Niemtsch *(Navi für Parkplatz: Seestr. 22, 01968 Senftenberg OT Niemtsch).*

Einstieg 4: Vom Parkplatz am Schullandheim ist es nur ein Katzensprung zur Uferpromenade am Südseestrand *(GPS Parkplatz: 51.48235, 13.97968).*

SUP-VERMIETUNG

1 WASSERSPORTSCHULE SENFTENBERGER SEE
direkt am Komfortcampingplatz
Am Senftenberger See 10
01968 Senftenberg OT Niemtsch
Tel. (03573) 81 07 75 & 0177-281 06 46
www.natur-wassersport.de

2 EXPEDITOURS
im Hafencamp, Straße zur Südsee 2
01968 Senftenberg OT Großkoschen
Tel. (03573) 808 67 66
www.expeditours.de

3 VOIGT MARINE
im Stadthafen Senftenberg
Steindamm 57, 01968 Senftenberg
Tel. 0151-40 77 84 61
www.voigt-marine.de

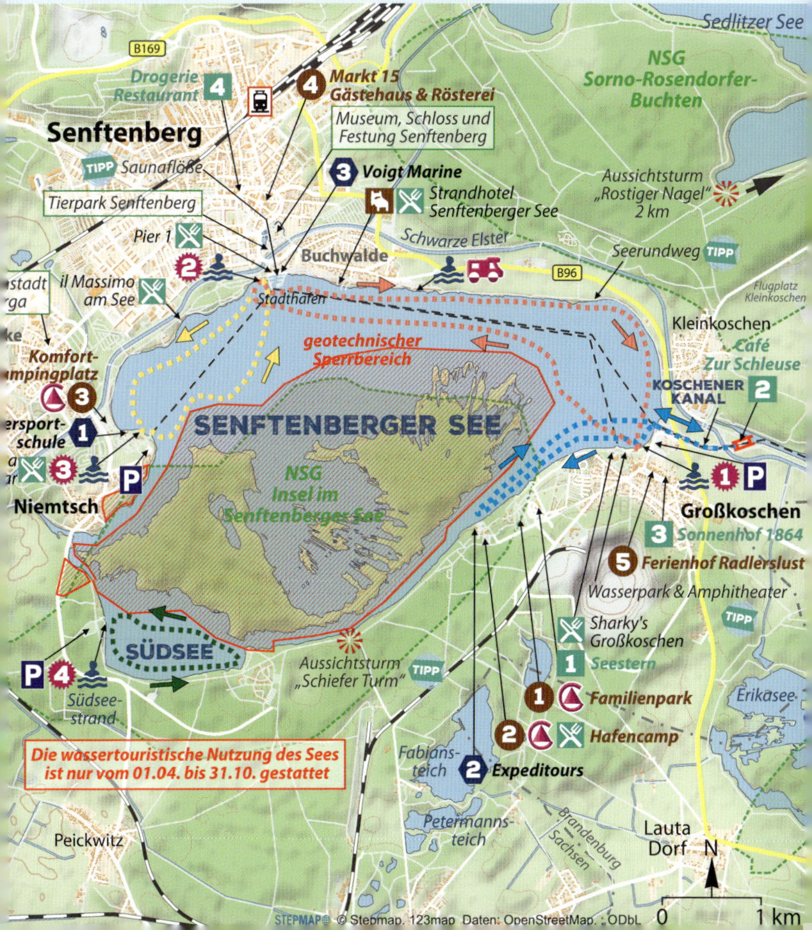

EINKEHR

1 RESTAURANT SEESTERN

Straße zur Südsee 1
01968 Senftenberg OT Großkoschen
Tel. (03573) 81 10 55
www.seestern-restaurant.de
Tgl. 8-22 Uhr (warme Küche ab 11.30)

KLASSIKER Veganer Tofuburger, Guacamole und mediterranes Gemüse

2 CAFÉ "ZUR SCHLEUSE"

Am Elsterbogen 20
01968 Senftenberg OT Großkoschen
Ab Ostern Sa-So 11-18 Uhr (Fei und Ferien von Sachsen / Brandenburg tgl.)

KLASSIKER Frisch gemahlener Kaffee und hausgemachter Kuchen

3 SONNENHOF 1864

(uriges Ambiente) Dorfplatz 13
01968 Senftenberg OT Großkoschen
Tel. (03573) 369 43 68
www.sonnenhof-1864.de
Mi-Sa 11.30-22, So 11.30-20 Uhr

KLASSIKER Schwäbischer Zwiebelrostbraten vom Weiderind mit Zwiebeljus und handgeschabten Spätzle

4 DIE DROGERIE

Jüttendorfer Anger 2
01968 Senftenberg
Tel. (03573) 808 67 52
www.drogerie-restaurant.de
Mo-Fr 11.30-14 & 17-22, Sa 17-22 Uhr

KLASSIKER Burger vom Kalb oder vegetarisch mit Couscous, Rote Bete, Sellerie & Möhre

ÜBERNACHTUNG

1 FAMILIENPARK

Camping und Ferienhäuser
Straße zur Südsee 1
01968 Senftenberg OT Großkoschen
Tel. (03573) 80 01 00
www.senftenberger-see.de
>Familienpark

2 HAFENCAMP

Baumhäuser, Hafenlodges, Zeltwiese
Str. zur Südsee 2
01968 Senftenberg OT Großkoschen
Tel. (03573) 80 01 00
www.senftenberger-see.de
>Hafencamp

3 KOMFORTCAMPINGPLATZ

Am Senftenberger See 10
01968 Senftenberg OT Niemtsch
Tel. (03573) 80 01 00
www.senftenberger-see.de
>Komfortcamping

4 MARKT 15

Gästehaus und Rösterei
Markt 15, 01968 Senftenberg
Tel. (03573) 809 90 34
www.markt15-senftenberg.de

5 FERIENHOF RADLERSLUST

FeWo, je nach Saison von wochenweise bis 2 Tage, Herberge im Sonnenhof
Dorfplatz 6
01968 Senftenberg OT Großkoschen
Tel. 0171-261 84 19
www.radlerslust.de

1 AUF NACH SENFTENBERG

*Der **Senftenberger See** ist der dienstälteste See der Region und so etwas wie das Pilotprojekt für den Umbau der Bergbaulandschaft zum Urlaubsbadeparadies. Ursprung war der ehemalige Tagebau Niemtsch, der für die Dauer von über sechs Jahren mit Wasser aus der Schwarzen Elster geflutet wurde. 1973 konnten sich die ersten Badegäste im See erfrischen und mit der „Nixe" legte das erste Passagierschiff vom Ufer ab. In den folgenden Jahrzehnten begrünten Gras und Kiefern die Ufer und die Wasserqualität verbesserte sich stetig. Heute sind die Campingplätze und Ferienanlagen entlang der Ufer bei Urlaubern aus nah und fern beliebt.*

Mit einer Fläche von gut 13 km^2 zählt das bis zu sechs Kilometer lange und maximal vier Kilometer breite Gewässer zu den größten, künstlich von Menschenhand geschaffenen Seen Europas und die Länge der Badestrände rundherum summiert sich auf stolze sieben Kilometer.

Einer davon ist der ausgedehnte, 600 Meter lange **STRAND GROSSKOSCHEN** am Ostufer des **SENFTENBERGER SEES**, der sich als Ausgangspunkt 1 für eine SUP-Tour anbietet, wenn nicht auf einem der zahlreichen **CAMPINGPLÄTZE** rings um den See übernachtet werden soll.

Für die Strecke nach Senftenberg kann man bei gutem Wetter und wenig Wind auf die Insel in der Seemitte zupaddeln und wendet sich dann entlang der gelben Tonnen, die im Wasser dümpeln, nach rechts in nördliche Richtung.

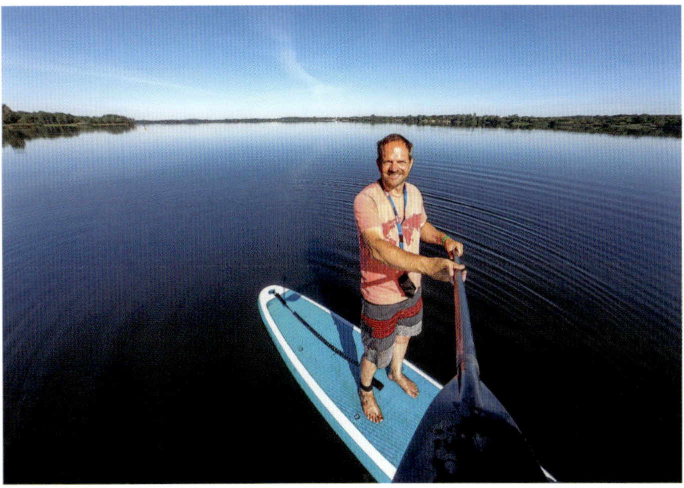

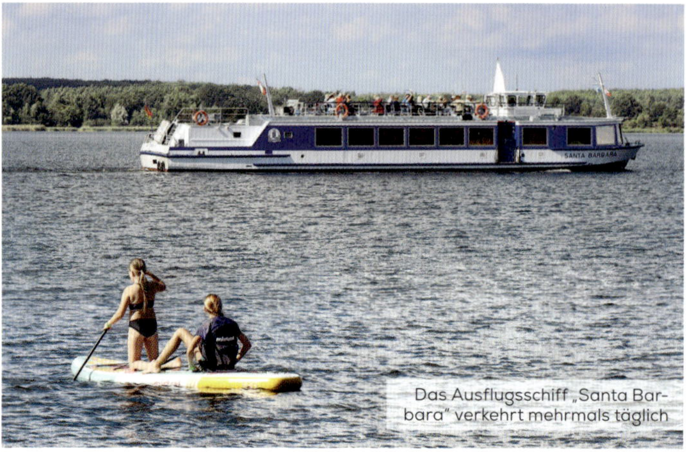

Das Ausflugsschiff „Santa Barbara" verkehrt mehrmals täglich

Die Bojenkette trennt die Flachwasserbereiche rund um die unter Naturschutz stehende Insel von der übrigen Wasserfläche. Die Insel steht unter strengem Naturschutz, darf nicht betreten werden und ein Überfahren der imaginären Linie kann von der Wasserschutzpolizei geahndet werden. Eine komplette Umrundung des Senftenberger Sees ist daher leider nicht möglich.

Als weithin sichtbare Landmarke ragt die Seebrücke im **SENFTENBERGER STADTHAFEN** 80 Meter ins Wasser hinaus, der sich am nördlichen Seeufer zu einem beliebten Ankerplatz von Seglern und Motorbootkapitänen entwickelt. Einst das Braunkohle-Zentrum der DDR, hat sich die Kleinstadt **SENFTENBERG** zu einem beliebten Erholungsort in Südbrandenburg gewandelt.

ONEWAY: Wer die Fahrt als Oneway-Route paddeln und noch entlang des Ufers bis nach Niemtsch fortsetzen möchte (ca. drei Kilomter zusätzlich), kann von dort mit dem iSup im Gepäck auf dem Ausflugsschiff „Santa Barbara" der Reederei M. Löwa nach Großkoschen zurückehren (in der Hauptsaison im Juli und August täglich drei, an Samstagen sogar vier Abfahrten).

Ansonsten führt der Rückweg am Ufer entlang zurück, vorbei am rund 600 Meter langen **SEESTRAND** in **BUCHWALDE** mit einer kostenpflichtigen, 70 Meter langen Wasserrutsche. Wohnmobilfahrer finden hier auch einen ruhigen Stellplatz mit direktem Seeblick.

Anschließend wird das Ufer einsam und vorbei an der Einfahrt zum Koschener Kanal gelangen wir zurück zum **AUSGANGSPUNKT** 1.

2 SPRITZTOUR AUF DEM ERSTEN SCHIFFBAREN KANAL DES SEENLANDS

Vom **STRAND GROSSKOSCHEN** 1 lohnt auch ein Abstecher entlang des Ostufers Richtung Süden. Am Ende des flach abfallenden Sandstrands zieht das kühn-geschwungene Zeltdach über dem **AMPHITHEATER SENFTENBERG** TIPP die Blicke auf sich.

Nächste Station ist der langgestreckte **BADESTRAND** mit seinem flach abfallenden Ufer am **FAMILIENPARK SENFTENBERGER SEE** 1 1, einem besonders familienfreundlichen, weitläufigen Campingplatz mit schönen Stellplätzen im Kiefernwald für Wohnmobil, Caravan oder Zelt und einem umfangreichen Angebot an Mietunterkünften. Die vielfältige Auswahl reicht vom Bungalow mit DDR-Charme über urige Holzhütten bis zum komfortabel ausgestatten Luxus-Ferienhaus, sodass sich für jeden Übernachtungswunsch die passende Herberge finden lässt. Die rasante **WASSERRUTSCHE** ist für Übernachtungsgäste ebenso kostenlos wie das umfangreiche Angebot an Freizeitaktivitäten, von phantasievoll gestalteten Spielplätzen über Trampolin-Anlage und Mini-Golf-Parcours bis hin zu Tischtennisplatten und Outdoor-Kegelbahn. Falls das Wetter einmal nicht mitspielt, kann im „Froggi-Klupp“ nach Herzenslust gebastelt und gespielt werden.

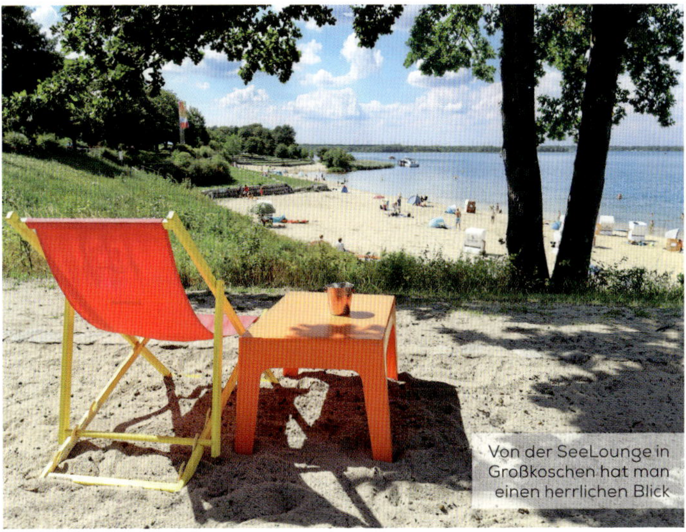

Von der SeeLounge in Großkoschen hat man einen herrlichen Blick

Wenige Paddelschläge weiter ist das **HAFENCAMP** 2 erreicht, wo ein **EIS-CAFÉ** zur Pause einlädt. Da die Weiterfahrt auf dem Südschlauch direkt hinter den Bootsliegeplätzen für Boote aller Art verboten ist, paddeln wir am Südostufer des Sees retour, passieren den Startpunkt am **SEESTRAND GROSS-KOSCHEN** 1, wo die die bunten Strandmuscheln und Sonnenschirme in der Sonne um die Wette leuchten. Es folgt der Wasserpark und die interessante Mischung aus schwimmender Hüpfburg und Hindernisparcours, bestimmt eine grandiose Gaudi für alle großen und kleinen Wasserratten.

Ein Stückchen weiter geht es unter der B96 hindurch in den **KOSCHENER KANAL.** Er ist die erste schiffbare Wasserstraße im Lausitzer Seenland und nachdem man im weiteren Verlauf die Schwarze Elster unterquert hat, ist die **SCHLEUSE KLEINKOSCHEN** erreicht. Sie gleicht den Höhenunterschied von etwa einem Meter zwischen Senftenberger See im Westen und Geierswalder See im Osten aus.

Ein Landgang lohnt vor Antritt des Rückwegs aber in jedem Fall, denn das freundliche **CAFÉ ZUR SCHLEUSE** 2 lädt zu einer Pause im maritimen Ambiente ein und während man eine Tasse frisch gemahlenen Kaffee und ein Stück hausgemachten Kuchen genießt, kann man die Seele baumeln lassen und das Treiben in der Schleusenkammer beobachten.

Soll von der **SCHLEUSE KLEINKOSCHEN** die Tour Richtung **GEIERSWALDER SEE** fortgesetzt werden, muss an den linksufrigen Terrassenstufen ausgesetzt und **UMTRAGEN** werden, da SUPs nicht geschleust werden.

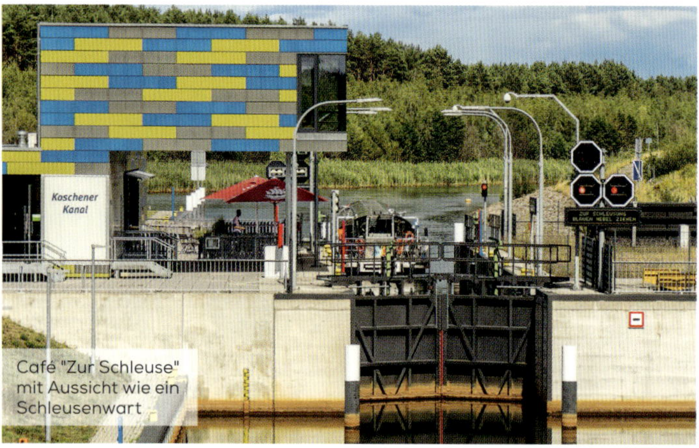

Café "Zur Schleuse" mit Aussicht wie ein Schleusenwart

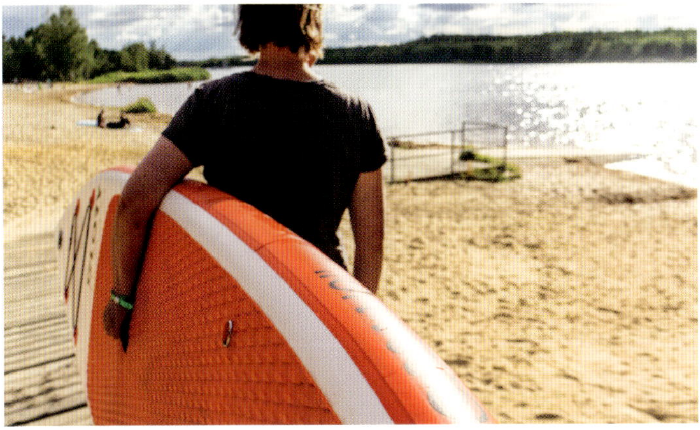

3 KURZE RUNDE NACH NIEMTSCH

Auf dem Abschnitt entlang des westlichen Seeufers zwischen **SENFTENBERG** und **NIEMTSCH**, der entweder als **VERLÄNGERUNG** von **ROUTE 1** oder als eigenständige Runde gepaddelt werden kann, bietet das **RESTAURANT IL MASSIMO** eine Einkehrmöglichkeit mit Seeblick.

Vor dem Rückweg locken noch der schöne Sandstrand von **NIEMTSCH** mit großer Liegewiese und die **ALOHA BEACHBAR** zur ausgedehnten Pause.

4 TRAUMHAFTER SÜDSEE

Eine tolle Möglichkeit für eine kurzweilige Spritztour bietet der **SÜDSEE**, wie der südwestliche Teil des Senftenberger Sees liebevoll genannt wird und auf dem Motorboote nicht erlaubt sind. Da die vorgelagerte, langgestreckte Insel im Senftenberger See den Blick in Richtung Senftenberg versperrt, wirkt er wie ein idyllischer eigenständiger See mit unbebauten, bewaldeten Ufern und vielen schönen Sandstränden. Vom Parkplatz am Schullandheim sind die Boards schnell über den Radweg an den **STRAND** 4 getragen und der Törn in östliche Richtung kann beginnen. Am Strand im Osten, bevor die Weiterfahrt verboten ist, lohnt sich der knapp einen Kilometer lange **SPAZIERGANG** auf dem Radweg zum **AUSSICHTSTURM „SCHIEFER TURM"** TIPP. Von der Plattform in 31,5 Metern Höhe öffnet sich ein weiter Blick über den Senftenberger See mit seinem naturgeschützten Inselkomplex.

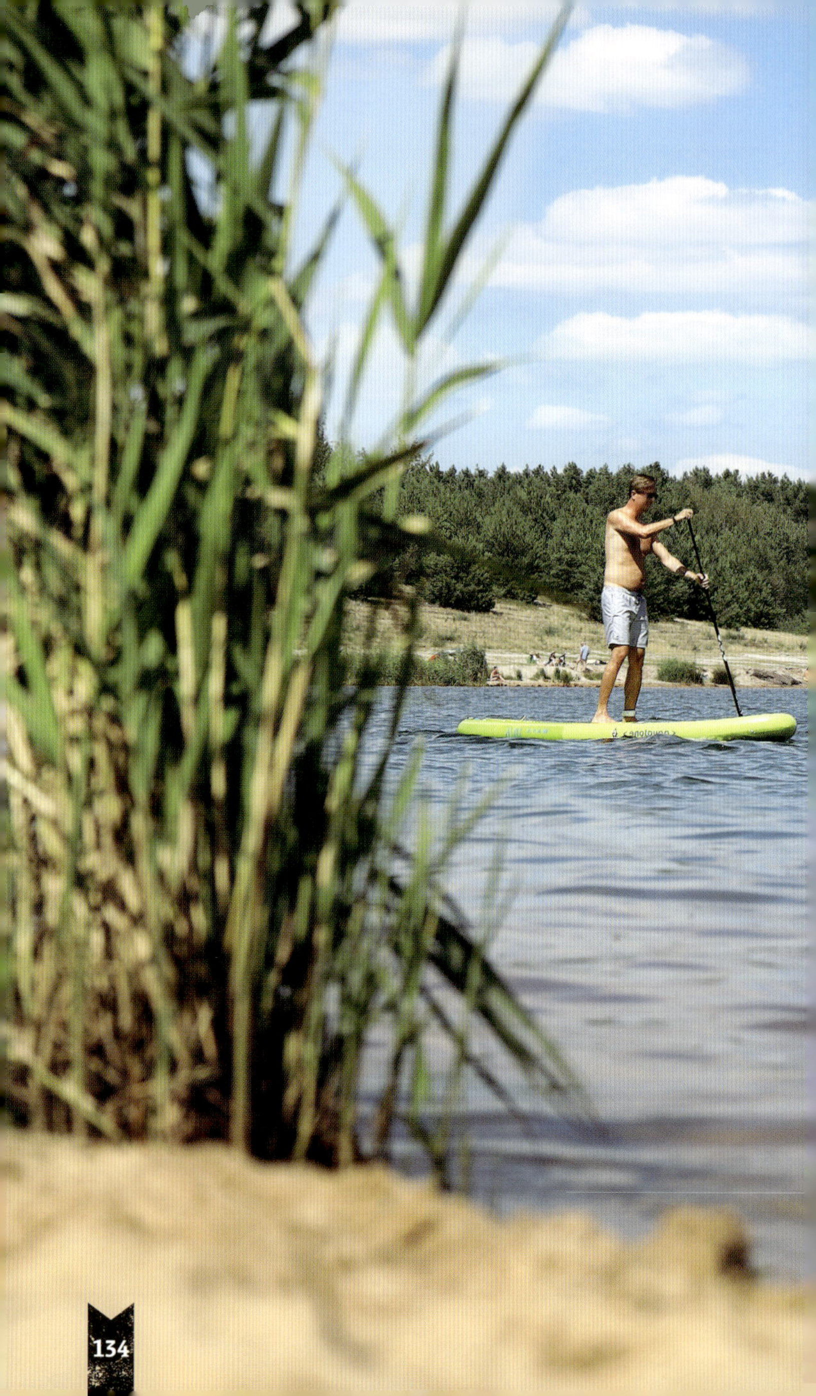

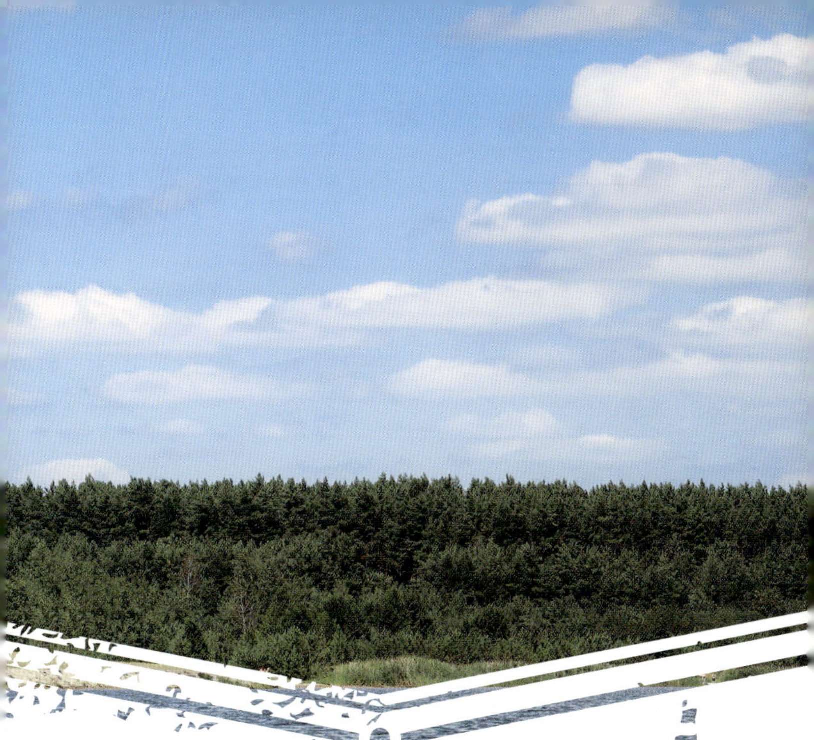

GEIERSWALDER SEE

ANSPRUCH

EINKEHR

An diesem See findet man alles für einen perfekten Tag – breiter feinster Strand, klares Wasser, Strandbar mit Sonnenterrasse und Liegestühlen sowie eine Vermietung von SUP-Boards. Zum kleinen Teil in Brandenburg, zum großen Teil in Sachsen liegend, entstand der See durch die Flutung mit dem Wasser der Schwarzen Elster aus der ehemaligen Braunkohlegrube des Tagebaus Koschen.

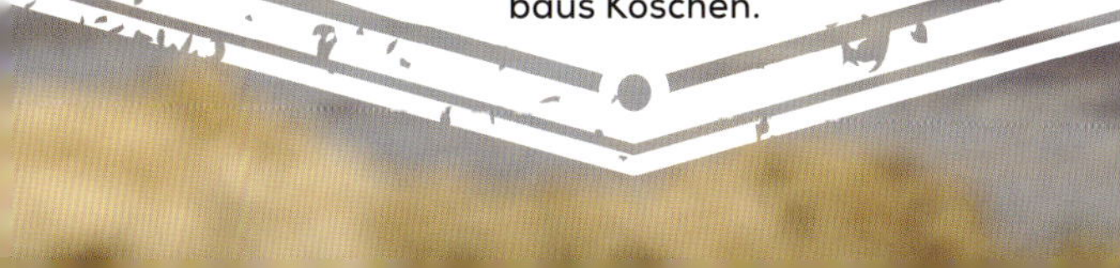

WIND & WELLEN

Die weite, offene Wasserfläche (620 ha) macht den Geierswalder See recht windanfällig. Je nach Erfahrung, Windstärke & -richtung sollte man daher besser in Ufernähe bleiben bzw. bei aufkommendem Wind rechtzeitig umdrehen. Bei Wind aus Süd gibt es keinen Schutz durch das Ufer und es kann schwierig werden, zurück zum Startpunkt zu paddeln.

BEFAHRUNGSREGELN

Der Geierswalder See darf **nur vom 01.04. bis 31.10. befahren werden.**

Das **Westufer** ist **Sperrbereich**.

Die **Einfahrt in den Sornoer Kanal** ist derzeit noch **verboten.**

ANFAHRT MIT DEM PKW

Autobahn A13 Berlin–Dresden bis zur Abfahrt 17 (Ruhland) und weiter auf der B169 bis Senftenberg. Von dort weiter auf der B96 bis Großkoschen und nach der Brücke über den Koschener Kanal links ab und auf der Kreisstraße über Tätzschwitz nach Geierswalde.

PARKEN

Weitläufiger, kostenpflichtiger Parkplatz in kurzer Entfernung zum Badestrand *(Navi: Promenadenweg, 02979 Elsterheide OT Geierswalde).*

ANREISE MIT ÖPNV

Mit dem RE18 (Dresden–Cottbus) bis *Neupetershain* und weiter mit dem Bus der Linie 886 (Richtung Schwarze Pumpe) bis Haltestelle *Bluno Gasthaus*, von dort mit der Linie 792 (Richtung Hoyerswerda) nach *Geierswalde*. In den Sommermonaten von Apr-Okt Sa/So/Fei Fahrradbus 784/778 Hoyerswerda – Lauta – Geierswalde – Klein Partwitz – Sabrodt.

BADEN

» Der **Geierswalder Seestrand** wird in der Saison am Wochenende und an den Feiertagen bewacht.

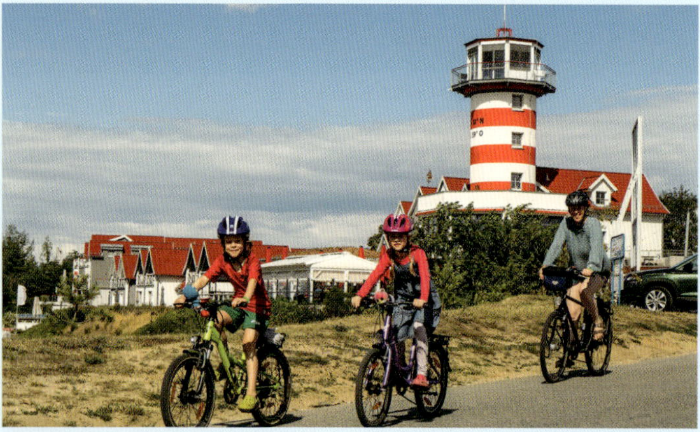

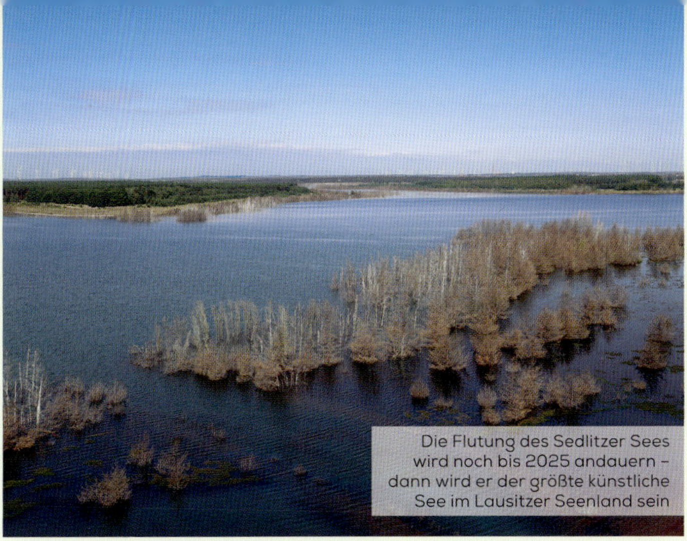

Die Flutung des Sedlitzer Sees wird noch bis 2025 andauern – dann wird er der größte künstliche See im Lausitzer Seenland sein

EXTRA-TIPPS

» Am Ausgang des **Sornoer Kanals** in den Sedlitzer See erhebt sich der **Aussichtsturm „Rostiger Nagel“** mit seiner markanten Optik aus rostrotem Corten-Stahl. Er gilt als Wahrzeichen des Lausitzer Seenlandes. Von der Plattform in 30 m Höhe genießen Wanderer, Radfahrer und Skater den beeindruckenden Rundblick über Sedlitzer See, Geierswalder See und Partwitzer See.

» Vom **Aussichtspunkt „Welzower Fenster“** am östlichen Rand der Stadt **Welzow** kann man die bizarre Mondlandschaft und gigantischen Maschinen sowie das Geschehen im aktiven Braunkohletagebau Welzow-Süd mit eigenen Augen ansehen. Eine gute Anlaufstelle für kompetente **Informationen zum Bergbau in der Lausitz** und **geführte Touren** durch den Tagebau ist das **Besucherzentrum „excursio“** im ehemaligen Bahnhof der Stadt Welzow *(Apr-Okt Di-Fr 10-17, Sa 10-16, Nov-Mär Di+Do 10-15, Heinrich-Heine-Str. 2, 03119 Welzow Tel. (035751) 27 50 50, www2.bergbautourismus.de)*.

» Der rund **16 Kilometer** lange, durchgehend asphaltierte **Seerundweg** ist zum Radfahren, Skaten und Laufen geeignet. Auf den Wegweisern trägt er die Rundkursnummer 9.

» **wake & more** bietet verschiedene **Wasserski- & Wakeboard-Lehrgänge** an. Fortgeschrittene können sich auch mit dem eigenen Brett hinter dem Motorboot herziehen lassen. *www.wakeandmore.wordpress.com*

» Auf dem **Erlebnisbauernhof Lausitzleben** in **Täschwitz** erfährt man bei einer geführten **Erlebniswanderung mit Alpakas** viel Wissenswertes über die ursprünglich aus Südamerika stammenden Tiere, das ehemalige Braunkohlerevier und das Lausitzer Seenland. *www.lausitzleben.de*

TOUREN

1 SANDSTRAND AM HEIDERAND

Vom Badestrand nach Norden bis zur Einfahrt in den Barbara-Kanal und dicht am Ufer wieder zurück.

| **LÄNGE** 7 km | **DAUER** 3,5-4,5 h

2 KOSCHENER KANAL

Vom Badestrand nach Westen, dann auf dem Koschener Kanal bis zur Schleuse und wieder retour.

| **LÄNGE** 8 km | **DAUER** 4-5 h

EIN- & AUSSTIEG

Vom Ausgang des großen Parkplatzes am nördlichen Ende sind es keine 300 m bis zum Badestrand an der Südböschung des Geierswalder Sees.

SUP-VERMIETUNG

1 OSTUFER – STRANDBAR & WASSERSPORT

Direkt am Badestrand

Promenadenweg 8
02979 Elsterheide OT Geierswalde
Tel. 0174-733 38 88
www.ost-ufer.de

2 GRILL & CHILL PIER 1

Buchung nur online möglich

Am Wassersportzentrum 2
02979 Elsterheide OT Geierswalde
Tel. (03571) 41 53 12 & 01520-798 62 85
www.grillandchill.de

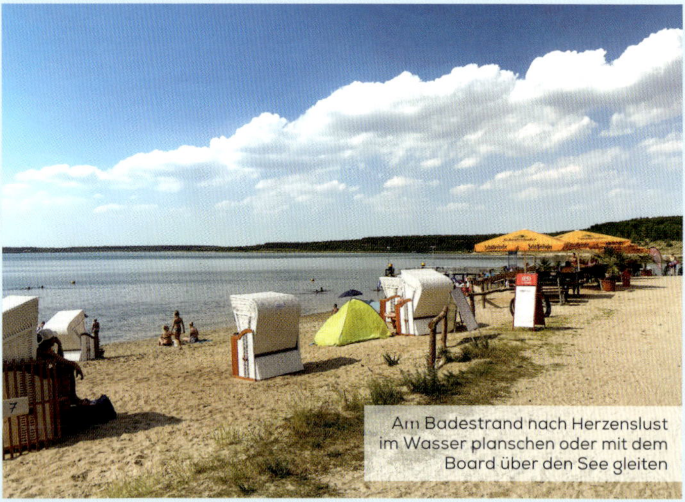

Am Badestrand nach Herzenslust im Wasser planschen oder mit dem Board über den See gleiten

EINKEHR

1 OSTUFER – STRANDBAR

Promenadenweg 8
02979 Elsterheide OT Geierswalde
Tel. 0174-733 38 88
www.ost-ufer.de
Bei gutem Wetter im Sommer tgl. ab 11 (Apr/Okt bis 21, Mai-Sep bis 22 Uhr)

KLASSIKER Leckere Käsebrezeln! Mit 'nem Cocktail im Liegestuhl den Sonnenuntergang bewundern

2 BIKINI BAR IM LEUCHTTURM-HOTEL

Zum Leuchtturm 1
02979 Elsterheide OT Geierswalde
Tel. (035722) 950 00
www.leuchtturm-lausitz.de
Do-Sa 17-23, So 12-21 Uhr

KLASSIKER Frisch gemixte Cocktails, Seeblick inklusive

3 ULF'S SCHEUNE DIE KLEINE KNEIPE

Landstraße 15
02979 Elsterheide OT Geierswalde
Tel. 0174-214 15 10
www.ulfs-scheune.de
1. Mai-1. Okt Fr, Sa 16-22, So ab 11 Uhr

KLASSIKER Urig und gemütlich! Ulf ist Jäger und Koch – daher zur Jagdzeit natürlich Wild

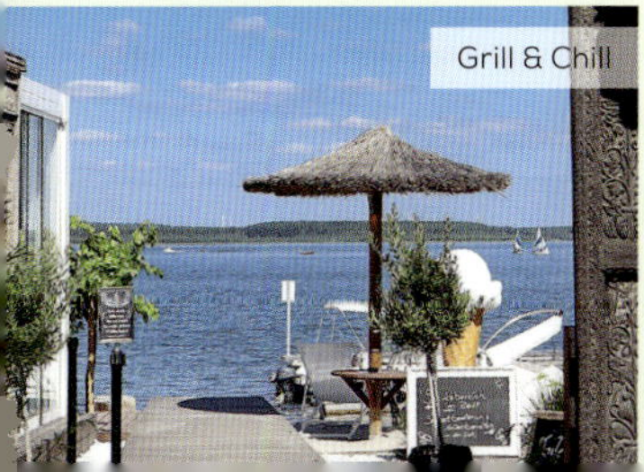

Grill & Chill

ÜBERNACHTUNG

1 SEECAMPING GEIERSWALDE

Sehr einfacher Platz direkt hinter dem Badestrand
Promenadenweg 5-7
02979 Elsterheide OT Geierswalde
www.geierswaldersee.de
>Übernachten >Camping

2 LAUSITZ RESORT FERIENHAFEN SCADO

Schwimmende Häuser mit FeWo's, Appartments und Zimmer
Zum Leuchtturm 1
02979 Elsterheide OT Geierswalde
Tel. (035722) 950 00
www.leuchtturm-lausitz.de

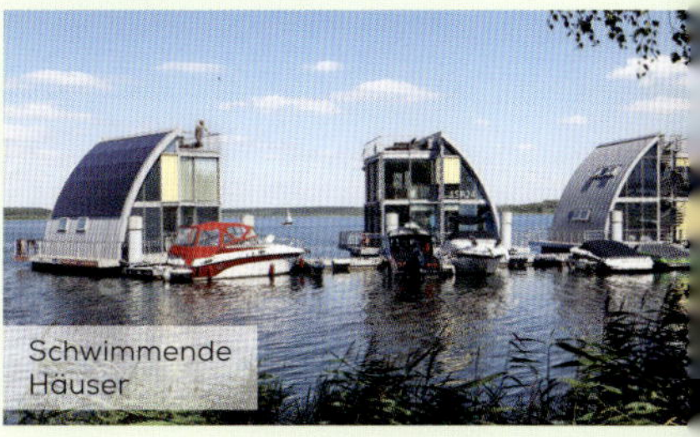

Schwimmende Häuser

3 DER LEUCHTTURM-LAUSITZ

4-Sterne-Hotel mit toller Aussicht
Zum Leuchtturm 1
02979 Elsterheide OT Geierswalde
Tel. (035722) 950 00
www.leuchtturm-lausitz.de

4 HAUS SEEWEG GEIERSWALDE

Ab 2 Nächte, Landstr. 32
02979 Elsterheide OT Geierswalde
Tel. (03571) 209 61 77
www.hausseeweg.de

1 VON SACHSEN NACH BRANDENBURG

Wenn man an einem windstillen Sommertag am **STRAND** von **GEIERSWALDE** im südöstlichsten Zipfel des **GEIERSWALDER SEES** steht, dehnt sich die glatte Wasseroberfläche wie eine gigantische Scheibe aus Glas vor einem aus und scheint sich bis zum Horizont zu erstrecken. Die Sonne zaubert ein paar funkelnde Reflexe zwischen die Schäfchenwolken am Himmel und nach dem Ablegen gleitet das Board mühelos über das still daliegende Wasser.

Schnell verhelfen die Weite und Ruhe des Sees und die rhythmische Paddelbewegung zum richtigen Flow und man kann sich in Gedanken über die Schönheit der Landschaft verlieren. Um keine böse Überraschung zu erleben, sollte man aber vor dem Start den Wetterbericht gecheckt haben, denn wenn nach der Morgenflaute der Wind aus südlicher Richtung einsetzt, ist es mit der Idylle schnell vorbei und der Rückweg gerät zum anstrengenden Kräftemessen.

Dass das **WESTUFER** auf Brandenburger Seite noch **GESPERRT** ist, lässt sich angesichts der großen Wasserfläche, die genug Platz zum Paddeln bietet, zwar verschmerzen, trotzdem ist es schade, dass im Norden des Sees für uns Schluss ist. Die auf der Bundesland-Grenze Sachsen–Brandenburg gezogene gelbe Bojenkette untersagt die Einfahrt in den bereits 2006 fertiggestellten **SORNOER KANAL**, dessen Name an ein weggebaggertes Dorf erinnert.

Der nach Osten abzweigende **BARBARA-KANAL** ist zwar bereits schiffbar, bietet aber nicht die Möglichkeit in den Partwitzer See zu paddeln *(befahren mit eigenen SUP-Boards ist dort nicht erlaubt, siehe Partwitzer See, Seite 157)*.

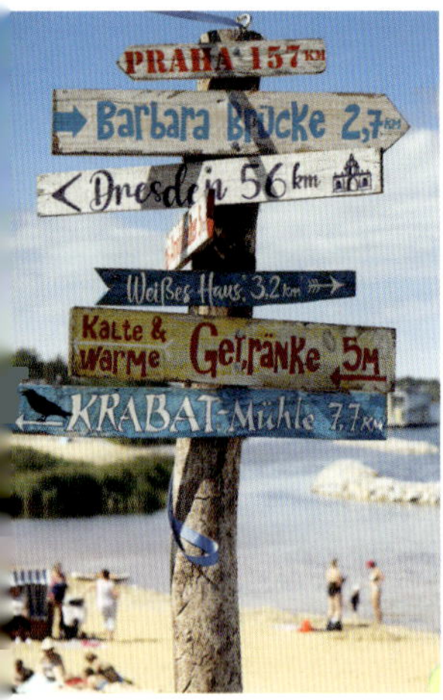

Somit geht es am **OSTUFER** des Geierswalder Sees zurück. Für die langgestreckte Landbrücke, die den Geierswalder vom Partwitzer See trennt, hat die Gemeinde Elsterheide Großes vor. Der Masterplan für die Entwicklung eines Badestrandes mit Liegewiesen, Bäumen und einem Uferweg liegt schon seit längerem in den Schubladen der Planer, aber schon jetzt ist das Ufer hübsch anzuschauen.

Wer zum Abkühlen zwischendurch nicht direkt vom Brett in den See springen möchte, findet im Schilf auch immer wieder die ein oder andere schmale Durchfahrt zu schönen, versteckten Sandbuchten.

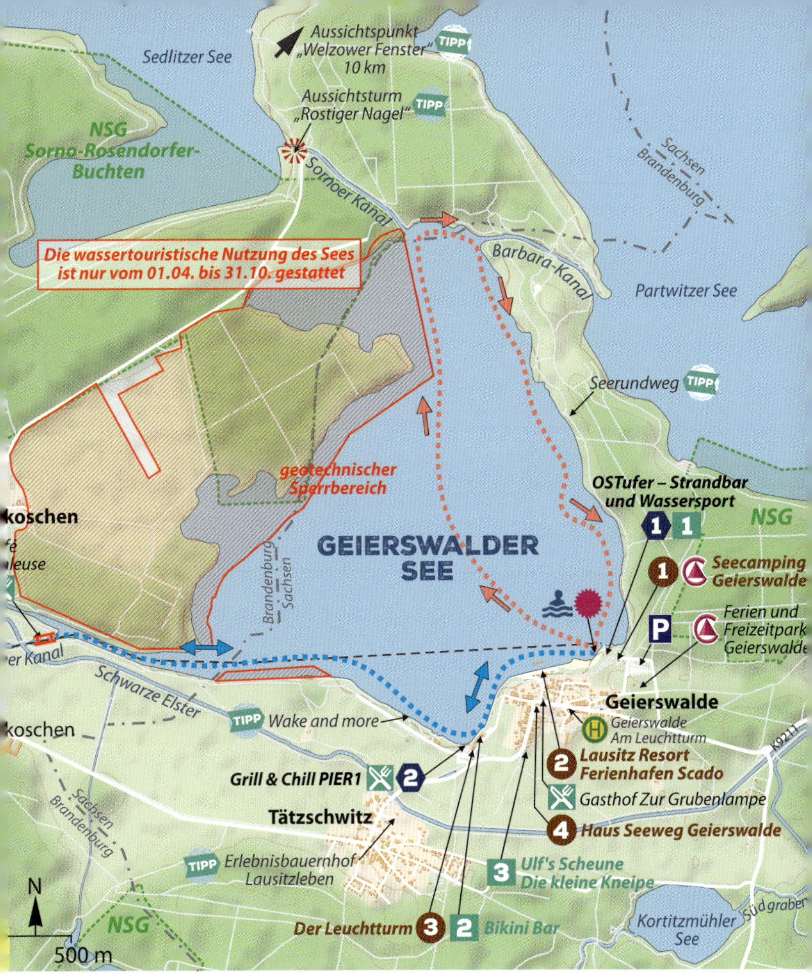

2 VON DEN SCHWIMMENDEN HÄUSERN ZUR SCHLEUSE

Die zweite Route folgt dem Südufer des **GEIERSWALDER SEES** vorbei an den futuristischen **SCHWIMMENDEN FERIENHÄUSERN**, dem rot-weiß gestreiften **LEUCHTTURM**, der ein **HOTEL** 3, das **RESTAURANT „MEHRSEEN"** und die **BIKINI BAR** 2 beherbergt, sowie der **MARINA GEIERSWALDER SEE** bis in den **KOSCHENER KANAL**, wo das gemütliche **CAFÉ AN DER SCHLEUSE** eine willkommene Gelegenheit bietet sich für den Rückweg zu stärken.

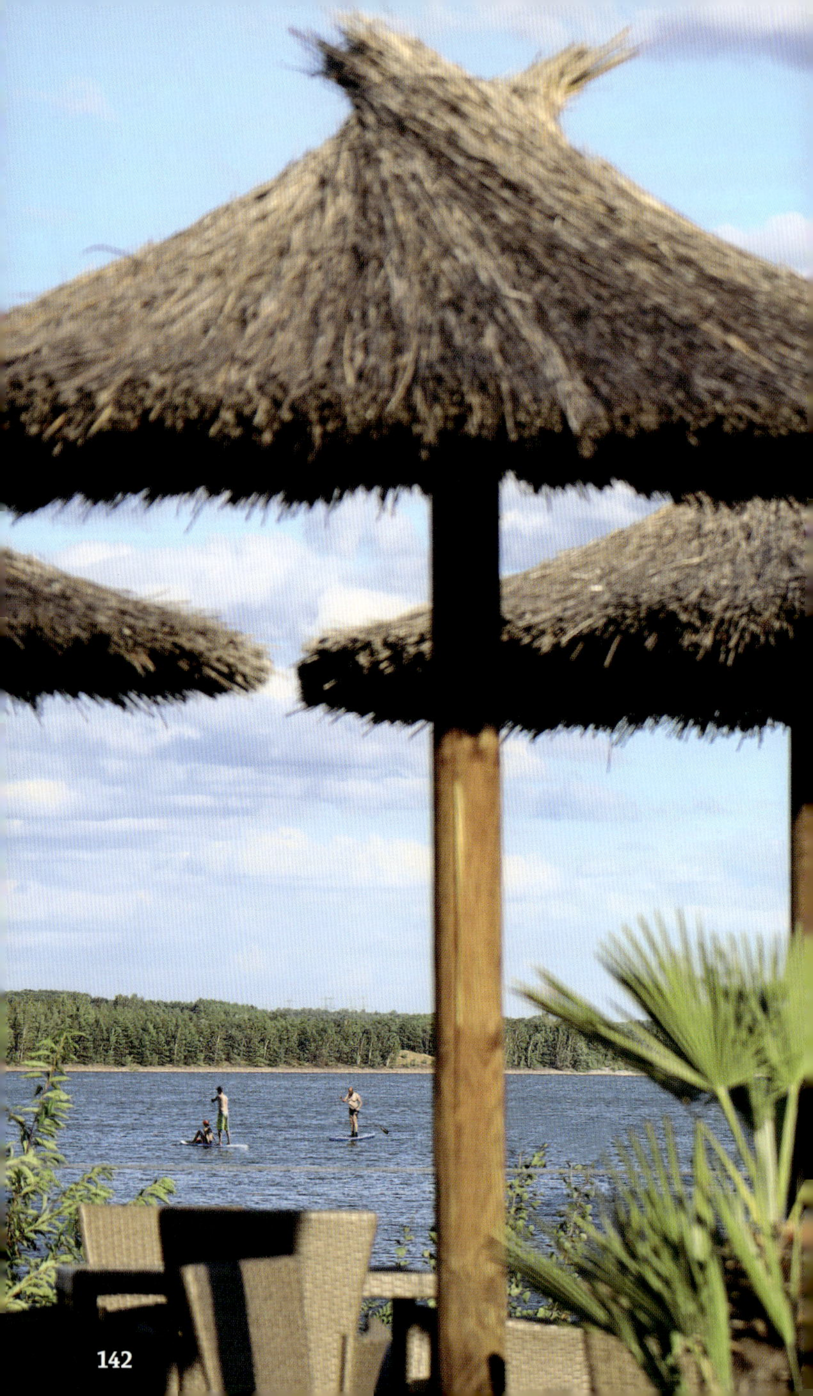

DREIWEIBERNER SEE

ANSPRUCH | EINKEHR

RUND UM DEN DREIWEIBERNER SEE

| **LÄNGE** 6,5 km | **DAUER** 2-3 h | **EIN-/AUSSTIEG** Strand Lohsa od. Weisskollm

Kompakt TOUR

Der südöstlich von Hoyerswerda gelegene See zählt mit seinen knapp 300 Hektar zu den kleineren der Region. Dank der Flutung mit dem Wasser der Kleinen Spree zählt seine Wasserqualität zu den besten in der Lausitz. Spannend zu wissen, dass aus dem ehemaligen Tagebau in seinen nur fünf Betriebsjahren rund 14 Millionen Tonnen Braunkohle aus der Erde geholt wurden.

Heute befinden sich zwei breite **BADESTRÄNDE** am **DREIWEIBERNER SEE**, an denen sich Sonnenanbeter und Wasserratten wohlfühlen – einer bei **LOHSA**, der andere bei **WEISSKOLLM**, wo wir starten. Bei Umrundung des Sees im Uhrzeigersinn erlaubt eine freie Durchfahrt im Schilfgürtel nach etwa 1 Kilometer die erste Pausenmöglichkeit in **DREIWEIBERN** am **RADLER-RASTPLATZ** mit einer markanten Bank mit drei Frauenstatuen. Nebenan informiert eine **SCHAUTAFEL** über die Entwicklung vom Braunkohletagebau zum Bergbaufolgesee und erklärt die Legende, die sich hinter dem Ortsnamen verbergen soll.

Bei der Weiterfahrt wird im Nordosten der Kanal zum Speicherbecken Lohsa II erreicht, das aber für Badegäste und Wassersportler gesperrt ist. Direkt rechts neben der Einfahrt in den Kanal bietet der kleine, aber feine **SANDSTRAND** eine hervorragende Pausenmöglichkeit. Nächste Stationen der Runde sind der Bootssteg am Südufer und der etwa 200 Meter lange **STRAND** in **LOHSA** mit seiner weithin sichtbaren Glaspyramide in der sich das **GRILL & CHILL PYRAMIDE** befindet.

Wieder am Ausgangspunkt **WEISSKOLLMER STRAND**, lassen wir die Tour in einem der Liegestühle in **HIPOS BEACHBAR** mit einem leckeren Softeis in der Hand ausklingen und den Blick noch einmal über den See schweifen.

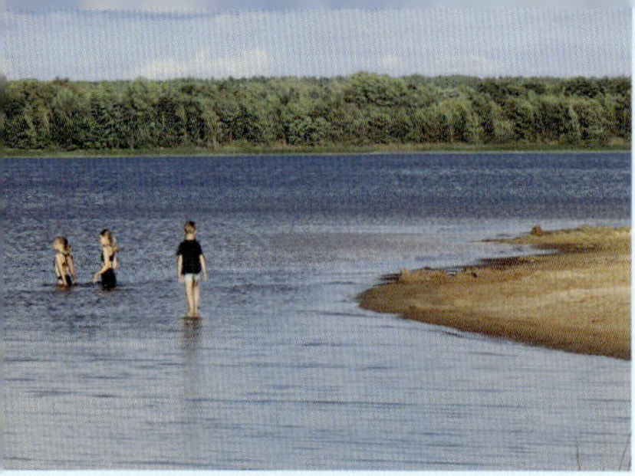

WIND & WELLEN

Der Wind am Dreiweiberner See weht in der Regel allenfalls als leichte Brise und kommt überwiegend aus west-/südwestlicher Richtung.

BEFAHRUNGSREGELN

Die **wassertouristische Nutzung** des Dreiweiberner Sees ist **nur vom 01.04. bis 31.10. gestattet.**

ANFAHRT MIT DEM PKW

Spreewaldautobahn A15 bis zur Ausfahrt 5 (Cottbus-Süd), weiter auf der B97 über Spremberg nach Lohsa.

PARKEN

An beiden Stränden stehen kostenpflichtige Parkplätze zur Verfügung.

ANREISE MIT ÖPNV

Mit dem RB65 (Cottbus–Zittau) nach *Bf Spremberg* und weiter mit dem Bus Linie 800 bis *Hoyerswerda Klinikum*. Umstieg in die Bus-Linie 155 und bis Haltestelle *Lohsa Siedlung* fahren. Von dort sind es noch gut fünf Minuten Fußweg zum Badestrand in Lohsa.

BADEN

» Unbewachte Strände **Weißkollm** (Nordufer) und **Lohsa** (Westufer).

SUP-VERMIETUNG

1 GRILL & CHILL PYRAMIDE

Buchung nur online möglich
Am Strand 2, 02999 Lohsa
Tel. (035724) 55 85 48
www.grillandchill.de

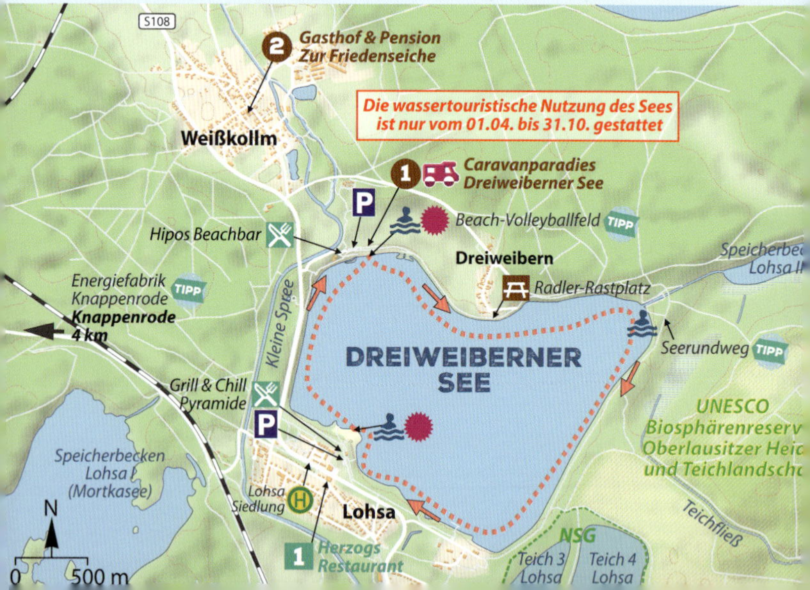

EINKEHR

1 HERZOGS RESTAURANT

Alte Bahnhofstr. 4, 02999 Lohsa
Tel. (035724) 551 41
www.herzogs-lohsa.de
Di-So 11.30-21 Uhr

KLASSIKER Mangoldknödel auf Pilzen oder Łaz´er Schnitzel mit Meerrettich, Würzfleisch und Käse überbacken

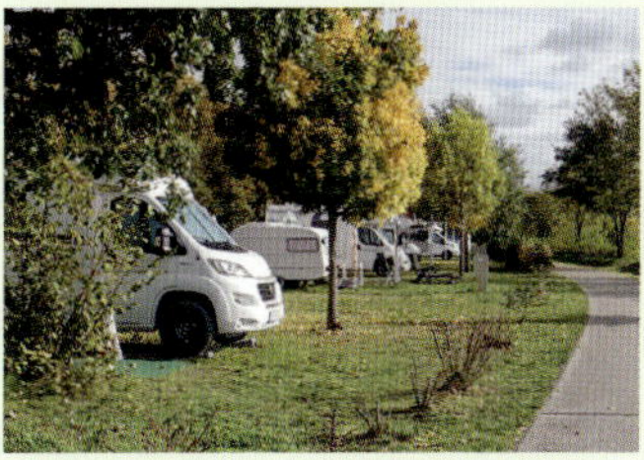

ÜBERNACHTUNG

1 CARAVANPARADIES DREIWEIBERNER SEE
Wohnmobil- & Wohnwagen-Stellplatz
Am Strand Weißkollm 1
02999 Lohsa OT Weißkollm
Tel. 0177-696 34 36
www.caravan-dreiweibern.de

2 GASTHOF & PENSION ZUR FRIEDENSEICHE
Dorfstr. 29
02999 Lohsa OT Weißkollm
Tel. (035724) 508 91
www.zur-friedenseiche.de

TIPP EXTRA-TIPPS

» Wunderbar pritschen und baggern lässt sich auf dem **Beach-Volleyballfeld** am Strand in **Weißkollm**.

» Der durchgehend asphaltierte, 8 km lange **Seerundweg** ist ideal zum Radfahren oder Skaten. Er ist allerdings überwiegend unbeschattet.

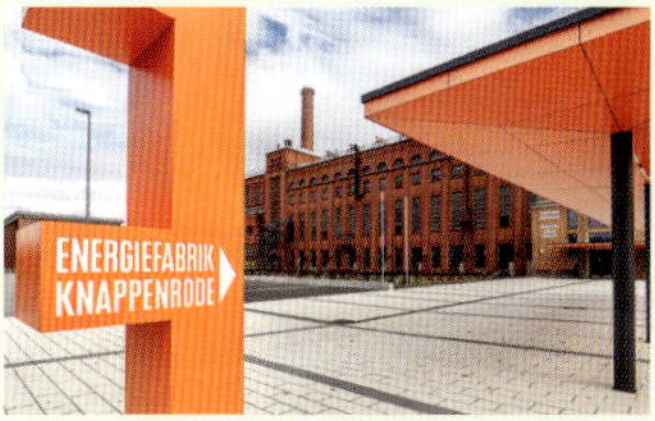

» Nicht nur an Regentagen ist das **Sächsische Industriemuseum „Energiefabrik Knappenrode“** einen Besuch wert. Bis 1993 wurden hinter der leuchtendroten Fassade des monumentalen Backsteinbaus Braunkohlebriketts produziert. Bei einem Rundgang durch die Fabrikhallen lassen sich kolossale Turbinen, Trockner und Pressen besichtigen und die Lausitzer Industriegeschichte lebendig werden. *www.energiefabrik-knappenrode.de*

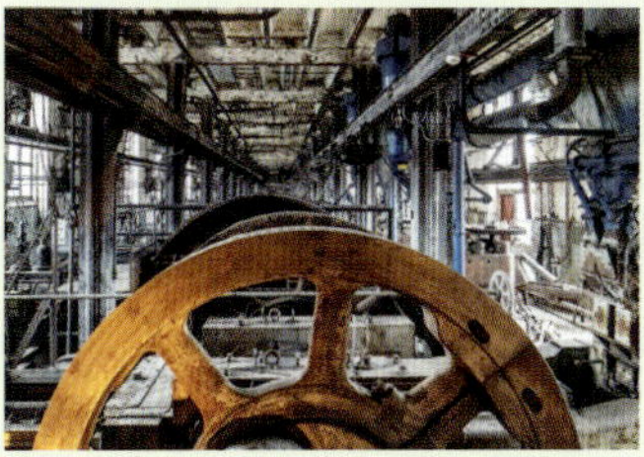

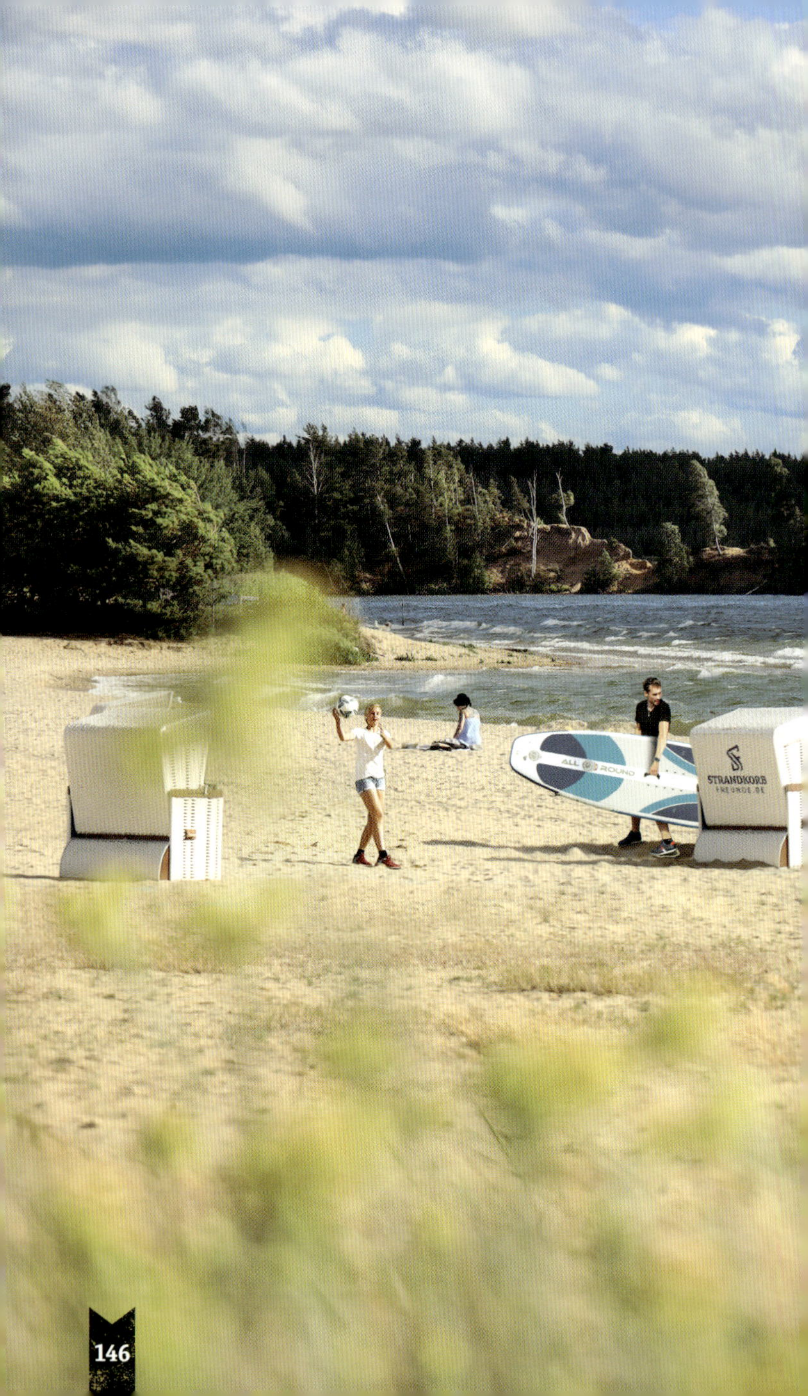
ALL ROUND
STRANDKORB
FREUNDE.DE

BÄRWALDER SEE

ANSPRUCH

EINKEHR

ROUTE 1: RUNDE AM BOXBERGER UFER

| **LÄNGE** 5 km | **DAUER** 1,5-2 h | **EIN- & AUSSTIEG** Surfstrand Bärwalde

Vom Surfer-Strand zum Boxberger Strand je nach Lust & Laune und abhängig von Windrichtung und -stärke entweder dicht am Ufer oder quer über den See.

ROUTE 2: VOM LEUCHTTURM ZUM SCHLOSS

| **LÄNGE** 7 km | **DAUER** 2,5-3,5 h | **EIN-/AUSSTIEG** Strand Klitten, Südufer

Kurzweilige Tour entlang des Südufers mit Blick auf das Neue Uhyster Schloss. Bei Windstille kann man am Nordwestufer weiter Richtung Boxberg paddeln.

Kompakt TOUR

In direkter Nachbarschaft zum UNESCO Biosphärenreservat „Oberlausitzer Heide- und Teichlandschaft", den typischen Kiefernwäldern mit Heide und Teichen, schlummert in ganzer Schönheit der „Landschaftspark Bärwalder See". Entstanden durch Flutung des ehemal. Braunkohletagebaus Bärwalde, ist er mit einer Fläche von 13 qkm der größte See Sachsens. Die drei weitläufigen Badestrände (Boxberg, Uhyst, Klitten) locken mit feinem, hellem Sand. Sie kommen auf eine Gesamtlänge von 4 Kilometern und lassen keinen Wunsch offen. Gastronomie, Toiletten und Beachvolleyball gibt es an allen drei Stränden, am Boxberger und Uhyster Strand dürfen sich Fußballfans zudem über Beachsoccer-Anlagen freuen.

Die große Uferwiese vor dem Parkplatz P_1 am sogenannten **KITE-SURF-STRAND BÄRWALDE** 1 (Merzdorfer Ufer) bietet genug Platz, um die SUPs startfertig zu machen. Sich Richtung Osten haltend, sieht man in der Ferne den Wasserdampf aus den Kühltürmen des Kohlekraftwerks Boxberg in den Himmel quellen. Am weitläufigen **BADESTRAND BOXBERG**, der mit Sonnenschirmen im Hawaï-Stil fast Karibik-Feeling aufkommen lässt, empfiehlt sich eine Pause. Oder man lässt sich oben an der Promenade in der **STRANDBAR MARKISE** kühle Drinks und kleine Speisen servieren. Die Bucht südlich des Strandes gehört zu den gesperrten Wasserflächen.

Auch die **MARINA KLITTEN** 2 2 oder der nahe **STRAND** 2 sind gute Startpunkte. Den Leuchtturm Klitten am Ende der Mole im Rücken, geht es westwärts zum **IMBISS SEEPERLE** am **BADESTRAND** in **UHYST.**

WIND & WELLEN

Da auch bei Seglern & Kitesurfern beliebt, weht am See regelmäßig ausreichend Wind.

Auf der großen Wasserfläche entsteht rasch hoher Wellengang. Es empfiehlt sich, vor dem Start im Wetterbericht die zu erwartende Windstärke & -richtung zu checken, um unterwegs keine böse Überraschung zu erleben.

BEFAHRUNGSREGELN

Die **wassertouristische Nutzung** ist **nur vom 01.04. bis 31.10. gestattet.**

Vorab ist eine **Anmeldung beim Hafenmeister** erforderlich (Tel. 01577-354 14 01 oder hafenmeister@baerwalder-see.eu), weil für den Bärwalder See verwaltungsrechtlich die Schiffbarkeit noch nicht erklärt ist und alle Nutzungen auf Grundlage von wasserrechtlichen Genehmigungen erfolgen.

SUPs dürfen **auf den genehmigten Strandbereichen eingesetzt** werden, wenn **innerhalb der ausgewiesenen Badebereiche** gepaddelt wird.

Zum **Befahren** der für **Wasserfahrzeuge freigegebenen Wasserfläche muss** am **Hafen Klitten oder** am sogenannten **(Kitesurf-)Strand** am Westufer des Sees **eingesetzt werden.**

Die **Buchten im Südwesten, im Nordwesten und Nordosten und der zentrale Seenbereich** sind für eine **Befahrung gesperrt.** (siehe: https://zweckverband-lss.de/oeffentliche-dokumente/pressemitteilungen-2)

ANFAHRT MIT DEM PKW

Aus Richtung Norden auf der B115 Richtung Bad Muskau, weiter auf der B156 Richtung Bautzen bis Boxberg.

Aus Richtung Dresden oder Görlitz auf der Autobahn A4 bis Abfahrt 90 (Bautzen-Ost), dann auf der B156 Richtung Bad Muskau nach Klitten oder weiter bis Boxberg/Oberlausitz.

PARKEN

1. Kostenpfl. **Parkplatz Surfstrand Bärwalde** *(GPS: 51.388624, 14.544459).*

2. Kostenpfl. **Parkplatz Hafen Klitten** *(Navi: Am Hafen 3, 02943 Klitten).*

3. Kostenpfl. **Parkplatz** am **Südoststrand in Klitten** *(GPS: 51.360473, 14.563335).*

4. Kostenpfl. **Parkplatz** vor dem Campingplatz am **Badestrand Boxberg** *(Navi: Zur Strandpromenade 1, 02943 Boxberg/Oberlausitz)*

5. Kostenpfl. **Parkplatz am Strand Uhyst** *(GPS: 51.372249, 14.510610).*

ANREISE MIT ÖPNV

Regionalzug RB65 (Cottbus–Zittau) bis *Bf Weißwasser,* weiter mit der Buslinie 256 bis zum Bärwalder See *(Haltestelle: Boxberg (OL) Bärwalder See)* direkt vor dem Campingplatz.

Der RB 64 (Hoyerswerda–Görlitz) hält sowohl in *Uhyst* (ca. 25 Min Fußweg zum Strand) wie auch in *Klitten* (ca. 35 Minuten Fußweg zum Strand).

BADEN

Die Wasserqualität des Bärwalder Sees ist gut. Es gibt 3 Badestrände mit sowohl Textil- wie auch FKK-Bereichen:

» Im Nordosten am **Boxberg**er Ufer (mit Strandkorbvermietung).

» Am Südwestufer in **Uhyst**.

» Am Südostufer in **Klitten**.

EIN- UND AUSSTIEGE

» ❶ Am kürzesten vom Parkplatz ans Wasser ist es am **Surfstrand Bärwalde** (P1) am **Nordwestufer**.

» ❷ Am nördlichen Rand des **Strandes in Klitten** am **Südostufer** kann man zum Abladen bis fast ans Wasser fahren. Der Parkplatz (P3) selbst liegt ca. 350 weiter südlich an der Straße.

SUP-VERMIETUNG

❶ FILEK ECO BOOTSVERLEIH
Zur Strandpromenade 5 *(Nordufer)*
02943 Boxberg/Oberlausitz
Tel. 01522-255 26 78
www.filek-eco.de

❷ MARINA KLITTEN /
Am Hafen 2 *(Südufer)*
02943 Boxberg (OL) OT Klitten
Tel. 01577-354 14 01
www.marina-klitten.com

EINKEHR

1 GRUNERS EIS & CAFÉ

Schloßstr. 1
02943 Boxberg/OL OT Uhyst
Tel. (035728) 85 98 49
www.gruners.de
Mo-So 12-18 Uhr

KLASSIKER Leckeres Eis, frisch hergestellt in eigener Eismanufaktur

2 GASTHOF DREI LINDEN

Hauptstr. 6
02943 Boxberg/OL OT Uhyst
Tel. (035728) 802 27
www.drei-linden-uhyst.de
Mi-Sa 11-21, So 11-15 Uhr

KLASSIKER Herzhafte Rinderroulade mit Rotkohl und Kartoffelklößen

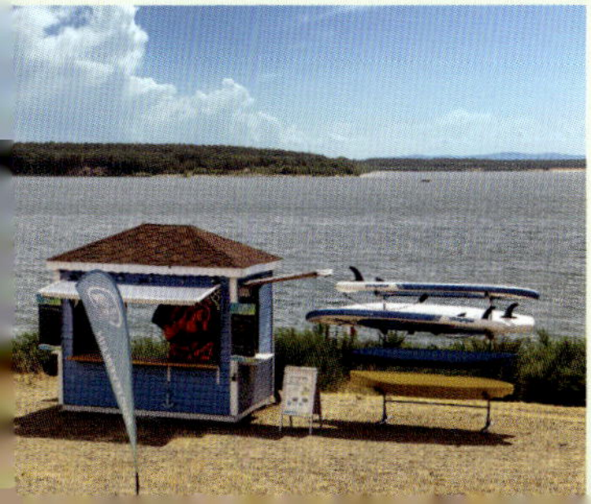

ÜBERNACHTUNG

❶ STERNENCAMP BOXBERG
Zur Strandpromenade 2
02943 Boxberg/OL (Oberlausitz)
Tel. (035774) 55 21 73
www.sternencamp-boxberg.de

❷ MARINA CAMPING BÄRWALDER SEE
Am Hafen 6, 02943 Boxberg OT Klitten
Tel. 015678-43 78 59
www.marina-camping-baerwalder-see.eu

❸ ZUM ALTEN RENTAMT
4 FeWo, mind. 2 Übernachtungen
Schloßstr. 7, 02943 Boxberg OT Uhyst
Tel. (035728) 85 90 57
www.rentamt-uhyst.de

❹ PENSION IRLAND
Liebevoll gestaltete Pension
Merzdorfer Straße 9
02943 Boxberg/OL OT Bärwalde
Tel. (035774) 55 84 40
www.pensionirland-baerwalde.de

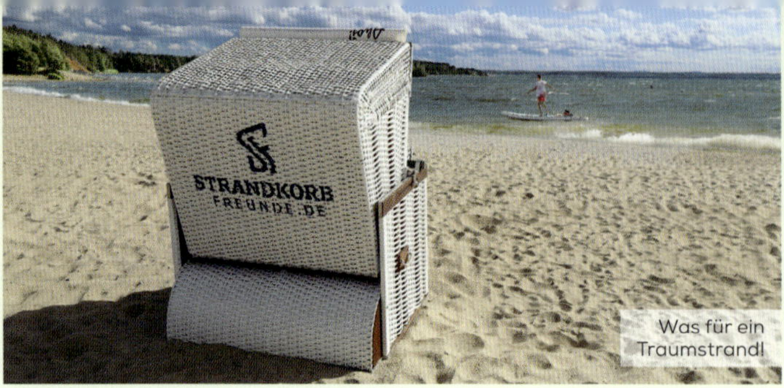

Was für ein Traumstrand!

SEHENSWERTES

» Begehbares **Landschaftskunstwerk „Ohr“** (modellierte Nachbildung eines menschlichen Ohres) nach der Idee des Künstlers Jaroslaw Kozakiewicz mit **Amphitheater** (in der Ohrmuschel) und 18 Meter hohem **Aussichtspunkt,** der einen schönen Blick über den Bärwalder See bietet. Im Sommer finden im Freilufttheater Kabarett, Shows und Freilichtkino-Aufführungen statt. *(www.baerwalder-see.eu >Entdecken >Sehenswertes)*

» Die einzigartige **Schrotholzkapelle** im **Boxberger Ortsteil Sprey** (ca. 5 km nordwestlich vom Boxberger Ufer) wurde um 1522 errichtet, steht unter Denkmalschutz und ist ein typisches Beispiel eines Bauwerks in der Muskauer Heide, das komplett ohne den Einsatz von Nägeln auskam.

» Ein ganz besonderes Erlebnis nicht nur für Pflanzenfreunde und Hobby-Geologen ist der **Findlingspark Nochten** (ca. 4 km nördlich von Boxberg). Auf dem rund 20 ha großen Gelände wurden über 7.000 Findlinge, die im Zuge des regionalen Bergbaus an die Oberfläche kamen, zu sieben hübsch angelegten **Gartenwelten** arrangiert. Ein **Lehrpfad** informiert über die Art und Herkunft der Gesteine. Neben Führungen werden auch Rundfahrten angeboten. *www.findlingspark-nochten.de*

TIPP EXTRA-TIPPS

» Der 21 km lange und durchgehend asphaltiere **Seerundweg** lädt zum Radfahren und Skaten ein.

» **Jeeptouren** nach Voranmeldung durch das **Safariwildrevier** in **Uhyst**, das auf 130 ha Fläche Heimat für rund 200 Wildtiere wie Kängurus, Lamas oder Wapitits ist. *www.safariwildrevier.de*

» Das direkt an den Bärwalder See anschließende **UNESCO Biosphärenreservat Oberlausitzer Heide- und Teichlandschaft** *(www.oberlausitz-heide.de)* lädt zum Naturentdecken beim Wandern oder Radfahren ein. Das **Besucherzentrum „Haus der tausend Teiche“** befindet sich 12 Kilometer südlich des Bärwalder Sees *(Di-So 9-17, Warthaer Dorfstr. 29, 02694 Malschwitz OT Wartha, www.haus-der-tausend-teiche.de)*.

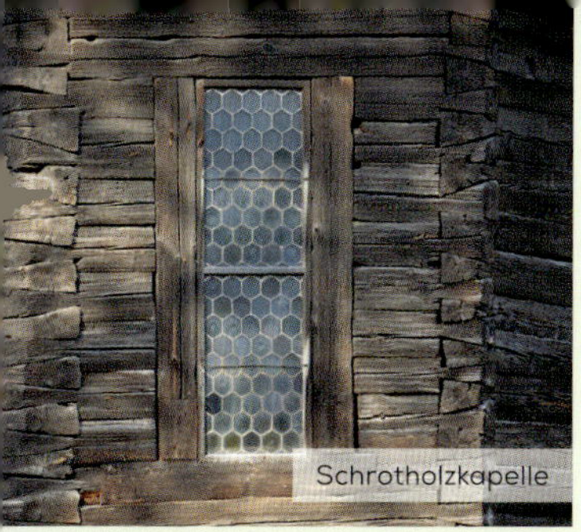
Schrotholzkapelle

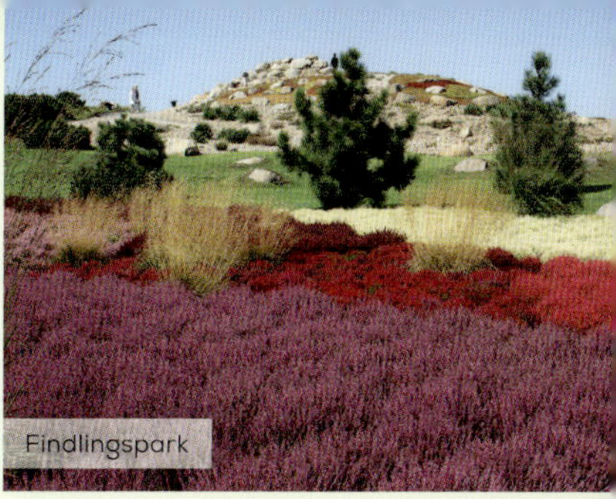
Findlingspark

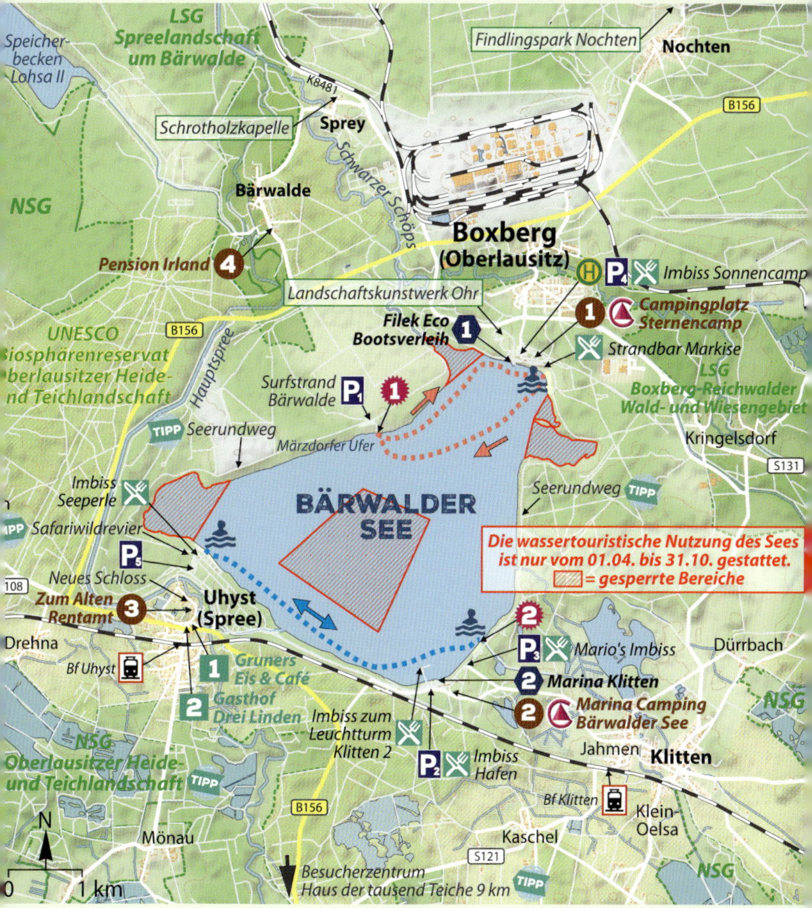

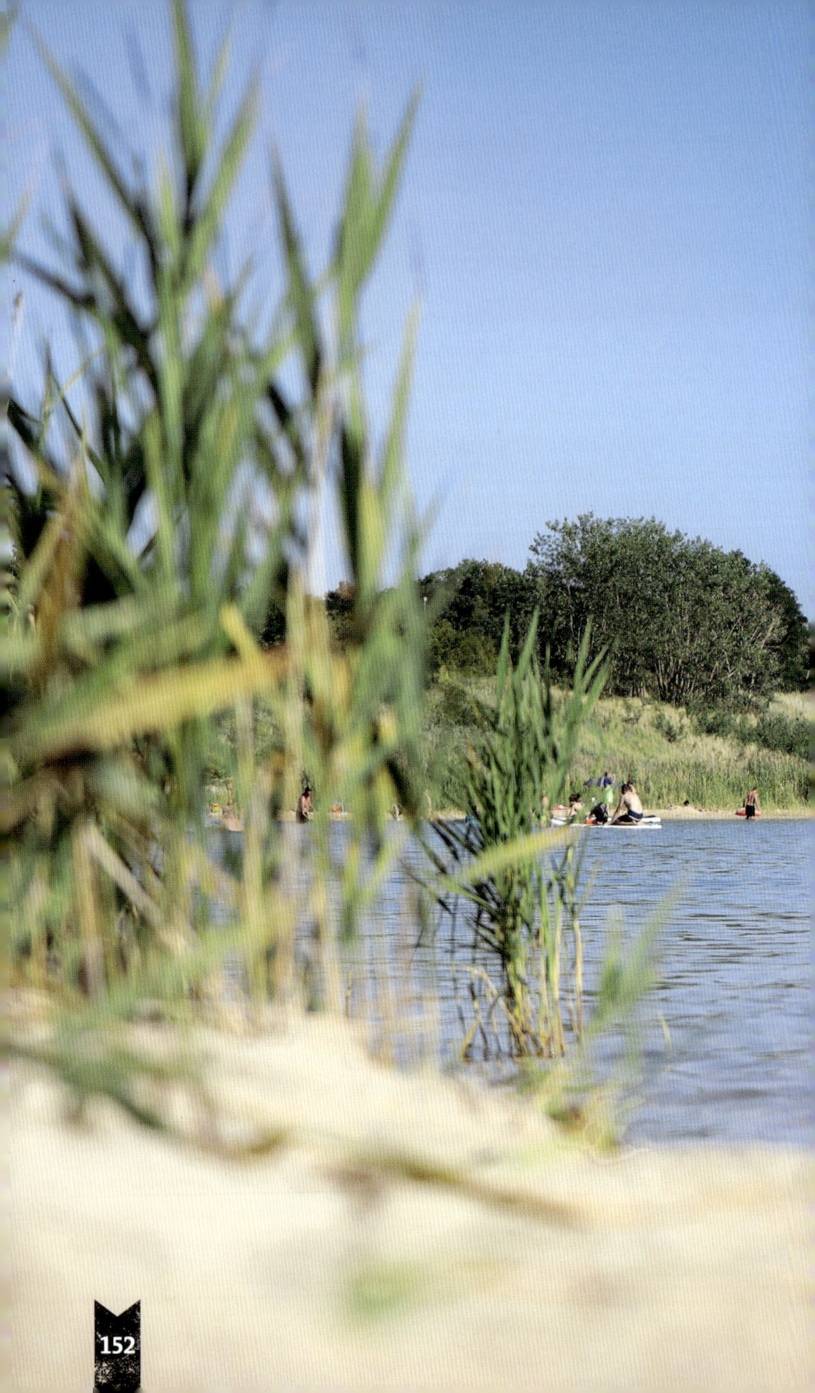

WEITERE SEEN IM LAUSITZER SEENLAND

KURZBESCHREIBUNGEN OHNE KARTE

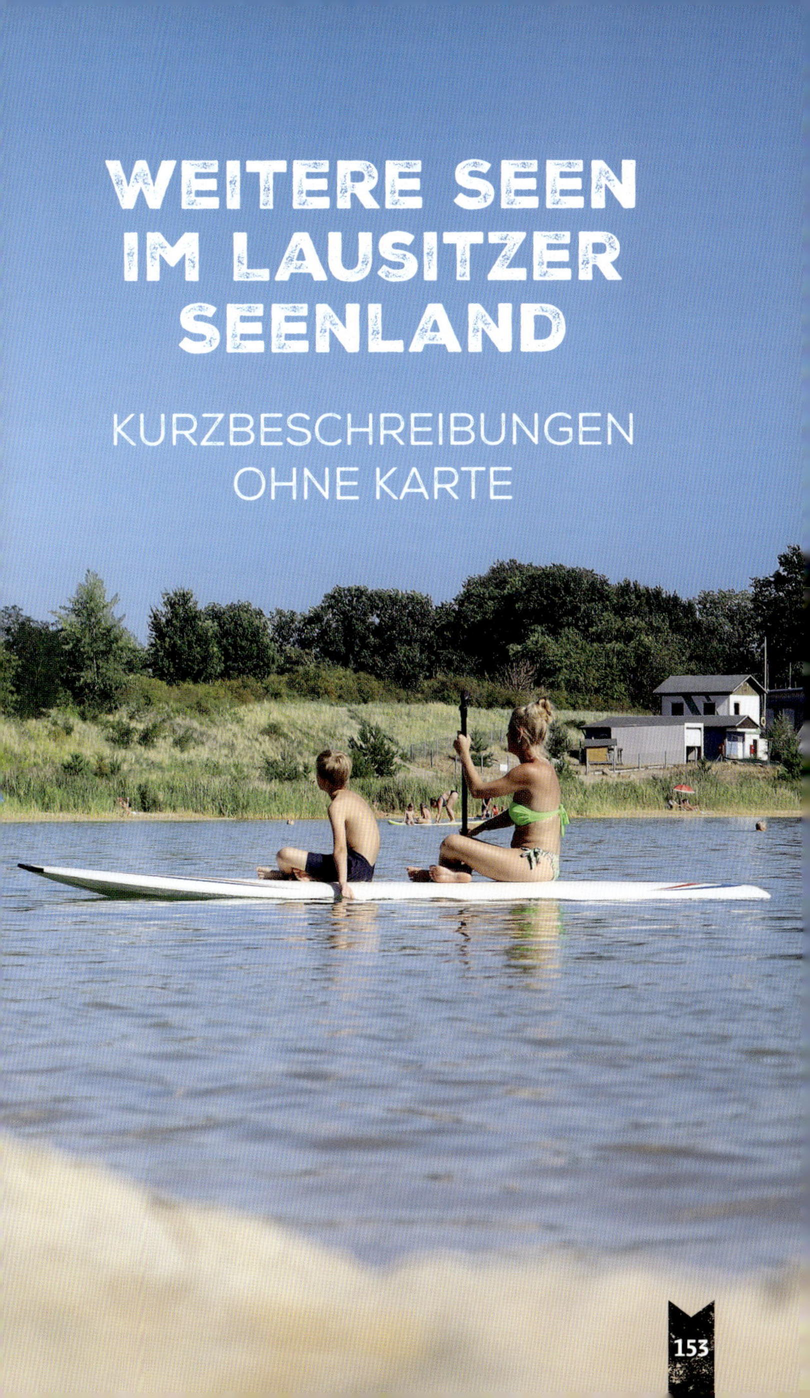

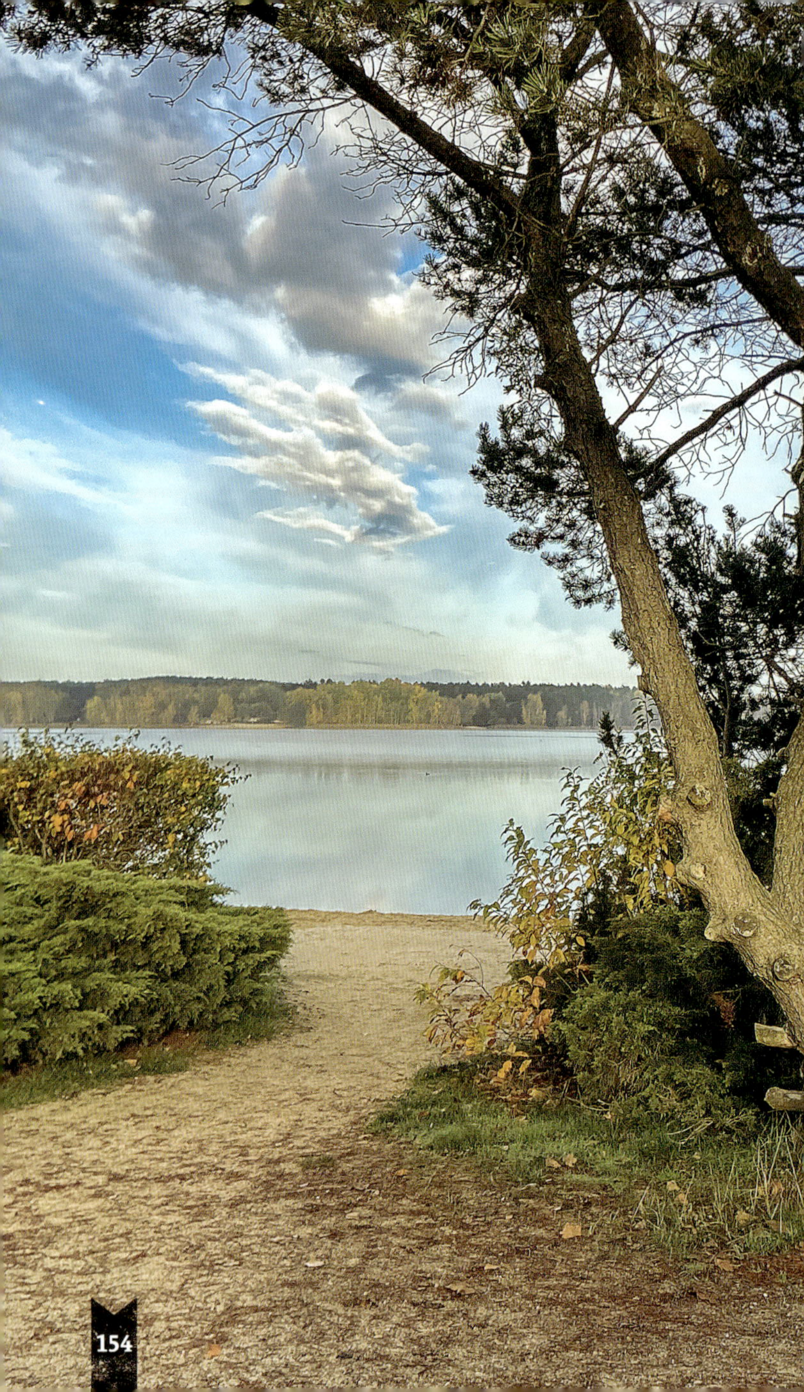

GRÜNEWÄLDER LAUCH

| ANSPRUCH | EINKEHR | LÄNGE **3 KM**

Kurz-BESCHREIBUNG

Der rund 100 ha große See, in Kiefern- und Mischwälder eingebettet, hat sich heute zu einem attraktiven Kleinod für Naturliebhaber, Badelustige und Wassersportler gleichermaßen gemausert. Zum Glück sind Verbrennungsmotoren auf dem See verboten! So wird die entspannte Runde auf dem SUP nicht durch wellenschlagende Möchtegern-Kapitäne getrübt und Ruhesuchende kommen voll auf ihre Kosten. Wegen des Baumbestandes ist der See recht gut gegen Wind geschützt.

Guter Ausgangspunkt für die **SEEUMRUNDUNG**, vorbei an mehreren idyllischen Badebuchten, ist der feinsandige **BADESTRAND GRÜNEWALDE** am Südostufer. Vom Parkplatz sind es 300 Meter Fußweg, bis die Bretter ins Wasser geschoben werden. Wir paddeln Richtung Westen, zunächst vorbei am weit in den See reichenden Schwimmsteg, dann immer am Ufer entlang auf den **BADESTRAND** der Gemeinde **GORDEN-STAUPITZ** zu. Hier lädt die **STRANDBAR LOLLIPOP** zur Stärkung ein. Anschließend geht es am Nord- und Ostufer im Uhrzeigersinn weiter und vom FKK-Strand sind es dann nur noch rund 300 Meter bis zum Ausgangspunkt.

Wer einen längeren Aufenthalt in der Region plant, findet auf dem familiären **CAMPINGPLATZ** (www.themencamping.de) sicherlich eine passende Unterkunft – neben WoMo-Stellplatz und Zeltwiese werden mit Gästehaus, Mobilheimen, FeWos, Campingfässern und Bungalows eine Vielzahl an Übernachtungsmöglichkeiten für jeden Geschmack geboten.

TIPP EXTRA-TIPP

Ein faszinierendes Industriedenkmal mit der Anmutung einer mittelalterlichen Burg sind die rund 6 km entfernten **Biotürme Lauchhammer.** Sie sind Reste einer einst riesigen Kokereianlage – der ersten ihrer Art weltweit. Sie wurden in den 1950er Jahren zur biologischen Reinigung der bei der Kokserzeugung entstehenden giftigen Abwässer errichtet.

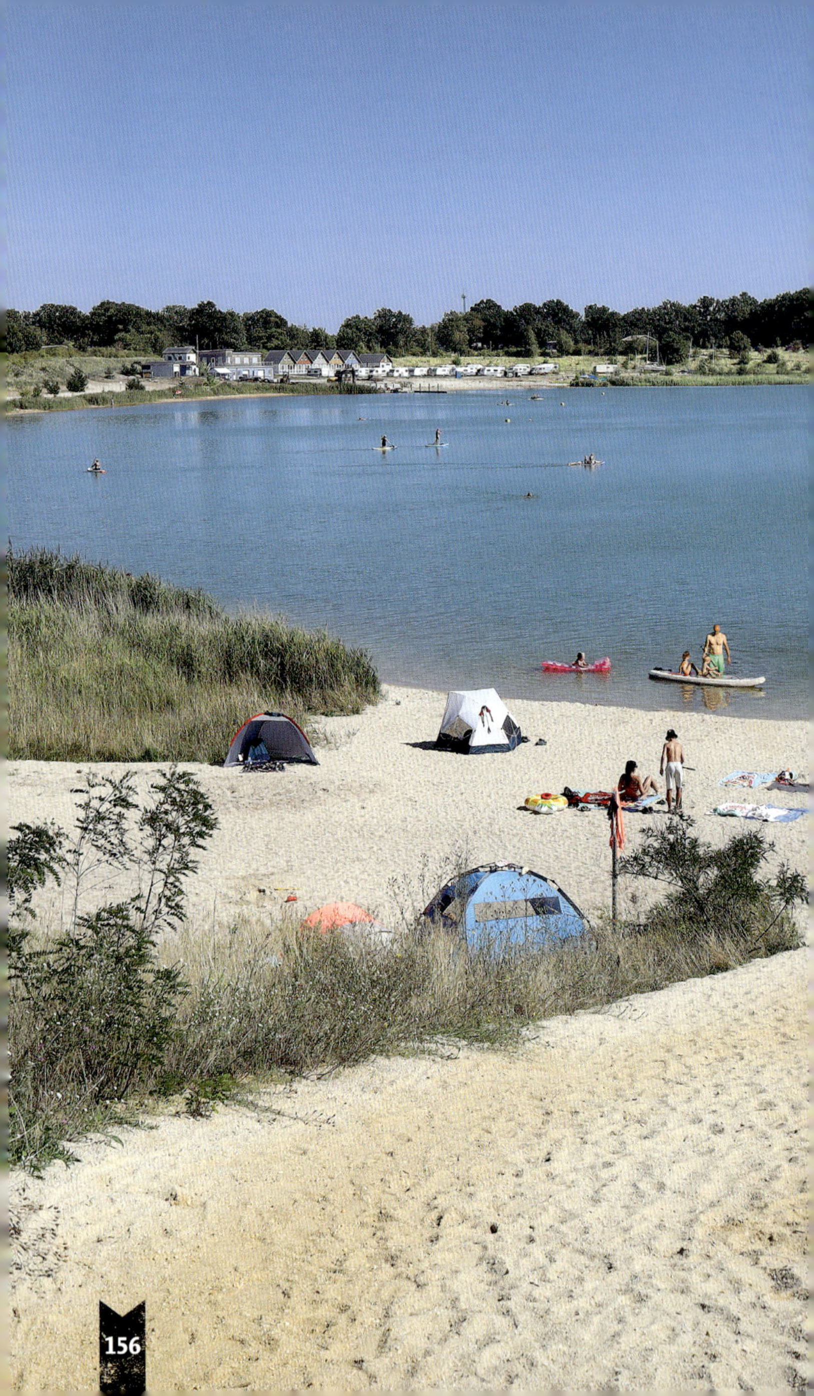

PARTWITZER SEE

Kurz-BESCHREIBUNG

ANSPRUCH | EINKEHR

*Der glasklare See bei **Klein Partwitz** mit dem karibisch anmutenden türkisen Wasser ist ein Geheimtipp – von Gästen und Anwohnern auch gerne „Kleine Karibik" im Lausitzer Seenland genannt. Einem Finger gleich schiebt sich die über zwei Kilometer lange und 400 Meter breite Halbinsel Scado markant in den See. Sie fehlt auf kaum einer Postkarte und gilt als Wahrzeichen des Lausitzer Seenlandes. Sie darf aber sowohl aus Naturschutz- als auch aus Sicherheitsgründen nicht betreten werden.*

Wegen des flachen Wassers im östlichen Seeteil des Südbeckens ist dieser besonders gut für Familien geeignet. Hier finden wir eine für die Region ungewöhnlich idyllisch gelegene und geschützte **BADEBUCHT**. Die weite, offene Wasserfläche (1.102 ha) macht den See ansonsten recht windanfällig.

BITTE BEACHTEN: Das allgemeine Befahren des Partwitzer Sees mit SUP-Boards ist nicht erlaubt. Lediglich der Anbieter **KALAYAAN SAIL & SURF** (www.kalayaan.de) hat eine Sonderstellung inne. Hier könnnen Sie geführte SUP-Touren buchen, aber auch Grundtechniken lernen. Der nutzbare Bereich umfasst den See südlich der Halbinsel Scado mit Ausnahme der geotechnischen Sperrbereiche an den Ufern und dem Badebereich am Strand. *Die Nutzung des Sees (auch für den gewerbl. Anbieter) ist z.Zt. noch befristet und wird jährlich verlängert. Karte der gesperrten Bereiche: www.lausitzerseenland.de >Die Seen >Partwitzer See, unten: Downloads „Faltkarte Schiffbare Gewässer"*

TIPP EXTRA-TIPPS

Am einzigen See im Lausitzer Seenland, dem Partwitzer See, können am Wochenende **Jetski** gemietet und gefahren werden. *www.jetski-base.de*

Der **21 Kilometer** lange, asphaltierte **Seerundweg** ist ideal für Radfahrer, Skater und Wanderer. Die Routen können durch zahlreiche umliegende Wege ausgeweitet werden.

Einen beeindruckenden und auch erschütternden Blick über die Größenverhältnisse des Tagebaus in der Region mit kilometerweit abgebaggerter Landschaft erhält man am **Aussichtspunkt Süd** des Tagebaus **Welzow-Süd** etwa 9 km nordöstlich des Parwitzer Sees. Fernglas mitnehmen!

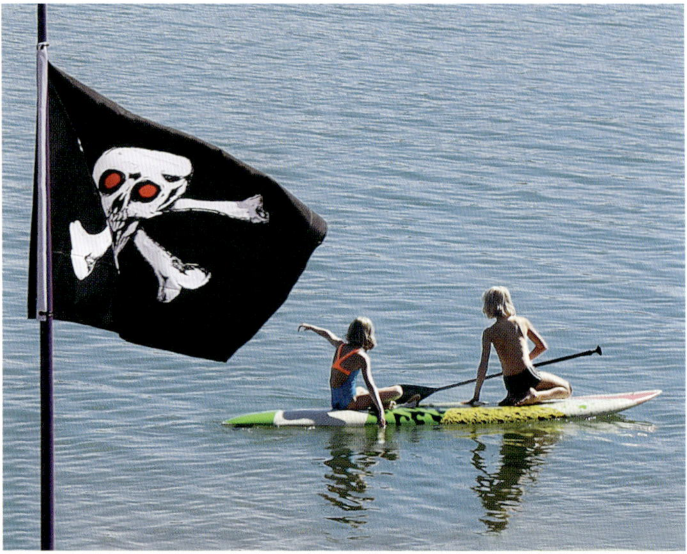

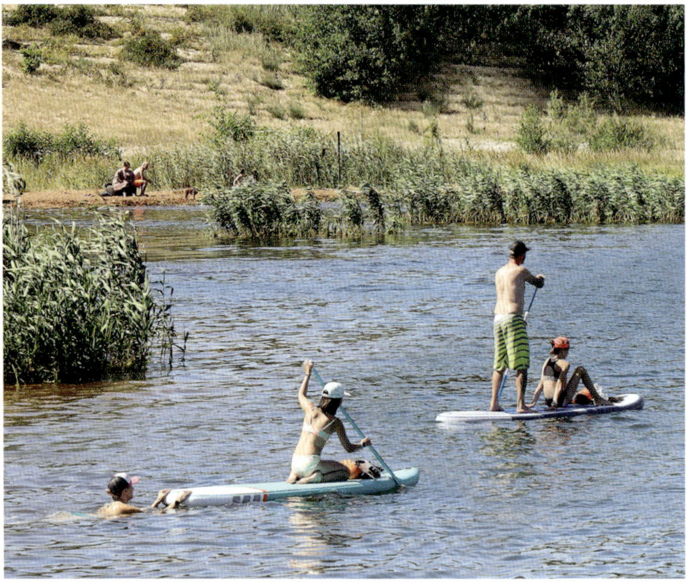

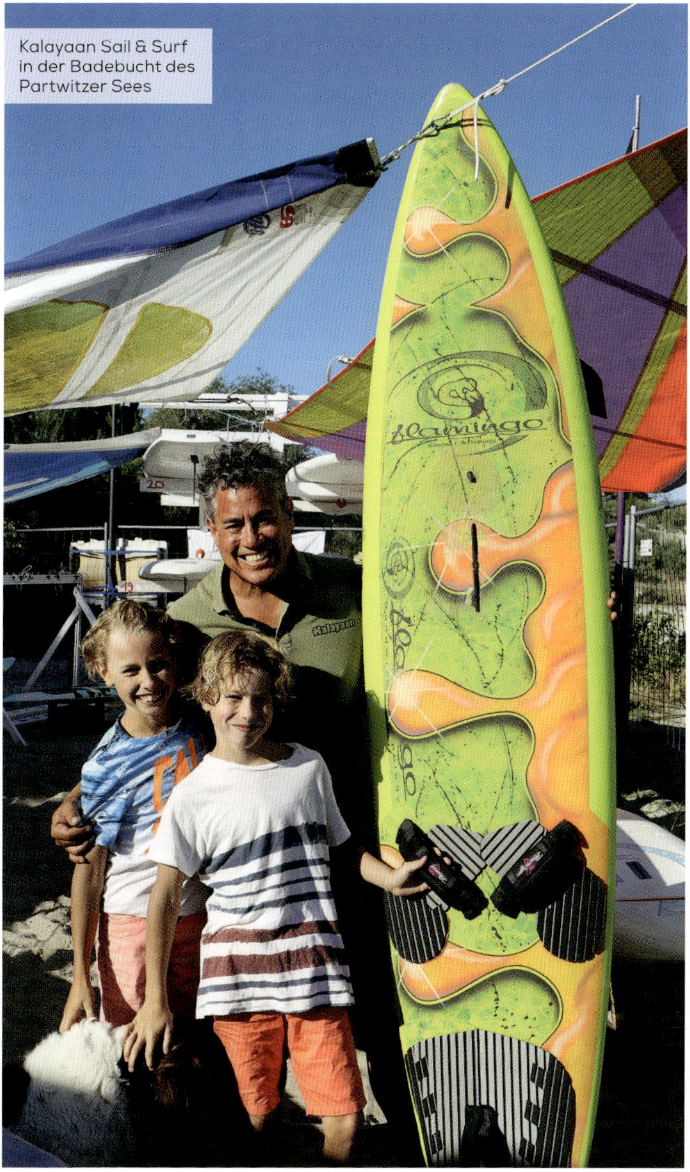

Kalayaan Sail & Surf in der Badebucht des Partwitzer Sees

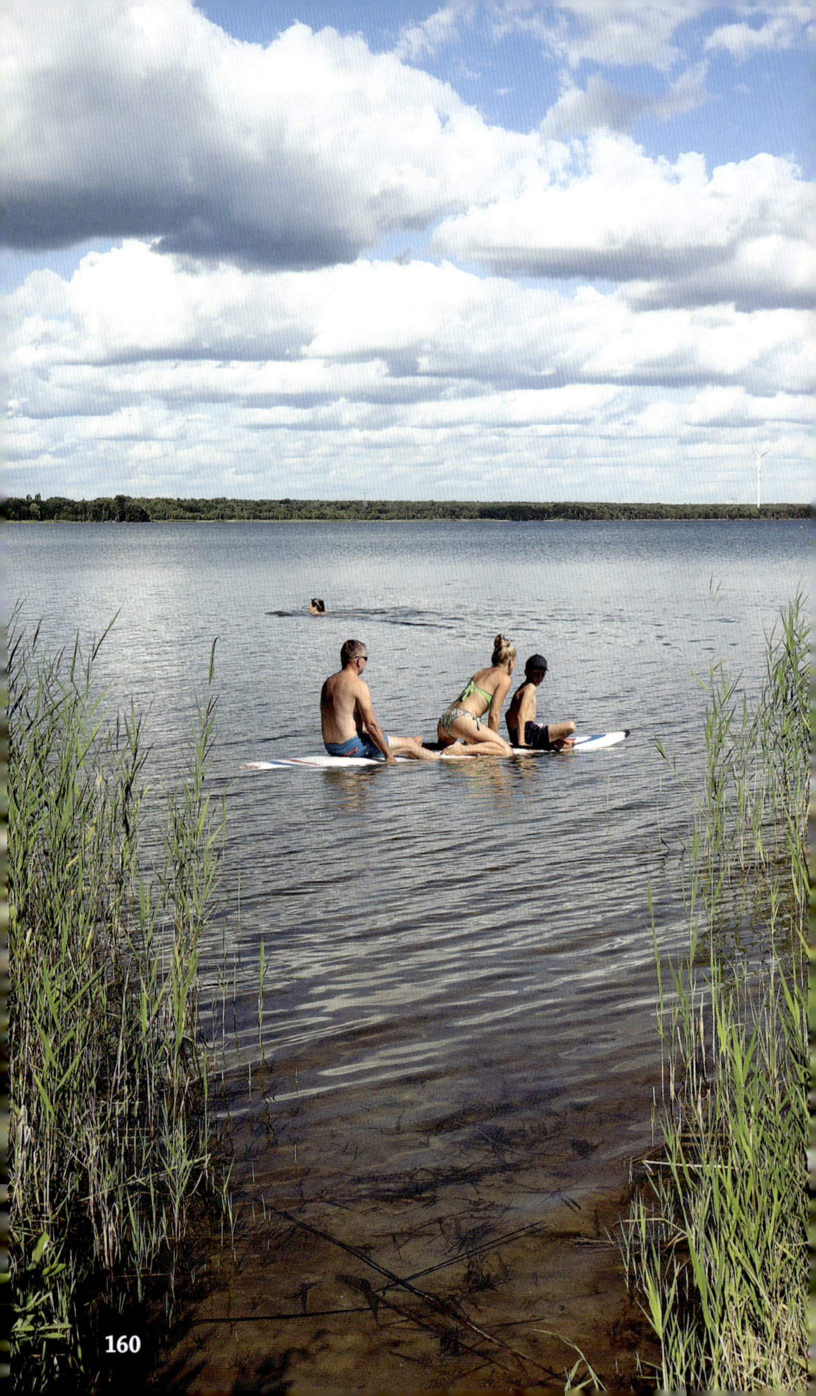

SCHEIBE-SEE

ANSPRUCH | EINKEHR

Kurz-BESCHREIBUNG

__Hoyerswerdas__ 685 ha großer Haussee, mit seinen bewachsenen Sanddünen im südlichen Teil, wartet am Kühnichter Westufer (nahe dem Stadtteil __Kühnicht__) mit einem schönen Sandstrand auf.

Der See, an dessen Stelle sich bis Mitte der 1980er Jahre das Dorf Scheibe befand, entstand durch die Flutung des ehemaligen Tagebaus Scheibe.

Noch ist der naturbelassene Strand nur 10 Meter breit und auch nicht besonders lang, so dass es an einem heißen Tag schnell mal voll werden kann. Das Ufer fällt flach in den See ab, somit kann man ziemlich weit ins saubere Wasser reinlaufen. In relativ kurzer Distanz zum **STRAND** liegt der Parkplatz, neben dem ein großer **SPIELPLATZ** entstanden ist – mit Kletterrampe, Kletterwand und Rutsche, Seilnetzbrücke, Schaukel, Balanciersteine, einer Wasser-/Matsch-Spielfläche sowie einem Kriechtunnel.

Für die Zukunft sind 450 Meter Strandlänge geplant und eine weitere umfassende touristische Erschließung des Sees.

Zur Zeit ist das **FAHREN MIT SUPS** auf dem See leider **NUR SEHR EINGESCHRÄNKT** möglich und zwar im Bereich des Badestrandes. Somit eignet sich der See vor allen Dingen für erste Paddelversuche, einen relaxten Strandnachmittag oder eine romantische Ausfahrt zum Sonnenuntergang.

In unmittelbarer Seenähe sucht man gastronomische Angebote vergebens. Erst im fünf Kilometer entfernten **HOYERSWERDA** wird man fündig. Dort gibt es in der **EISDIELE SCHOKO & LUISE** (www.schoko-luise.de) richtig köstliches Eis und wochentags in der **FLEISCHEREI SINAPIUS**, der ältesten Fleischerei Sachsens, leckere Hausmannskost (www.fleischer-sinapius.de).

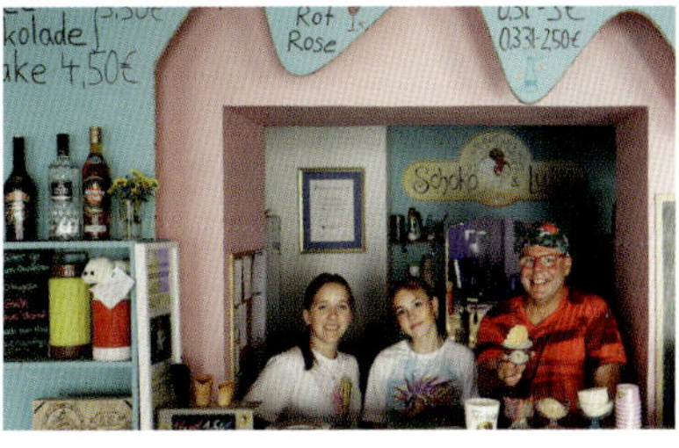

EXTRA-TIPPS RUND UM DEN SCHEIBE-SEE

Mit Gefälle und engeren Kurven gilt der 13 Kilometer lange **Seerundweg** um den **Scheibe-See** als der anspruchsvollste Radweg im Lausitzer Seenland. Natürlich ist er auch bei geübten Skatern sehr beliebt.

Gleich nebenan lockt der 12 Kilometer lange asphaltierte **Rundweg** um den **Bernsteinsee** zum Radfahren, Skaten und Laufen. Baden oder SUPen ist hier allerdings – noch nicht – gestattet.

Jährlich am letzten August-Wochenende findet der **Triathlon KnappenMan** statt. Profisportler, ambitionierte Athleten und Amateure konkurrieren im Schwimmen, Radfahren und Laufen rund um **Bernsteinsee, Scheibe-See** und **Dreiweiberner See**. www.knappenman.com

Das **Sächsische Industriemuseum „Energiefabrik Knappenrode“**, 7 km südlich vom Scheibe-See, ist einen Besuch wert. Hinter der leuchtendroten Fassade des monumentalen Backsteinbaus wurden bis 1993 Braunkohlebriketts produziert. Bei einem Rundgang durch die Fabrikhallen lassen sich die kolossalen Turbinen, Trockner und Pressen besichtigen und die Lausitzer Industriegeschichte lebendig werden. *Di-So 10-18, Werminghoffstr. 20, 02977 Hoyerswerda OT Knappenrode, www.saechsisches-industriemuseum.com*

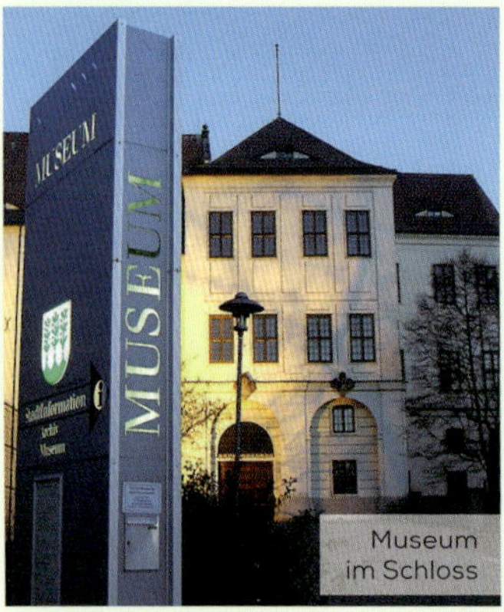

Museum im Schloss

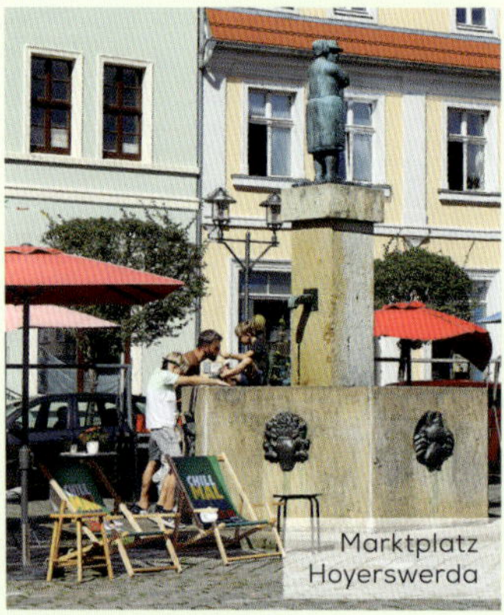
Marktplatz Hoyerswerda

Im Fokus des **Zuse-Computer-Museums (ZCOM)** in **Hoyerswerda** stehen die schöpferischen Leistungen des Computervaters Konrad Zuse – Erfinder des ersten funktionsfähigen Computers der Welt – mit einer Sammlung der Informationstechnologie des 20. Jahrhunderts.
Di-So 10-17, www.zuse-computer-museum.com

Der **Zoo Hoyerswerda,** im Zentrum der Altstadt direkt am Schloss, zeigt auf einer Fläche von sechs Hektar 129 Tier-Arten. *www.kulturzoo-hy.de*

DER AUTOR

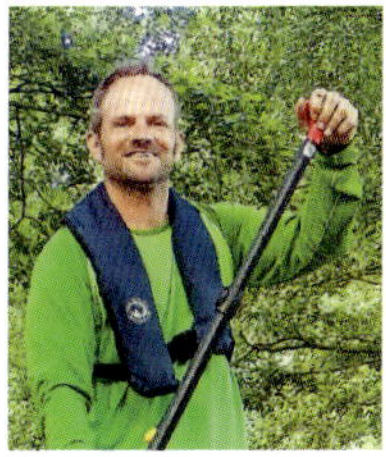

MICHAEL HENNEMANN

ist ausgebildeter fototechnischer Assistent und begeisterter Reisender und Kanusportler. Als Autor und Fotograf ist er seit vielen Jahren auf Reise-, Outdoor- und vor allem Kanuthemen spezialisiert. Mehr über seine Arbeit finden Sie im Internet unter: www.michael-hennemann.de

---

WEITERE BÜCHER AUS DEM VERLAG

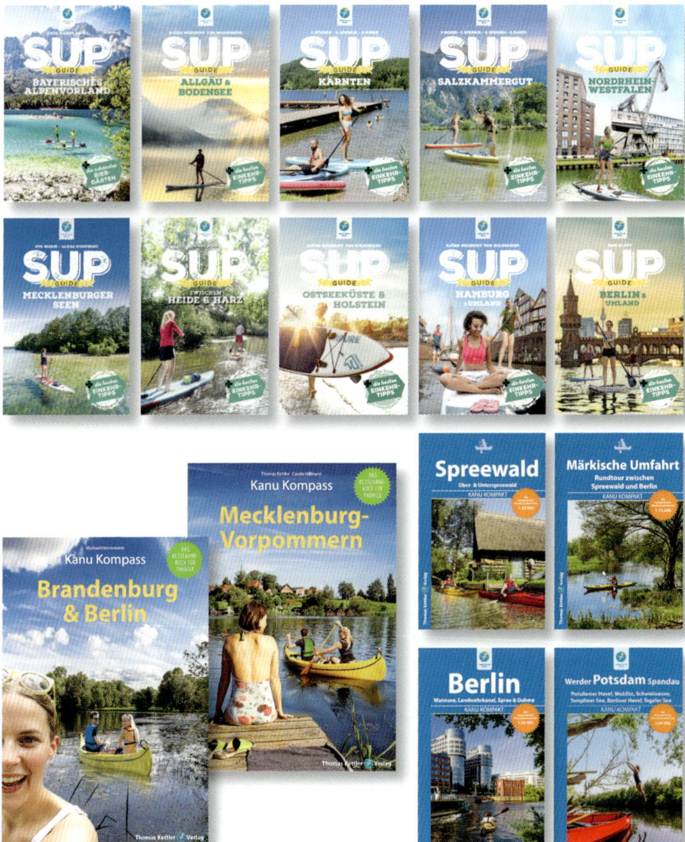

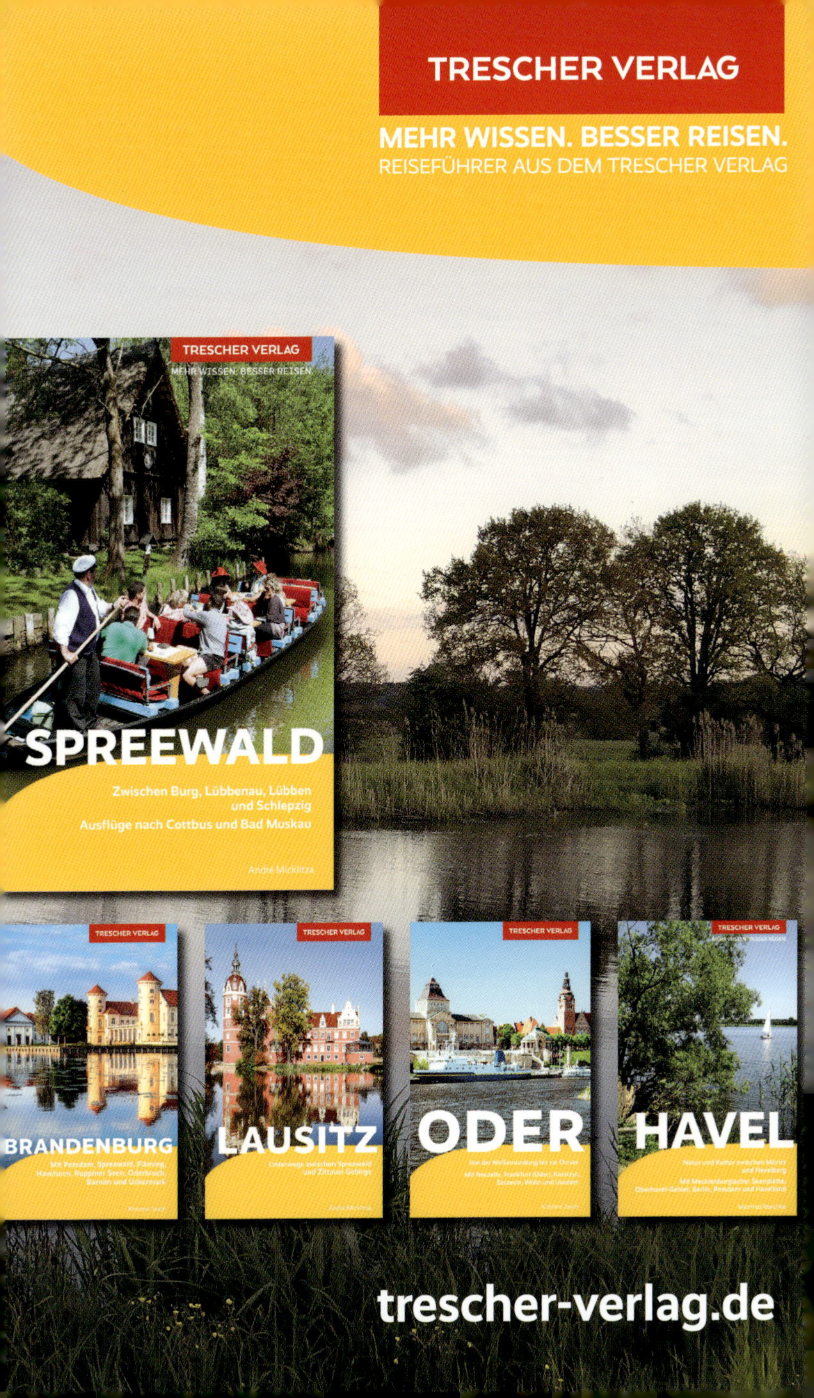

TRESCHER VERLAG
MEHR WISSEN. BESSER REISEN.
REISEFÜHRER AUS DEM TRESCHER VERLAG
TRESCHER VERLAG
MEHR WISSEN. BESSER REISEN.
SPREEWALD
Zwischen Burg, Lübbenau, Lübben und Schlepzig
Ausflüge nach Cottbus und Bad Muskau
André Micklitza
TRESCHER VERLAG
BRANDENBURG
Mit Potsdam, Spreewald, Fläming, Havelseen, Ruppiner Seen, Oderbruch, Barnim und Uckermark
TRESCHER VERLAG
LAUSITZ
Unterwegs zwischen Spreewald und Zittauer Gebirge
TRESCHER VERLAG
ODER
TRESCHER VERLAG
HAVEL
trescher-verlag.de

REGISTER

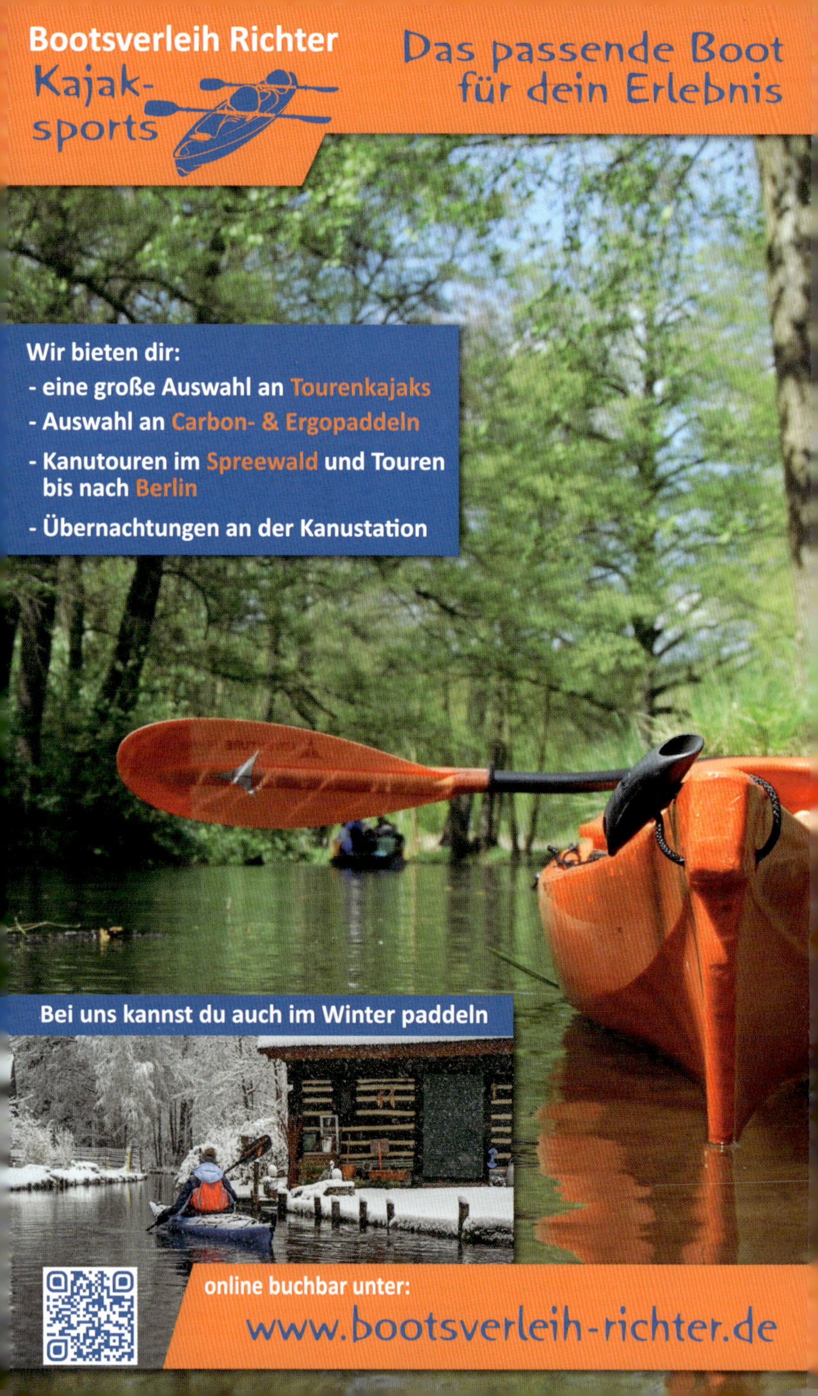
Bootsverleih Richter
Kajak-sports
Das passende Boot für dein Erlebnis
Wir bieten dir:
- eine große Auswahl an Tourenkajaks
- Auswahl an Carbon- & Ergopaddeln
- Kanutouren im Spreewald und Touren bis nach Berlin
- Übernachtungen an der Kanustation
Bei uns kannst du auch im Winter paddeln
online buchbar unter:
www.bootsverleih-richter.de